사물의 생태

워즈워스 / 디킨슨 / 드만 / 하이데거

주혁규 지음

신아사

머리말

기후 변화나 환경 위기가 우리 시대의 첨예한 사회-문화적 논제가 되고 있다. 생태-환경의 지속가능성은 자유나 정의 그리고 공정만큼이나 인문학이 탐색하는 주제가 되고 있으며, 사회-문화적 복합성, 이질적 존재들 간의 소통방식, 그리고 문화의 구성에 관한 인식의 범위와 가치를 확장하고 있다.

환경론은 우리를 둘러싸고 있는 세계에 참여하는 새로운 방법론이다. 여기에는 인간중심주의나 인간의 특권을 예외적으로 인정하면서 자율성에 근거한 독립된 개체의 중요성을 지나치게 강조하는 지식과 이를 달성하기 위한 방법론(미학, 존재론, 인식론, 그리고 윤리론 포함)을 전반적으로 검토하고 반성하는 과정이 포함된다. 더 나아가 생물중심주의도 재검토하는데, 세계를 구성하는 활동에 대한 관심과 이해의 폭을 넓히는 과정에서 이러한 활동을 수행하는 인간이 아닌 존재, 에너지, 사건, 잠재성이 우리와 맺는 관계와 이들에 대한 우리의 책무가 문제시되기 때문이다. 인간과 인간 이외의 존재(비인간)에 대한 새로운 정의, 분류, 범주화의 문제는 계속하여 인문학을 포함한 환경관련 학문 분야의 중점과제가 될 것이며 세부 학문 분야는 인식론, 존재론, 그리고 윤리학을 필두로 정치, 문화, 미학, 인류학, 생물학, 그리고 비교동물학에 이르기까지 광범위하다. 이러한 다양한 분야에서 이루어지는 새로운 시도의 동인은 우리시대에 적합한 관점과 연구자세로 시대가 요구하는 주제를 다루려는 자세에서 찾을 수 있다.

인간과 비인간 사물은 함께 환경을 구성한다, 이들의 상호 교섭 방식을 설명하려면 물질의 생동성을 규명해야한다. 물질은 어떤 의미에서 생동성을 가진다고 할 수 있는가? 생동성을 인간에게만 또는 생물 유기체에만 한정할 때 과연 오늘날 환경문제에 적합하게 대응할 수 있는가? 화산, 폭풍, 지진, 해일, 탄소 배출량의 증가로 인한 자연 재해, 그리고 예상치 못한 감염병이 인간의 삶을 구성하는 경제, 문화, 제도, 정치를 포함하여 거의 모든 분야를 근본적으로 변화시키고 있다면, 인간의 존재 양식과 삶의 방식에 변화를 초래하는 힘을 행사한다는 측면에서 이들의 생동성을 이해하는 방식은? 인간을 중심에 두고, 살아있는 것을 위주로 구성한 존재론, 인식론, 또는 윤리론이 현재의 환경 위기를 당면하여 노출하고 있는 한계는? 물질의 생동성이라는 주제는 인간중심적 지식이나 역사를 근본적으로 뒤흔든다. 인간의 역사가 아니라 인간-비인간의 물질성에 인간이 결속된 과정을 탐색해야하기 때문이다.

첫 번째 글 「빛나는 덕성을 가진 저 모든 생동하는 물질과 함께 번성하기」는 이러한 추세를 반영하면서 우리(인간이라는 존재)와 불가분의 관계를 맺으며 불확실과 우연의 세계를 함께 엮어가는 다른 존재를 인정하면서 이들과 함께 살아가는 것에 관한 존재론적 질문을 다룬다. 여기에서 말하는 다른 존재란 비인간, 사물, 대상, 물질, 에너지, 잠재성, 반응성이 없거나 죽은 것을 포함한다. 그렇지만 이들은 모두 "환경"을 구성하는 본질적 인자이다. 다루는 세부 논제를 대략 정리하자면, 우선, 인간의 정체성과 삶의 방식에 깊게 개입하는 장소의 문제를 다루면서 특히 인간의 정서와 기억이 투영된 장소가 가지는 의미를 묻는다. 다음으로는, 기후 변화나 환경 재해를 겪으면서 멸종 위기에 처한 종들이 공유하는 화학적, 물질적 기호학의 사례를 제시하면서 자연 세계에서 펼쳐지는 정동적 에너지 흐름과 교환의 사례를 살펴본다. 종의 생명을 유지하는 다양한 방식과 그 의미를 환경 문제와 관련지어 살펴보려는 목적을 가진다. 또한, 생동하는 물질과 그 힘, 사물의 에토스, 에이전시를 개별적 실체가 소유하는 것이 아니라고 상정할 때 에이전시에 관한 여러 문제점, 자연과 문화를 이원적 대립체로 이해할 때 발생하는 문제점도 마찬가지로 중요한 세부 논제가 된다. 마지막으로, 돌봄의 미학에 상당한 지면을 할애하는데, 지속가능한 환경을 위해 그 의미가 각별하다고 생각했기 때문이다.

「사물의 얼굴과 마주침: 워즈워스의 생명 윤리」는 워즈워스의 윤리관은 인간을 포함한 사물과 마주침에서 비롯되며 그 본질은 공감을 통해 서로를 포섭함을 지양하면서 주체/대상 관계에 종속된 비평 방식을 넘어서고, 인간중심주의를 극복하는 대안을 제시한다는 점을 강조한다. 워즈워스의 사물은(혹은 사물의 생명은) 주체와 대상의 이분법적 대립에 포섭되지 않으며 이를 넘어선다. 그렇기에, 사물의 얼굴이 표출하는 생명은 내러티브로 완전하게 환원되거나 이성적 논리로 해부되어야 하는 것이 아니다.

1790년대에서 최근까지 감정이나 상태 면에서 대상(object)과 동일시에 중점을 두는 "공감"이나, 대상을 인간중심적 관점으로 전유하는 "인간화"는 워즈워스 윤리의 특성을 파악하는 일반적 키워드였다. 그러나 이러한 공감적 동일시나 인간 중심적 전유에 토대를 둔 확정된 윤리는 특히 1790년대 후반에서 1800년대 초반에 작성된 마주침을 주제로 삼는 작품에서 부정된다. 이들 작품에서는, 인간을 포함하지만, 인간에 국한되지 않는 개념인 사물을 마주치면서 발생하는 윤리적 책무를 인간중심적 존재론이나 인식론보다 우위에 둔다. 워즈워스의 이러한 윤리적 특성은 오늘날 논의되고 있는 하이데거(Martin Heidegger)의 후기 철학이나 레비나스(Emmanuel Levinas) 그리고 데리다(Jacques Derrida)가 주장하는 윤리론과 함께 검토해 볼 수 있다. 마주침의 시에서, 워즈워스는 사물을 대면하여 사물이 암시하는 윤리적 응답을 요구하는 힘에 응하면서, 사물과의 관계에서 인간이 차지하는 위치와, 인간이 사물을 다루어온 방식과 그 문제점, 그리고 궁극적으로 사물에 대한 바람직한 인간의 응답과 그 방식을 성찰하게 한다. 이러한 맥락에서는 사물을 대상화하여 인간 중심적 관점에서 전유하고 소유하려는 시선은 적합하지 않으며, 오히려 사물의 고유함과 자율을 인정하면서 인간과 사물이, 혹은 사물들이 맺는 관계를 공동체적 생태 속에서 파악해야 함이 제시된다.

「워즈워스의 풍경 인식과 인간-비인간의 조화로운 윤리 공동체」는 영국 로맨티시즘 자연 서정시의 대표적 작품인 「틴턴 사원」이 해체주의, 신역사주의, 생태비평으로 이어지는 로맨티시즘 비평 이론의 헤게모니 쟁탈전에서 각 입장이 첨예하게 대립하는 격전지가 되고 있는 사실에서 출발한다. 이 글은 이러한 「틴턴 사원」의 비평사를 염두에 두고서, 워즈워스의 특이한 사고와 문체를 반영하는 풍경 서술법에서 새로운 논제를 이끌어 내려한다. 워즈워스의 풍경 서술 방식은 주체(subject)와 대상(object) 간의 이분법적 사고의 한계를 극복하고 인간과 사물 간의 조화롭고 협동적 네트워크에 기반을 두는 새로운 형식의 존재론과 탈인간중심적 환경윤리를 제시하는 유토피아 공동체관을 내포한다. 다시 말해, 워즈워스는 당대의 지배적 풍경 담론인 픽처레스크(picturesque) 미학을 비판적으로 발전시키고, 자신의 특이한 풍경 서술을 통해 대안적 공동체관을 제시한다.

이러한 논제는 두 가지 질문을 내포한다. 첫째, 픽처레스크 미학의 토대를 이루는 주체와 대상, 인간과 사물의 이분법적 구분을 워즈워스가 어떠한 방식으로 극복하고 있는가? 둘째, 이러한 이분법적 구분을 극복하면서, 「틴턴 사원」에서 명시하는 "사물의 생명"에 근거하여 워즈워스가 제시하는 인간과 사물 그리고 사물 간의 유대관계에 바탕을 두는 환경 친화적 새로운 공동체관의 특성은 무엇인가? 이러한 질문에 답하기 위해 이 글은 다음과 같은 주장을 한다. 첫째, 워즈워스가 「틴턴 사원」에서 명시하는 사물의 생명은 주체와 대상관계에 선재하며 이를 넘어서는 사물 자체의 충만함과 자율적 속성을 표현한다. 둘째, 워즈워스가 제시하는 공동체는 인간적 요소에만 한정되지 않는다. 이러한 공동체에서 사물은 인간과 마찬가지로 에이전시를 누린다. 셋째, 「틴턴 사원」은 비인간 타자인 사물이 인간과 함께 구성하는 영역을 상정하며, 이들이 함께 배열하고 조율하는 역사성을 제안한다. 넷째, 워즈워스가 사물의 생명을 통찰하는 과정에서 사용하는 '기분'(mood) 그리고 '기쁨'(joy)과 같은 개념에는 사물과 함께 공존하는 공동체관이 암시된다. 다섯째, 「틴턴 사원」에서 대상으로서 사원이나 제철소와 같은 인공물을 직접 다루지 않는다는 사실은 워즈워스가 픽처레스크 미학을 문제점을 인식하고 담화에 선재하며 자체의 존재론적 특성을 갖는 사물의 생명력 표현에 치중함으로써 인간과 비인간 사물의 생태론적 상호의존성에 근거한 새로운 공동체를 암시한다.

이러한 논제를 설명하기 위해 이 글은 앞 단락에서 제시한 「틴턴 사원」의 비평사적 의의와 관련된 선행 연구를 적절하게 수용하고 발전시키려 한다. 특히 로맨티시즘 연구의 주도권을 쥐고 있는 신역사주의 방법론을 비판적으로 다루면서, 인간 중심론적 역사관과 특정한 지리에 국한된 비평 방식을 검토한다. 또한, 생동적 사물론을 현재 로맨티시즘 생태-환경론, 하이데거(Martin Heidegger)의 현상학, 그리고 포스트 휴먼(Posthuman)과 연결하는 작업은 워즈워스 문학론의 핵심인 수행성을 재확인하는 작업이 될 것이다. 제시한 논제를 적합하게 입증하는 것이 이 글의 과제이겠지만, 다른 한편으로는, 중첩결정되고 서로 해결될 수 없는 인자들이 특이한 잉여성을 산출하는 워즈워스의 시적 특성을 보여주려 한다. 워즈워스는 인간과 비인간 사물 간의 상호의존적, 상호 결정적 유대관계를 제시하면서, 새로운 환경 친화적 공동체관을 표명한다. 이러한 관점에서 볼 때, 「틴턴 사원」은 독서행위가 지속되는 한에서는 그 자체가 새로운 의미 지형을 계속 확장하는 생동적 사물이 된다.

「워즈워스의 탈체화된 시각 주체와 미학적 자연」 현대 환경보호 운동 성립 과정에서 워즈워스의 존재감은 뚜렷하며, 그가 정립하고 후세에 남긴 자연관은 로맨티시즘 시기에 국한되지 않고 전 지구적 차원에서 겪고 있는 생태-환경 위기의 근본적 문제를 성찰하게 하는 중요한 계기가 된다는 점에서 논의를 시작한다. 영미 생태-환경론의 성립과 발달 과정을 거슬러 올라가면 워즈워스를 필두로 로맨티시즘 작가들이 설정한 자연관의 한 형태를 마주하게 된다. 실제로 워즈워스가 고향 호수 지역(Lake District)에서 벌인 환경 보존 운동은 최초의 근대 환경 보호론으로 평가받으며, 호수 지역은 빅토리아 시대에도 환경 보존 운동의 중심에 있었다. 워즈워스와 로맨티시즘 자연 담론이 현재의 생태-환경론 성립에 어떠한 영향을 주었는지를 파악하는 과정에서, 종의 다양성 감소, 환경 위기, 산림 파괴와 토양 황폐화와 같이 전 지구적 차원에서 현재 당면한 문제점 해결을 위해 적합한 자연관, 공동체관, 그리고 바람직한 실천 방식에 대한 실마리를 찾을 수 있을 것이다. 도로시 워즈워스(Dorothy Wordsworth)의 저널과 존 클레어(John Clare)의 시는 워즈워스의 시각 주체가 간과하는 점을 부각하여 이러한 탐색 과정을 효율적으로 설명하는 데 도움을 줄 것이다.

우리 시대의 환경 위기는 근본적으로 '부적절'한 자연관에서 비롯된다고 할 수 있다. 여기에서 말하는 '부적절'함에는 자연 사물을 관찰자 개인의 시각을 기준으로 대상화하고 그 의미를 전유하며, 자연을 인간의 삶과 문화의 필연적 구성 인자로서 파악하기보다는 미학적, 초월적 안식처로 설정한다거나 인간과 자연의 관계를 전체론적 관점으로 파악한다는 측면이 포함된다. 현재 당면하고 있는 환경 위기를 극복하려면 인간과 비인간, 인간과 자연 간의 새로운 관계 정립이 필요하며, 이러한 새로운 관계는 현재 우리의 의식을 지배하고 있는 자연 개념을 근본적으로 수정하는 데서 시작해야 할 것이다. 세계 변혁의 선결 조건이 세계에 대한 적합한 해석임을 설명하는 마틴 하이데거(Martin Heidegger)의 통찰력은 되새겨볼 필요가 있다. 영미 자연관 형성에 크게 공헌한 워즈워스를 위시한 당대의 로맨티시즘 작가들의 자연관을 비판적으로 검토하려는 이 글의 취지는 이러한 추세를 반영한다. 그들의 뛰어난 자연 서정시는 대중에게 당대의 조건과 담론에 걸맞은 자연에 대한 개념을 전파했지만, 그것이 무비판적으로 수용되고 확대 재생산되어 전승되는 과정에서, 인간과 실제 환경 간에 왜곡된 관계가 심화하였고, 그로 인해 자연환경 파괴와 훼손이 가속화되었다는 가설은 논증할 필요가 있다.

이러한 논지가 수긍된다면, 한 걸음 더 나아가 워즈워스 자신도 자연 세계 인식에서 당대의 지배적 미학 담론의 틀에서 완전히 자유롭지 못했다는 점도 함께 고려해 볼 수 있을 것이다. 즉, 자연 세계에 대한 인식이 본격적으로 대두한 시점인 18세기 말에서 19세기 초에 픽처레스크(Picturesque) 미학의 영향을 받으며 형성된 자연 인식 태도가 워즈워스를 위시한 당대와 이후의 작가들에 의해 정립되고 강화되어, 당대의 고유한 역사성과 현격한 차이가 있는 오늘날까지 반복되어 인간과 자연 간의 관계를 왜곡시키고, 급기야 생태-환경 문제를 악화시켰다는 개요이다. 이에 따라, 이 글은 워즈워스와 로맨티시즘으로부터 전승된 자연관을 재검토하고 극복하여 오늘날 우리 시대의 물적 조건과 담론에 적합한 자연관과 생태-환경 윤리를 구성하고 이를 토대로 당면한 문제 해결의 실마리를 찾으려 한다. 이를 달성하기 위해, 픽처레스크 시각 기제를 분석하여 어떠한 과정을 거쳐 현실과 분리된 시각 이미지로서의 자연, 그리고 탈체화된 주체가 성립되는지를 설명하는 데 공을 들이고, 이와 함께, 이들 간의 상보적 결합과 상호 의존성을 분석하는데 주력할 것이다.

「등산과 풍경: 워즈워스의 숭고」는 로맨티시즘 시기에 등산은 변화된 물적 조건을 반영하는 새로운 활동이었고, 등산 가는 새로운 정체성이었다는 사실을 배경으로 한다. 등산이 산업혁명과 철도를 비롯한 수송혁명을 거치면서 19세기 중반 이후 대표적 스포츠이자 레저 활동으로 자리 잡는 과정은 인간과 산의 관계가 역사적 발전과 조건에 의해 결정된다는 점을 분명히 해준다. 산의 매력과 신비함을 창작의 소재로 자주 활용하면서 워즈워스는 숭고라는 미학적 개념을 풍경 감상에만 한정시키는 데서 벗어나 사회 구성과 정치적 인식의 기준으로 발전시킨다. 산을 소재로 하는 풍경 시에서 표현되는 그의 고유한 미학적 비전은 동시에 정치적 행위이며 당대의 삶을 규정한 물적 조건과 정치관을 담고 있다. 후기로 갈수록 이러한 경향은 더욱 강해진다. 위험을 무릅쓰고 높은 곳에 올라 탁 트인 풍경을 조망한다는 로맨티시즘 시기의 등산은 이전에는 일반화되지 않는 새로운 개념이며 활동이었다. 또한, 워즈워스는 등산을 개인과 국가의 정체성을 찾고 새로운 비전을 갖는 행위와 관련시켰고, 신체적 감각을 활성화해 더 풍요로운 창작으로 이끄는 과정으로 간주했다. 워즈워스는 산 풍경이 인간의 내면에 불러일으키는 경이로움, 아름다움, 공포와 같은 정서 작용을 기술한 토마스 그레이(Thomas Gray), 에드먼드 버크(Edmund Burke)의 숭고를 나름대로 소화하면서 도덕적 성찰과 공동체 의미를 강조한다.

걷기와 워즈워스의 창작 활동을 연관시키는 것은 새삼스럽지 않다. 그에게 다리는 가슴이나 머리 못지않게 중요한 창작 인자였다. 산으로 둘러싸인 호수 지역에서 태어나 산을 계속 오르면서 산 풍경과 상호교섭하면서 미학 이론을 강화하고 자아와 세계 성찰의 폭을 넓히는 과정이 그의 문학적 삶이었다. 그의 시학에서 중추적 원칙인 숭고(sublime)는 산에서 조망하는 풍경 묘사에서 발전하지만, 점차 확장되어 미학 범주뿐만 아니라 정치와 공동체 영역으로 확장된다는 점이 이 글에서 제시된다. 논의 과정에서 관련된 인물들의 주요 저술을 살피면서, 걸어서 산을 오른다는 행위에 함의된 역사적, 물적 조건과 높은 산에서 조망하는 관찰자의 문제점과 풍경이 지니는 미학적, 정치적 의미에 관한 설명도 곁들일 것이다. 로맨티시즘 작가인 블레이크(William Blake)는 "인간과 산이 만날 때 위대한 것들이 이루어졌다"(511)고 말한다. 19세기 영문학에서 특히 워즈워스에게 등산은 자아를 발견하고 그가 살던 세계를 예술로 담아내는 활동이었다. 그에게 산은 공포, 쾌락, 아름다움, 숭고함과 이들이 서로 복합적으로 작용하는 정서적 반응을 일으키는 미학적 대상이면서, 고통과 역경을 수반하지만 동시에 이를 자초해 즐기는 육체적 모험의 대상이었다. 이러한 자세는 산을 주로 미학적 대상으로만 인식한 당대의 픽처레스크 관광과는 구분되며, 미학을 여가나 스포츠 활동으로 대체한 다음 시대의 관점과도 구분된다.

「시각 기술과 체험된 지리」는 워즈워스의 풍경 시와 산문에 표현되는 지리 인식과 그 재현 방식에 관한 글이다. 이 글은 로맨티시즘 시기의 지도 제작법, 시각 미학, 생태 비평의 교차점이 되면서, 과학과 미학의 상호교섭 사례가 되며, 이를 설명하려면, 당대에 국가사업으로 육지측량부(The Ordnance Survey)가 진행하던 영국 전역의 지도 제작에 내포된 정치-지리관과 시각 기제의 문제점, 그리고 광학과 기술 발달이 주체를 산출하는 방식에 관한 논의가 필요하다는 점을 주장한다. 로맨티시즘 초기 풍경 미학은 픽처레스크의 지배적 영향 아래에 놓여 있었고,

워즈워스의 풍경 시 역시 이러한 조류를 반영하고 있다. 이러한 사실을 인정한다면, 먼저 해결해야 할 한 가지 문제점이 있다. 과학적 지리 측정 기법(삼각 측량에 기반을 둔 지도 제작법)과 픽처레스크 미학은 어떻게 서로 관련되며, 워즈워스의 시학은 이러한 관련성을 어떻게 서술하고 있는가? 이러한 관련성 파악 과정에서 풍경을 조망하거나 사물을 관찰하는 시각에 당대의 과학 기술이 개입하는 방식과 일으키는 효과가 논의될 것이며, 더 나아가 18세기 이후로 급속하게 발달한 과학 기술이 대상을 바라보는 주체 형성에 주는 영향이 설명될 것이다.

이러한 논의와 설명 과정에서 당대의 픽처레스크 관찰자와 지도 제작자의 보는 눈에 관한 이론적 배경과 이들이 공유하는 시각의 특징에 관한 분석이 우선시되겠지만, 이와 함께 과연 워즈워스가 어느 정도까지 이들의 시각적 가정을 따르고 있는지도 논점이 될 것이다. 이 글은 워즈워스의 풍경 시에 등장하는 여행자-화자의 특성 파악에 중점을 두면서, 그가 지리 측량자나 지도 제작자의 눈으로 지리와 풍경을 관찰하지만, 시각의 전제적 권력에 매몰되지 않고, 체험적이며 다층적 재현 양식을 산출하는 점을 이끌어 내려 한다. 또한, 이를 토대로 워즈워스의 현상학적, 체험적 생태-지리관을 설명하려 한다. 이 글에서 입증하려는 논점을 제시하면, 첫째, 지도 제작자(워즈워스의 경우 "지리 노동자")와 픽처레스크 시각 체계는 현상에 질서를 부여하고 풍경과 풍경이 구현하는 국가를 읽을 수 있는 대상으로 만들지만, 이러한 과정은 관찰자와 대상 간의, 인간과 자연 간의, 인식과 물질 간의, 눈과 육체 간의 구분을 당연시함으로써 대상화된 풍경을 추상화시키고, 소유화하며, 관찰자의 직접적 감각 경험과 분리한다. 둘째, 워즈워스는 눈의 전제적 힘을 인식하고, 시각과 복합 감각을 대비시켜, 시각의 전유적 힘을 효과적으로 상쇄하면서, 지리와 복합 감각적, 체험적, 직접적 관계를 지향한다.

셋째, 여기에서 상쇄한다는 의미는 시각과 청각을 대조하여, 시각을 전복시키고 대체하는 청각의 특권을 내세우는 것이 아니다. 워즈워스에게 시각의 중요성은 결코 부정되지 않으며, 시각은 다른 감각과 상호 교섭을 통해 특이한 효과를 산출하고, 세계 체험을 더욱 풍성하게 만든다. 넷째, 워즈워스 시에는 육체가 지리와 직접적 대면에서 활성화되는 촉각적 경험이 중시된다.

이러한 연구 주제와 방식은 생태-지리관(자연 사물에 중점을 두지만, 지리, 풍경, 풍경에 구현된 국가관을 포함하는 포괄적 개념)을 이해하는 단서를 가진다. 워즈워스는 시각 헤게모니를 강조하는 지도 제작법과 픽처레스크에 내포된 인간 중심적 모델과 구분되는 대안적 낭만주의 생태-지리 모델을 제시한다. 이러한 모델에서는 인간을 중심에 두고 사물을 지배하는 시각이나, 자연과 직접적이며 체험적 대면 이전에 이미 확립된 주체를 가정하는 환경론은 의미가 없다. 인간과 환경 간의 관계를 새롭게 정립하는 과정에서, 워즈워스는 환경을 구성하는 개별적 사물에 에이전시를 부여하며 이들 간의 네트워크를 중시한다.

「블랙 콤즈 산 정상에서 눈멂과 통찰」은 크게 보면 정치-지리학적 관점에서 워즈워스를 이해하려 한다. 워즈워스는 1811년 해안 지대 여행에서 얻은 경험을 소재로 삼아 두 편의 시를 창작한다.「블랙 콤브 정상에서 조망」("View from the Top of Black Comb"),「블랙 콤브 산허리 돌에 석필로 적은 시」("Written with a Slate-pencil, on a Stone, on the Side of the Mountain of Black Comb")가 그것인데, 영국 호수 지역 남단 아이리시 해(the Irish Sea)에 가깝게 위치한 블랙 콤브(Black Comb) 산 정상에서 바라본 풍경과 그에 따른 명상을 다룬다. 두 편의 시는 나폴레옹 전쟁 직후 1815년 전집에 실려 출간된다. 여행 문학에 속하며, 그중에서 특히 등산과 관련된 모티프를 가진다. 창작 무렵 워즈워스는 자녀들의 건강 문제로 어려움을 겪고 있었고, 영국은 나폴레옹 전쟁으로 인해 정치적 혼란을 거듭하고 있었다. 창작을 통해 개인과 국가 차원의 혼란을 극복하려는 기본적 동기가 있겠지만, 더 나아가 국가에 대한 헌신을 시인의 사명으로 설정하면서 통합된 국가의 비전을 제시한다.

같은 시기에 같은 장소를 배경으로 하지만 적어도 표면상으로는 내용면에서 분명하게 구분된다. 「조망」은 전쟁 시기에 전략상 유리한 고지에서 발아래 펼쳐지는 개별 풍경을 관찰하면서 통합된 영국의 국가 권위와 그 영속성의 비전을 제시하지만, 「석필로 적은」은 산 정상에 오른 "지리 노동자"가 갑자기 내린 어둠 때문에 지도 제작 작업을 진행할 수 없게 되고, "완전한 어둠"속에 갇히게 된다는 내용을 기술한다. 이 글은 이처럼 서로 다른 내용을 가진 시들을 공통 주제로 엮어보려 한다. 이를 위해, 먼저 풍경과 그 재현에 함의된 정치적 성격을 설명할 것이다. 두 편의 시에 서술된 풍경에는 당대의 정치 현실과 공동체 의미에 관한 워즈워스의 생각이 투영되어있다. 또한, 지리 관찰에서 시각의 문제에 대한 워즈워스의 관점이 서술된다. 그는 지리 관찰에서 신체적 눈과 마음의 작용이 결합해야 함을 암시하면서, 신체적 시각에만 의존하는 방식이나 개별 사물의 특색을 전유하고 총체화하여 지배하는 시각, 혹은 색깔이나 거리 그리고 높이와 같은 수치로 대상을 추상화하는 시각의 문제점과 한계를 제시한다.

이러한 논제를 입증하려면 분석 순서를 설정해야 할 것이다. 이 글의 구성이 「조망」에서 「석필로 적은」 순서를 따르는 것은 「조망」에서 풍경을 추상화시켜 전유하는 관찰자의 시각이 「석필로 적은」에서 어떻게 부정되고 그 한계점이 노출되는지를 보여주기 위해서이다. 문학 기법 면에서, 워즈워스는 「석필로 적은」에서 저자와 구분되는 화자를 설정하여 「조망」에서 설정한 일인칭 화자의 풍경 관찰 방식의 문제점을 극적 형식으로 제시한다. 「석필로 적은」에서는 갑자기 내린 어둠으로 인해 지도상의 기호나 상징조차 볼 수 없는 지도 제작자의 상황을 극화하여 신체적 눈의 한계와 함께 사물의 추상화에 내재한 문제점을 드러내면서 이를 극복하는 대안적 시각의 필요성을 암시한다. 사물의 특수함과 복합적 성질을 평면적 지도 표면에 추상적 기호와 상징으로 축소해서는 풍경에 관한 올바른 인식의 지도를 얻을 수 없다는 것이다. 두 편의 시를 통해, 워즈워스는 풍경 관찰에서 올바른 시각의 본질을 탐색한다. 그는 개별 사물의 특성을 경시하는 추상적 총체화 시각이나 풍경을 기호화 상징화시키는 시각의 한계를 드러냄으로써 개별적 특수성과 추상적 일반성을 동시에 통합하는 시각의 필요성을 제시하며, 이를 이상적 공동체 구성방식으로 확장한다.

높은 지대에서 조망하는 풍경이 문제시되는 이유는 풍경에 내재한, 그리고 풍경을 구성한 사회적, 정치적 속성 때문이다. 두 편의 시는 개인의 경험을 공동체와 관련시키고 블랙 콤브 산이 위치한 웨스트무어랜드의 향토성을 영국의 문화, 정치, 그리고 영속적 비전과 관련시키는 워즈워스의 창작 특성을 보여준다. 굳이 블랙 콤브 산을 소재로 설정하는 까닭은 그 지리적 위치와 조망의 장점 때문이다. 워즈워스는 「석필로 적은」에 각주를 달아 블랙 콤브 산은 호수 지역 남단 해안가에 위치하여 "영국의 어떤 지점보다도 광활한 조망을"할 수 있는 혜택을 준다고 안내한다. 그러나 그의 진술은 윌리엄 머지(William Mudge)라는 인물이 블랙 콤브 산의 지리적 중요성을 평가한 내용을 그대로 옮긴 것이며, 『호수 지역 안내서』(A Guide through the District of the Lake)에는 머지의 이러한 평가와 함께 블랙 콤브 산에서 측량 업무를 수행한 "노련한 측량자들"도 언급된다. 「석필로 적은」에서 산 정상에서 지도 제작 업무를 수행하는 "지리 노동자"가 등장하는 점을 고려한다면, 블랙 콤브 산 정상은 드넓게 펼쳐진 영국의 여러 지역을 구조화할 수 있는 장소이면서 지도 제작에 필수적인 삼각측량의 한 지점이 된다. 다시 말해, 두 편의 시를 함께 읽으면 풍경 조망과 지도 제작이라는 요소를 통합할 수 있다는 장점이 있다. 실제로「조망」의 독자들은 광활한 대지를 한눈에 이어지는 파노라마로 구성하는 시의 관찰자-화자의 시선을 통해 조감도와 같은 형식으로 풍경을 감상하게 된다.「석필로 적은」은 지도 제작자가 산 정상에서 겪은 경험이 담화를 구성하는 요소이다.

「타자성의 지형학 그려내기: 디킨슨의 시 쓰기」는 현상에 대한 "비스듬한" 시각은 에밀리 디킨슨(Emily Dickinson) 시학의 중요한 특징으로 제시한다. "모든 진리를 말하라. 그렇지만 비스듬하게 말하라"는 구절은 이러한 특이한 인식방법을 단적으로 표현한다. 각을 두고서 경험을 기술해야 한다는 주장은 현상에 대한 의식의, 달리 말해 사물에 대한 언어의 작용방식을 표시한다. 넓게 보면 주체와 재현의 문제라고 할 수 있겠는데, 대상과 표상 행위와의 관계를 문제 삼으면서, 인식의 범위에 관한 질문을 제기한다. 이 글은 디킨슨의 시에서 자주 나타나는 한 형식, 즉 다각적 관찰을 통해 자연이나 사건을 상세하게 해석하고 기술하는 화자와 이러한 화자의 노력에도 끝내 타자성을 유지하는 대상이 함께 제시되는 형식을 주목하면서, 이를 통해 특정한 비유나 비유의 치환을 통해서 고정되거나 통합될 수 없는 존재성을 보여주는 디킨슨의 시 쓰기를 분석하려 한다. "자체의 모습으로 체현되지 않는" 대상을 파악하기 위해 끊임없이 새로운 수사적 치환을 수행하지만, 이러한 수행으로 명명되거나 수사적 치환으로 포착할 수 없는 선재성 간의 긴장과 파열이 디킨슨 예술의 한 형식이라는 것이다. 디킨슨의 시에서 언어의 지시과정은 지시 대상의 이미지를 눈앞에 불러내지만 동시에 이러한 이미지의 조건이 되는 선재성이 부재의 형식으로 자신의 존재를 드러낸다는 것이다. 디킨슨의 시 쓰기는 이러한 "부재에 대한 사랑"에 이끌려 "무지개의 옷을 / 만지듯, 닿기에 / 가망이 없는" 존재의 지리학을 뛰어난 통찰력을 보이면서 독특한 방식으로 추구하고 있다.

「현상성과 물질성: 폴 드만의 문자」는 해체추의 비평가 폴 드만(Paul de Man)의 물질성의 개념에 관한 글이다. 『미학 이데올로기』(Aesthetic Ideology)는 드만이 문학 비평가로서 오랜 동안 관심을 보여 왔던 미학과 수사학 그리고 이데올로기에 관한 논의를 잘 보여준다. 드만 특유의 수사적 글 읽기는 사후에 출간된 이 책에서도 변함이 없지만, 읽기의 대상은 그가 오랫동안 씨름해왔던 칸트와 헤겔이 주축을 이룬다. 무엇보다도 이 책은 『읽기의 알레고리』(Allegories of Readings) 이후 드만 자신이 지속적으로 다듬어온 "또 다른 개념의 언어"에 관한, 언어의 본질로서의 그가 주장해온 비유에 선행하는 또 다른 언어의 속성에 관한 본격적 논의를 담고 있다. 언어의 비유적 속성 자체에 대한 드만의 집요한 탐색은 이제 초점을 옮겨서 미메시스 논리를 벗어나며, 재현에 속박되지 않는 언어의 한 속성을 파헤치려 한다. 이러한 논의의 과정에서 도입되는 "물질성"(materiality) 또는 "물질주의"(materialism)는 후기의 드만의 언어관과 수사적 글 읽기에 관한 이론적 쟁점으로서 부각된다. 드만의 물질성에서는 물질은 감각으로 인지되는 현상적 속성을 지닌다는 상식적 관점이 부정되며, 따라서 현상성과는 대립된다. 이러한 물질성에 관한 구체적 논의는 드만 특유의 역사관과 미학관 그리고 이데올로기론을 어떻게 이해할 것인가에 대한 선결 요건이 된다고 생각된다. 이에 따라, 이 글은 드만의 물질성이라는 용어가 내포하거나 지시하는 것을 토대로, 인지론적 언어체제에 근거를 둔 것들과는 구분되는, 또 다른 가능성 혹은 하나의 대안으로서의 그의 특유한 언어관과, 이것에 토대를 두고 있는 역사관, 미학관, 그리고 이데올로기론을 분석하려 한다. 이와 함께, 단어나 문장차원에서의 의미론과는 구분되는 드만의 문자론은, 언어의 비유적 속성에 근거한 인지적 의미체제를 급진적으로 와해시키며, 탈비유화나 탈은유화를 표방함으로써 어떠한 유형의 총체화 모델에도 저항하는 해체적 글 읽기의 수사가 되고 있음을 설명하려 한다.

「하이데거의 사물과 사물의 재현에 관한 문제점」은 전 지구적 생태-환경 위기와 인공 지능을 비롯한 과학 기술의 급격한 발전으로 인한 여러 문제점들은 이를 초래한 인간이라는 사건 혹은 개념을 비롯하며, 인간 중심적 관점에서 구성하고 배열한 지식과 해석 체계가 과연 우리 시대에 합당한지를 되묻게 한다는 점을 글을 쓴 동기로 삼는다. 이 글은 인간 중심의 적합성과 지시체계를 벗어나는 사태와 지식 배열의 가능성을 다루고 있는 포스트 휴먼을 비롯한 여러 형태의 비평에서 그 토대를 이루는 "사물"(things)의 능력과 기능에 관한 가정과 해석을 검토하려 한다. 이러한 검토 작업은 우리시대에 걸맞은 지식체계 구성과 배열에 동참하는 의미도 가진다. 다루는 범위는 주로 마틴 하이데거(Martin Heidegger)의 사물론과 그의 영향 아래에서 구성된 우리 시대 사물론의 대략적 계보, 그리고 영국 로맨티시즘 작가인 윌리엄 워즈워스의 작품 몇 개이다. 이들을 함께 다루는 과정에서 하이데거의 사물론의 문제점을 규명한다.

목차

1

빛나는 덕성을 가진 저 모든 생동하는 물질과 함께 번성하기

빛나는 덕성을 가진 저 모든 생동하는 물질과 함께 번성하기

기후 변화나 환경 위기는 우리 시대의 첨예한 사회-문화적 논제가 되고 있다. 생태-환경의 지속가능성은 자유나 정의 그리고 공정만큼이나 인문학이 탐색하는 주제가 되고 있으며, 사회-문화적 복합성, 이질적 존재들 간의 소통방식, 그리고 문화의 구성에 관한 인식의 범위와 가치를 확장하고 있다. 발 플럼우드(Val Plumwood)는 통섭과 융합의 학문적 접근법을 통해 환경을 구성하는 다양한 에이전시의 작동과 이들 간의 관계를 연구하는 환경 인문학을 내세우면서 인간을 환경 속에, 비인간을 윤리적 영역 속에 (재)설정하려 한다("Animals and Ecology" 2).

환경론은 우리를 둘러싸고 있는 세계에 참여하는 새로운 방법론이다. 여기에는 인간중심주의나 인간의 특권을 예외적으로 인정하면서 자율성에 근거한 독립된 개체의 중요성을 지나치게 강조하는 지식과 이를 달성하기 위한 방법론(미학, 존재론, 인식론, 그리고 윤리론 포함)을 전반적으로 검토하고 반성하는 과정이 포함된다. 더 나아가 생물중심주의도 재검토하는데, 세계를 구성하는 활동에 대한 관심과 이해의 폭을 넓히는 과정에서 이러한 활동을 수행하는 인간이 아닌 존재, 에너지, 사건, 잠재성이 우리와 맺는 관계와 이들에 대한 우리의 책무가 문제시되기 때문이다. 인간과 인간 이외의 존재(비인간)에 대한 새로운 정의, 분류, 범주화의 문제는 계속하여 인문학을 포함한 환경관련 학문 분야의 중점과제가 될 것이며 세부 학문 분야는 인식론, 존재론, 그리고 윤리학을 필두로 정치, 문화, 미학, 인류학, 생물학, 그리고 비교동물학에 이르기까지 광범위하다.[1] 이러한 다양한 분야에서 이루어지는 새로운 시도의 동인은 우리시대에 적합한 관점과 연구자세로 시대가 요구하는 주제를 다루려는 자세에서 찾을 수 있다.

인간과 비인간 사물은 함께 환경을 구성한다, 이들의 상호 교섭 방식을 설명하려면 물질의 생동성을 규명해야 한다. 물질은 어떤 의미에서 생동성을 가진다고 할 수 있는가? 생동성을 인간에게만 또는 생물 유기체에만 한정할 때 과연 오늘날 환경문제에 적합하게 대응할 수 있는가? 화산, 폭풍, 지진, 해일, 탄소 배출량의 증가로 인한 자연재해, 그리고 예상치 못한 감염병이 인간의 삶을 구성하는 경제, 문화, 제도, 정치를 포함하여 거의 모든 분야를 근본적으로 변화시키고 있다면, 인간의 존재 양식과 삶의 방식에 변화를 초래하는 힘을 행사한다는 측면에서 이들의 생동성을 이해하는 방식은? 인간을 중심에 두고, 살아있는 것을 위주로 구성한 존재론, 인식론, 또는 윤리론이 현재의 환경 위기를 당면하여 노출하고 있는 한계는? 물질의 생동성이라는 주제는 인간중심적 지식이나 역사를 근본적으로 뒤흔든다. 인간의 역사가 아니라 인간-비인간의 물질성에 인간이 결속된 과정을 탐색해야 하기 때문이다.

이 글은 우연함과 불확실함의 세계에서 다른 존재와 결속되어 함께 살아간다는 의미는 무엇인가?라는 질문에서 구상되었다. 물론, 다른 존재의 범주에는 인간과 함께 동일한 자격으로 환경구성에 참여하

---

1) 톨베어(TallBear)는 「생명/비생명의 이분법을 넘어서」("Beyond the Life/Not Life Binary")에서 생명중심주의에 이의를 제기한다. 그렇다면 생명중심주의를 토대로 구축한 정치지질학, 인식론, 윤리론을 새롭게 정립할 필요성이 대두한다.

는 비인간 사물, 대상, 물질, 에너지, 잠재성, 무기물, 그리고 죽은 것도 포함된다. 글이 진행되면서 구체적 자연 세계에 대한 인간의 정서적 개입의 중요성, 기후변화와 환경 위기를 맞이하여 종의 보존을 위한 자연 사물 간의 생화학적, 물질적 기호학에 근거한 소통방식의 사례와 그 의의, 사물의 생동성과 힘, 그리고 자신의 존재를 작동시키고 실천하고 번성하는 사물의 덕성(이 경우 자연세계는 그 자체가 윤리체계이다), 서로 뒤섞이고 결합하여 작동하는 인간-비인간 사물들 간의 에이전시의 문제, 자연과 문화를 이원적 대립의 시각으로 파악할 때 발생하는 현상과 문제점들, 지속 가능한 생태-환경을 위한 돌봄의 기술과 환경 스토리텔링을 통한 대중들과의 소통 방식 등이 세부 주제로 논의될 것이다.

위에서 제기한 세부주제 중 일부는 이 글에서 지면상 제약과 같은 이유로 충분히 논의되지 않지만, 모두 서로 관련되기 때문에 우회적으로, 또는 유사한 주제에 편입되어 언급된다. 그만큼 환경에 관한 논의는 통합적 접근이 필요하며 특정한 주제는 다른 주제와 필연적으로 연결될 수밖에 없다는 사실을 입증한다. 환경 문제를 다루는 인류학자나 생물학자들은 현장탐사나 실험실을 활용하여 환경에 관한 논제와 이를 입증하는 실증적 자료를 제시하지만, 문학연구자는 설정한 논제를 구성하는 세목을 자연 세계의 작동을 세밀하게 관찰하고 그 원리와 방식을 통찰한 작가들의 작품 중에서 선별한다. 그러나 자연 세계 관찰을 통해 얻는 통찰력은 현장탐사나 실험실에서 얻는 실증자료 분석의 결과와 많은 점에서 상통한다. 인문학은 태생적으로 통합 학문이며, 환경문제와 관련될 때 본래의 가능성이 더욱 커진다.

살아있는 세계에서 사물의 힘

에밀리 디킨슨(Emily Dickinson)의 시 「새들 보다 여름에 더욱더」("Further in Summer than the Birds") 전통적 인류학, 민족지학의 범위를 벗어나 인간의 목적과 이해관계에서 벗어난 지리학, 종의 다양성 감소와 멸종의 시대에서 생명에 관한 관심, 그리고 실체적 사물과 잠재성이 함께 구성하는 세계를 제시한다. 디킨슨은 스스로 변화하는 물질적 실체인 자연 세계에 깊은 정서적 반응을 보인다.

새들 보다 여름에 더욱더
풀섶에서 심금을 울리며
작은 종족이 찬양을 한다
그것은 소박한 미사이다. (1-4)

Further in Summer than the Birds
Pathetic from the Grass
A minor Nation celebrates
It's unobtrusive Mass.

시의 첫 단어 "Further"는 문장 내 위치와 의미가 까다롭다. 어떤 계기에서 우리가 자연 세계의 의미를 생각해 볼 수 있다면, 여태껏 생각한 것 보다 더 깊은 의미를 발견할 수 있음을 내포한다. 여름철과 새. 한동안 이들은 당연시 되어왔던 자연환경이었고 자연의 표식이었다. 이제 시나브로 와 닿는 그 끝자락에서, 계절은 지각의 차이를 만들며 이전과 다른 정서적 공감과 반향을 불러일으킨다. 새롭게 열린 눈과 귀에 계절의 추이에 포함되고, 동시에 이를 기념하면서 실천하는 다른 종족, 즉 가을의 존재를 확인시키는 풀벌레들이 들어오고, 경건함이 부여된다. "Further"는 여름 속에서 이미 진행하는 가을을(계속해서 겨울로 진행함을) 그리고 이 과정에서 얻게 되는 자연세계에서 인간의 위치에 관한 깨달음을 내포한다.

관찰한 사물이나 지각한 현상에서 그 이상의 의미를 읽어내는 것은 디킨슨이 그 속에서 살아온 종교적 전통이며 이러한 정신적 유산은 12행의 "예표하다"("typify")에 함축된다. 인간의 여정을 현실의 영역과 함께 자연이 다양한 이미지나 상징을 통해 예표하는 현실을 넘어선 또 다른 세계와 관련시킨다. 이를 통해 자연 세계의 구성과 작용에는 물리적 실체뿐만 아니라, 이것과 관련되며, 이를 통해 전달되는 비실체적 존재도 참여함을 시사한다. 자연은 인간/비인간 그리고 실체와 가능성을 포함하는 인류학의 모든 사실과 가치를 구현한다는 것이다.

> 아직 은총은 경감되지 않으며
> 빛에는 주름도 없지만
> 드루이드교적 차이는
> 이제 자연을 고양한다. (13-16)
>
> Remit as yet no Grace
> No Furrow on the Glow
> Yet a Druidic Difference
> Enhances Nature now

이교도 메타포 사용은 의외이지만 다시 살펴보면 이 시에 나타나는 기독교 상징을 "시인의 믿음으로서가 아니라 메타포로서만"(Lind 168) 받아들여야 한다는 주장을 수긍하게 한다. 자연의 추이와 이에 호응하여 변화하는 비인간 사물의 양태 그리고 인간의 정서 변화는 서로 연결되며, 이러한 상관관계 인식은 자연의 범위와 가치를 "높인다"(16). 첫째 연의 "pathetic"은 고통이나 슬픔이라는 자구적 해석보다는 pathos와 관련지어 자연 세계와 그 사물들에 대한 시인의 깊은 정서적 공감을 표현한 것에 더 가깝다. 자신이 처한 지리와 환경에 예민하게 반응하는 인간의 감정과 정서의 표출인 것이다. 물리적 환경 변화와 시인의 정서는 결탁하며, 개별적 인간 자아나 자아의 독립성이 아니라 인간과 비인간 존재가 함께 구성하는 자연 인식은 환경과 생명에 관한 윤리의 지평을 확장한다. 인간과 비인간, 과거와 현재, 물질과 가능성은 이원적 대립 관계로 고착된 것이 아니라 자연 세계 구성에 함께 동참하고 공존하며, 삶과 사멸은 명확한 인식상의 경계로 구분되기 보다는 오히려 "점진적"(6)으로 전개되는 과정이다.

환경론에서 종의 특성과 교섭 방식에 대한 관심은 세계를 구성하는 다양한 관계와 연결을 파악하는 출발점이다. 꿀벌 난초(Bee orchid)는 인간의 언어 형태를 넘어서 자연 세계에서 일어나는 물질적 교환이나 교섭의 형태를 설명한다. 몸에 촘촘하게 난 보풀은 암벌의 생김새를 사실적으로 모방한다. 또한, 수벌을 유혹하는 페르몬을 분비하여 자신을 암컷으로 착각하는 짝짓기를 이용하여 수분한다. 찰스 다윈(Charles Darwin)이나 그의 추종자들은 꿀벌 난초의 형태를 가루받이를 효율적으로 수행하기 위한 적응으로 간주하면서 이기적 유전자의 작용으로 설명했다. 그러나 다윈도 알지 못했던 사실은 난초가 자신의 생김새를 활용하여 수벌을 속여서 원하는 수분을 달성한다는 것이다. 지구상에는 28,000여 종에 이르는 난초는 새, 포유류, 파충류 종의 수를 합친 만큼이나 다양하다. 암벌의 성기 형태를 모방하는 난초도 있다.

꿀벌 난초는 생화학적 방식으로, 몸짓으로, 그리고 반응과 모방의 형태로 수세기에 걸쳐 진화하고 변이했음을 보여준다. 도나 하라웨이(Donna Haraway)는 이를 지구상에서 일어나는 생명의 복잡하며 조형적 과정을 설명하는 심포이시스(sympoiesis), 즉 "함께 만들기"를 설명하는 한 예로 사용한다(*Staying with the Trouble* 58). 꿀벌 난초는 물질적 기호학과 화학적 감각을 결합하여 수벌이 인식한 암벌의 모습을 해석하여 이를 물질적으로 재현한다.

이러한 물질적, 화학적 소통 양식은 생태계 지속성을 저해하는 종의 다양성 감소와 멸종의 위기를 다루어야하는 현재의 환경론에 시사점이 크다. 꿀벌 난초의 형태와 냄새는 특정한 난초와 특정한 종류의 벌 간에 맺어진 관계에서 비롯된다. 난초와 벌은 "상호 포섭을 통해 쌍방향으로 구성되며" 이러한 관계에서 어느 누구도 빠져나올 수 없다(Haraway, *Staying with the Trouble*, 68). 이러한 관계가 유지되면 그 동안 종의 번성은 보장되지만, 포섭된 벌의 개체수가 감소하거나 멸종하는 경우, 난초도 같은 운명을 맞이하게 된다. 기후 변화로 인해 포섭된 벌의 개체 수는 전체적으로 감소하는 추세이며, 영국에 자생하는 꿀벌 난초는 이제 자가수분에 의존하고 있다. 생물학적 관점에서 종의 보존을 위한 최후의 노력이겠지만, 멸종은 지연될 따름이다.

꿀벌 난초의 물질적-기호학은 정동적 본능이나 욕구 충족을 위한 생물학적, 화학적 실천 양식이다(Hustak and Myers, "Involutionary Momentum," 77; Haraway, *Staying with the Trouble*, 68-69). 자연 세계에서 펼쳐지는 정동적 에너지 흐름과 교환의 사례이면서, 종의 생명을 유지하는 다양한 방식과 그 의미를 환경 문제와 함께 진지하게 탐색해야함을 시사한다. 종의 보존은 환경 변화에 따라 새롭게 찾아야하는 생태적 균형점에 달려있다. 또한, 개별 종을 넘어서 전체 환경과 그 속에서 함께 생명을 영위하는 존재와 상호성에 근거한 관계 설정이 필수적이다.

인간과 비인간 사물 간의 교섭 가능성은 제인 베넷(Jane Bennett)이 설명하는 사물-힘(thing-power)에서도 찾을 수 있다. 베넷은 "사물-힘"의 물질주의를 제시하면서, "인간은 항상 비인간과 함께 구성되며" 서로 간의 관계가 생태를 구성함을 설명한다("The Force of Things" 365). 베넷의 사물(thing)은 주체의 의식에 종속된 대상(object)과 구분되면서 자체의 생동성, 저항, 의지를 가지며 다른 사물과 맺은 복잡한 관계 속에서 작동함으로써 힘을 발휘한다("The Force of Things" 354). 베넷은 물질성을 물질과 에너지의 변화무쌍한 흐름으로, 인간을 자체의 사물-힘을 소유한 물질로 간주한다("The Force of Things" 349). 생동적 물질(*Vibrant Matter: A Political Ecology of Things*)은 인간과 비인간은 물질의 생동성을 공유하며, 함께 세계를 구성한다는 내용을 구체화하면서 "우리 주변에서 우리에게 밀접한 영향을 끼치는 인간 이외의 생명"(4)의 중요성을 일깨운다. 베넷은 개인의 윤리적 책임은 자신이 맺고 있는 인간/비인간의 관계에 대한, 즉 "아상블라주에 대한 반응에 있다"고 주장한다(37). 물질의 생동성은 세계 자체의 조건이며 따라서 세계는 인간만의 특권이 용납되지 않음을 제시한다.

이와 유사하게, 헨리 데이비드 도로우(Henry David Thoreau)도 물질의 생기력을 표현한다. 도로우는 우주를 유기체적 전체로 이해한다. 이러한 구도에서 마음과 물질은 분리될 수 없다. 또한, 인간은 자신을 둘러싸고 "끊임없이 스며들어 [자신을] 흠뻑 적시는 실체"(*Walden* 91)에 의해서만 삶의 본질을 배우는 감각의 세계에 몰입된 지각의 존재임을 강조한다. 보고, 듣고, 느끼는 과정에서 인간은 생명이 없는 메커니즘 속에서 세계와 분리되어 탈체화된 의식 상태에 있지 않는다. 『월든』(*Walden*)의 한 장인 「봄」("Spring")에서 도로우는 얼어붙은 모래와 진흙이 봄철의 해빙기를 맞이하여 흘러내리면서 빚어내는 기묘한 형상을 세밀히 관찰하고 뛰어난 비유와 문체를 구사하여 생명/비생명, 유기체/비유기체, 식물/동물, 인간/사물 간의 개념적 분류와 구분을 뛰어넘어 모든 것을 포괄하는 "살아있는 대지"(*Walden* 289)를 표현한다. 『소풍』(*Excursions*)에 실린 「겨울 산책」("A Winter Walk")에서도 자연은 "결코 꺼지지 않고 잠들어 있는 깊숙한 불길"(115)을 품고 있는 생명체이며, 식물과 동물은 여기에 "기생하는"(*Walden* 289) 것에 불과하다는 점을 강조한다.

> 지구는 주로 지질학자나 골동품 수집가에 의해 연구되어야 하는, 책의 낱장처럼 층층이 쌓인, 죽은 역사의 파편에 불과한 것이 아니라 꽃이나 열매에 선행하는 나무의 잎과 같이 살아있는 시이며, 화석화한 지구가 아니라 살아있는 지구이다. 중추를 이루는 지구의 위대한 생명과 비교할 때 모든 동물과 식물의 생명은 그저 기생적이다. (289)
>
> The Earth is not a mere fragment of dead history, stratum upon stratum like the leaves of a book, to be studied by geologists and antiquaries chiefly, but living poetry like the leaves of a tree, which precede flowers and fruit,--not a fossil earth, but a living earth; compared with whose great central life all animal and vegetable life is merely parasitic.

생명체와 비생명체, 유기물과 무기물은 서로 의존하고 상호작용하여 예측할 수 없는 복합성을 만들며, 인간의 생명은 이러한 복합성에 참여하면서 유지된다. 도로우는 인간과 자연 세계 간의 소통은 "메타포를 사용하지 않고 사물과 사건이 말하는 언어"를 통해 이루어질 수 있으며, 이러한 언어에 비하면 인간의 언어는 방언에 불과하고 지엽적이라고 언급한다(*Walden* 105). 식물의 발아는 생각의 발아와 같은 방식을 따르며 "인간의 삶과 식물의 삶의 완벽한 유비"를 언급한다(Journal, 5/20/51, 11/8/50, 4/3/58).[2] 도로우의 생명력 넘치는 문장은 우리가 세계와 맺고 있는 "무한한 관계"(*Walden* 162)를 깨닫게 해준다. 자연 세계를 구성하는 요소들 간의 상호의존을 깨닫지 못하는 이유는 자연 세계의 "혼란이나 불규칙성"이 아니라 우리들 자신의 "무지"(*Walden* 272) 때문임을 그는 역설한다.

사물, 생동적 물질, 그리고 아상블라주는 우리 시대 환경론의 키워드가 된다. 이들은 인간을 이해하는 방식에도 영향을 끼쳐, 인간을 개별성에 토대한 자율적 존재로 파악하기 보다는 개인을 구성하는 생동적 물질 덩어리에 초점을 맞추면서 사물과 공유하는 생동적 물질성에 인간이 지속적으로 참여하는 과정을 강조한다. 애나 씽(Anna Tsing)은 인간을 본질에서 "종들 간의 관계"로 설명한다("Unruly Edges" 141). 이들 이외에도 여러 연구자들은 인간의 생존은 복합종의 아쌍블라주 내부의 결속에 의존한다는 점을 강조한다(Spaid, *Ecovention*; Broglio, *Surface Encounters*; Baker, *Artist/Animal*). 이러한 논지를 가장 급진적으로 발전시킨 캐런 배라드(Karen Barad)는 "내부-작용"(intra-action)이라는 개념을 통해 서로 끊임없이 교환하고, 분산하고, 그리고 상호작용하는 다양한 사물들의 역동성을 설명한다(*Meeting the Universe Halfway* 141).

"내부-작용"은 우리가 자연, 사물, 담론, 도구와 맺는 관계를 개별 에이전시의 관점을 벗어나 생각하게 한다. 코로나 19 바이러스를 예

2) 도로우의 저널 인용은 "월든 숲 프로젝트"(The Walden Woods Project)에서 운영하는 "헨리 데이비드 도로우의 저널"(The Journal of Henry David Thoreau)에 게시된 전자 텍스트를 따른다(https://www.walden.org/collection/journals/).

로 들자면, 모든 사람이 코로나 바이러스에 감염되지는 않지만, 모두는 코로나 바이러스로 인해 생겨난 사회-정치 담론과 정신적-물질적 현상에 관련되며, 이러한 관계 속에서 자신의 위치를 새롭게 파악하고 행위를 재조정한다. 즉, 모두는 코로나 바이러스 현상과 내부-작용하게 된다. 우리의 에이전시는 이러한 내부-작용에서 출현한다. 에이전시는 행위, 재구성, 작동에 관한 것이며, 따로 분리되어 미리 존재하지 않고 내부-작용에서 출현한다. 이러한 관점에서는 개별 에이전시, 주체와 대상 간의 이원적 구분의 의미는 급격하게 탈색된다.

앞서 언급한 디킨슨, 하라웨이, 베넷, 그리고 배라드는 에이전시의 구성과 작동 방식에서 완전히 일치하는 것은 아니지만, 공통적으로 인간과 비인간이 생명을 영위하는 다양한 방식에 세심한 관심을 보이면서 인간을 포함한 여러 사물이 함께 참여하고 결속하고 생성하는 환경에 관한 인식을 보여준다. 하라웨이와 배라드의 경우에는 개별 에이전시나 인간의 특권적 예외성을 좀 더 급진적으로 부정한다는 점이 특색이다. 특히 배라드는 관계와 참여 지향적 내부-작용을 설명하면서 우리를 포함한 사물이 서로 관련될 때, 사물에 작용하는 우리의 능력은 변화하고, 변형되며, 근본적으로 이 과정에서 에이전시가 출현함을 설명한다. 이 경우 세계는 물질적으로 실재하며, "다양한 존재와 실체들이 이루는 우연한 관계에서 발생한다"(Ogden and et al 6). 배라드에게 윤리는 "외부화 된 타자에 대한 올바른 반응에 관한 것이 아니라, 우리가 한 부분을 이루고 있는 생성의 생동적 관계성에 대한 책임과 책무에 관한 것"(*Meeting the Universe Halfway* 393)이 된다.

언급한 저자나 연구자들은 존재는 사물들 간의 접속 지대에서, 자연-문화의 뒤얽힘에서 구성되며, 인간도 예외가 될 수 없다는 점을 강조한다. 그러나 실제 환경에서는 여전히 인간 담론 영역에서 재현되지 않는 채, 눈에 잘 띄지 않으며 관심을 받지도 않는 타자 상태에, 그러나 구성적 외부자의 위치에, 놓인 여러 종들이 있다. 버림받는 지대에서 생겨나고 사멸하면서 이들은 과학적 측정과 직접적인 생명정치학의 규제 범위를 벗어난 인식론적 공간에 존재한다. 이들과의 관계성을 복원시키고, 자연 세계를 함께 구성하고 있다는 자격을 회복시키는 일은 우리들 자신의 번성과 무관하지 않다.

자연을 바라보는 관점의 변화

인간, 비인간 존재가 함께 생존을 의존하는 행성 지구의 변화하는 환경과 조건을 수용하고, 이것과 새로운 균형점을 찾으면서 지속가능성을 다지는 일은 우리 시대 환경론의 주안점이다. 그러나 인간 중심주의, 인간을 예외로 하는 사고방식에 기반을 둔 지식, 존재론, 그리고 윤리학의 위세는 여전히 굳건하다. 대표적으로 자연은 인간 문화에 의해 변형되기 위해 존재한다는 환경관이 있으며, 이것은 유럽중심주의와 식민주의 시각을 반영한다. 쿡 선장은 호주 전역에서 "일인치의 경작된 땅을 보지 못했다"(Beaglehole 396)고 기록하면서 "소유자가 없는 땅"(terra nullius)에 근거하여 영국의 호주 식민 지배를 정당화했다. 쿡은 원주민들이 미개하고 자연의 일부이기 때문에 땅을 경작하지 못한다고 생각했는데 그들이 생태-환경과 맺는 고유한 관계나 땅과 실제로 교류하는 방식을 유럽중심주의적, 인종차별 시각으로 해석했기 때문이다.

최근 환경론의 기본 가정은 자연과 문화의 이원적 대립은 모든 문화가 공유하는 보편적인 사실이 아니라 서구의 특정한 문화적 이데올로기의 산물이라는 점이다(Descola; MacCormack and Strathern; Ingold; Plumwood, *Feminism and the Mastery of Nature*). 근대 지역연구, 인류학, 지리와 환경 연구 발전에 큰 영향을 남긴 환경 결정론도 같은 맥락에서 지리나 기후와 같은 환경적 요소가 특정한 문화나 종족의 성격이나 특성을 결정한다고 주장한다. 한 예로, 엘스워스 헌팅턴(Ellsworth Huntington)은 『문화와 기후』(*Civilization and Climate*)에서 환경과 문화를 인과론적으로 설명하면서 지구상의 인종을 나무에, 각각의 문화를 이러한 나무의 열매에 비유한다(1). 환경 결정론은 유럽중심주의 관점에서 식민주의를 정당화하는 방편이 되었다(Cosgrove 222). 환경과학사 연구자 페드 앵커(Peder Anker)는 "최하위의 미생물에서 가장 발달된 인간에 이르기까지 모든 유기체는 전체를 표시하며, 이러한 모든 개체는 더 큰 여러 전체들과 연결되며, 이들 전체는 다시 가장 큰 전체를 구성한다"(71)는 내용으로 유럽중심주의와 제국주의를 옹호한 잔 스머츠(Jan Smuts)의 『전체론과 진화』(*Holism and Evolution*)를 설명한다. 앵커가 설명하는 부분은 존재의 사슬이라는 르네상스 시기의 우주관을 연상시키면서 자연 세계의 위계적 통합성과 전체를 강조한다. 또한, 특정한 개인의 자유는 그가 속한 전체가 허용하는 정도에 따라 다르며, 각각의 하위 전체는 서로 연결되면서 위계를 이루면서 완성도나 문화적 수준이 다르다는 점을 암시한다. 결국 전체 속에서 정해진 위치에 따라 인종차별이나 인간과 비인간 존재의 우열 구분을 정당화한다. 앵커는 영국 제국주의가 "환경적, 사회적, 그리고 인종적 문제점"(2)을 해결하기 위해 생태적 사고를 활용했다고 지적한다.

유럽중심 세계관이나 제국주의는 환경을 이데올로기적 도구로 활용하였고, 자연과 인간의 분리를 심화하였고, 현재의 환경 위기로 이어진다. 플럼우드(Val Plumwood)는 이원적 대립관계로 자연과 문화의 관계를 파악하는 것은 "서구의 근본적 망상"이며 현재의 환경 위기와 깊은 관련을 맺고 있는 "위험한" 사고임을 주장한다("Toward a Progressive Naturalism" 44). 그렇다면 환경 문제 해결의 실마리는 인간과 자연의 분리를 당연시하거나 정당화한 근거와 논지를 검토하는 데서 찾아야할 것이다. 레이먼드 윌리엄즈(Raymond Williams)는 자연이 "아마도 가장 복잡한" 낱말이라고 언급한다(*Keywords* 219). 그러나 자연을 어떤 정해진 본질이나 비인간과 관련시키는 경향이 우세하며, 윌리엄즈의 자연 개념 정의에도 이러한 경향이 반영된다. 본질 측면에서는 인간의 본성이나 이등변 삼각형의 본질을 예시할 수 있으며, 비인간 측면에서는 황무지처럼 인간이나 문화의 손길이 닿지 않는 장소가 대표적 사례이다. 자연의 비인간적 측면을 강조하면서 인간과 구분된 영역으로 설정하는 과정에서 파생한 문제는 현대 환경론에서 해결하거나 수정해야하는 주요 과제이다. 예를 들어, 도심의 버려진 곳에 제멋대로 무성하게 자라난 잡풀, 도로변에 저절로 자라난 꽃과 같이 우리들 주변에서 일상적으로 접하는 형태의 자연은 어떻게 분류되고 정의되어야 할 것인가? 인간이 있느냐 없느냐에 따라, 인간이 끼친 영향의 정도에 따라 자연을 정의하는 것이 과연 타당한가? 자연을 본질로 파악하는 관점에서 과학 기술 발달로 인한 사물의 본질 변화 가능성을 어떻게 이해할 것인가? 최근의 코로나 19 사태에서 드러나듯이, RNA나 특히 DNA 치료제를 사용하여 특정한 질병을 치유한다면, 치유 과정이나 완치된 후 적어도 생물학적 측면에서 인간의 본성이 온전히 보존되었다고 할 수 있겠는가?

윌리엄 크로논(William Cronon)이 지적하듯이 "우리가 존재하는 곳은 자연이 존재하지 않는 곳이다"(81)라는 주장은 자연 세계에서 인간의 특권을 잘못 강조한다. 비버가 만든 댐과 숲 속의 오두막을 비교해

보자면, 우선 비버의 댐 건설을 본능에 따른 행동으로 설명할 수 있겠지만, 이와 함께, 서식지의 안전을 위해 만든 의도적 행위이며 그가 만든 댐을 정교한 구조물로 간주할 수 있다. 인적이 잘 닿지 않는 숲 속의 오두막은 짓는다는 인간의 의도적 행위가 반영된 문화로 분류한다면, 서시지를 짓는 비버의 의도적 행위는 어떤 면에서 자연인가? 인간이 자신이 정한 목적을 이루기 위해 자연에 문화적 행위를 가해 그 상태를 변형시켰다면, 비버의 행위도 이와 다르지 않다. 물론, 오두막을 짓는 인간의 행위는 설계나 측정과 같은 의식적 과정을 거칠 것이다. 그러나 그의 행위는 안전하고 편안한 거처를 구하려는 동물적 본능과 얼마나 구분되는가? 인간의 많은 행위가 호르몬이나 충동과 같은 스스로 제어하기 어려운 힘에 결정되듯이, 동물도 인간이 인정하는 범위 이상으로 의식적 결정을 실제로 내리고 있다면 이러한 의식적 활동을 어떻게 분류할 것인가? 이를 고려한다면, "인간은 자연 상태에서 벗어난 것이 아니라, 그 자연에서 가장 적합한 곳을 탐색해 왔다"(Lestel and Rugemer 8)는 주장은 설득력이 있다.

이러한 문제로 인해 자연과 문화를 이원적 대립 관계로 파악하기보다는 연속적 스펙트럼의 관점으로 설명하려 한다.[3] 예를 들어, 설악산에 자생한 소나무와 개인 정원에 관상용으로 옮겨 심은 소나무의 경우 같은 소나무 종이겠지만, 자연과 문화를 각각 양극단에 두고 연속선상에서 각각의 소나무 위치를 표시하면 그 지점은 자연 쪽으로 혹은 문화 쪽으로 좀 더 치우치면서 각각 다를 것이다. 마찬가지로, 동전의 경우 그 재료인 철이나 동은 주조 과정을 거쳤지만 채굴 이전에는 자연 상태의 암석이었을 것이다. 따라서 동전은 문화 쪽으로, 철

3) https://padlet.com/unswpad/natureculturespectrum에는 자연-문화의 스펙트럼에 관한 다양한 사례가 제시된다.

이나 동은 자연 쪽으로 더 치우치게 표시될 것이다. 문화와 자연을 스펙트럼 관점에서 인식하는 자세는 양자 간의 명확한 경계선 설정이 곤란하다는 점을 부각하지만 결국 문화와 자연 간의 이원적 대립 틀을 완전히 극복하지 못한다.

생태적 관점에서, 인간은 자연의 일부이다. 생물학적 유기체인 인간은 생존에 필요한 음식, 물, 공기를 만들어주는 다양한 종류의 비인간에게 의존한다. 마이크로바이옴(microbiome) 연구는 인간의 소화, 호르몬 생산과 분비, 면역 체계의 기능과 같은 분야에서 미생물의 필수적 역할을 규명하고 있다. 이러한 비인간의 도움 없이는 인간의 생존은 불가능하다. 하라웨이(Donna Haraway)가 말하듯, 인간이 인간일 수 있는 것은 바로 이들의 도움과 이들과의 협업 때문이며 따라서 개별적 인간 존재는 "항상 다수와 함께 되는 것이다"(*When Species Meet* 4).

이미 1864년에 조지 퍼킨스 마쉬(George Perkins Marsh)는 『인간과 자연』(*Man and Nature*)에서 인간의 흔적이 없거나 영향력이 미치지 않는 장소는 더 이상 존재하지 않는다고 주장했다(31-32). 자연을 문화의 영역 밖에 존재하는 것으로 설정하면 자연에 대한 인간의 이해와 공감을 떨어뜨릴 뿐만 아니라 자연과 문화가 함께 구성하는 보다 큰 생동적 체계에 인간이 참여하고 있다는 사실을 제대로 파악할 수 없게 만든다. 인간을 자연 세계에서 예외적으로 취급하면서 그 특권을 부여하는 근거로 흔히 사용하는 이성이나 추론 능력도 따지고 보면 인간이라는 동물이 환경에 적응하고 진화하는 과정에서 얻어진 결과물일 것이며, 다른 사회적 포유류나 동물들도 나름의 결과물을 가지고 있다.[4]

---

4) 찰스 다윈(Charles Darwin)은 인간이라는 종에서 공유되는 모든 특성은 주어진 것이 아니라 생물학적 진화의 결과로 설명한다. 이성이 인간만의 특성인가라는 논제

종은 항상 다양한 요소로 구성되며, 다른 종과의 관련 속에서 자신의 존재를 정한다. 이러한 관점에서도, 인간은 자연 세계를 탈피하여 존재하며, 비인간 세계인 자연은 인간의 삶과 구분된다는 논지는 잘못된 것이다. 인간은 자연 세계 속에서 진화해왔고, 자신 보다 더 큰 생명 공동체인 자연이 구성하는 네트워크 속에서 다른 인간-비인간 존재들과 서로 엮어져 있다. 과학 기술의 발달로 인해 우리 시대에 이르러 지구상 어느 곳에도 인간의 손길이 닿지 않는 곳을 남겨두지 않게 되었으며, 따라서 순수한 자연의 영역은 더 이상 존재하지 않는다는 주장은 얼핏 보면 설득력이 있지만, 인간과 자연은 애초부터 구분되지 않는다는 관점에서 볼 때 타당성이 결여된다.

이와 관련하여, 환경론에서 논의되는 주제는 대자연(wilderness)이라는 개념이다. 인간이 자연과 관련된 장구한 역사를 고려할 때, 대자연은 상대적으로 최근에 생겨났고 대체로 18세기 유럽 로맨티시즘으로 거슬러 올라간다.[5] 대자연 보호나 보존은 특정한 지역을 보호 구역이나 국립공원으로 지정하는 사회적 운동으로 구체화되었다. 현실

를 벗어나, 인간, 비인간이 공존하는 자연세계 속에서 진화의 과정에서 얻어진 특성이라는 점은 부인할 수 없다. 다윈은 "이성의 기원을 점진적으로 발전된" 것으로 고려해야한다고 기록하는데, 진화론의 관점에서 이성이 다루어져함을 암시한다(101).

5) 영어권에서 현대 환경론과 관련하여 사용하는 "wilderness"는 우리말 번역 문제를 일으킨다. 굳이 대자연으로 번역한 이유는 "대"에는 "크다"는 뜻 이외에도 "존귀하다," "뛰어나다," "훌륭하다"는 의미가 있다. 환경론에서 대자연과 대비되는 개념으로 종종 제시되는 황무지(waste land)는 현재는 쓸모없지만 궁극적으로 개발을 염두에 두는 의미가 강하다. 번역의 어려움은 인간 중심주의에서 구성한 모든 지식의 문제이다. 존재론, 인식론, 그리고 윤리론을 포함하여 인간중심주의로 여태껏 구성해온 지식을 탈피하고 비인간 사물에 대한 적합한 의식과 실천을 장려하는 새로운 사물관 정립이 이루어지지 않으면, 대자연 번역은 계속 난제로 남을 것이다. 즉, 자연을 대상(object)으로 설정한 모든 인식이나 태도에서 벗어나야 한다.

적으로 대자연이라는 개념은 국립공원의 등장과 밀접한 관련이 있다, 미개지 상태로 특정한 지역을 보존하려는 목적 이면에는 여가활동을 위한 휴양지를 마련하고 숭고나 미를 자아내는 풍경을 장려한다는 미학적 의도도 있었다. 그러나 이러한 의도에는 계급적 시각이 있다. 대표적 사례를 들자면, 로맨티시즘 시인 윌리엄 워즈워스(William Wordsworth)는 영국에서 국가적 차원에서 보호지역 설정에 관한 논의를 이미 19세기 초반에 펼친다. 그는 『호수지역 안내서』(*Guide to the Lakes*)에서 자신의 고향이면서 창작의 주요 배경인 호수 지역을 국가적 자산으로 보호하자는 제안을 한다(93). 실제로 그는 호수 지역 중심을 관통하는 철도 건설에 극력 반대하였으며, 그의 지지자들은 그의 정신을 계승하여 빅토리아 시대를 거쳐 오늘날까지 계속 호수 지역 보존 활동을 하고 있다. 그러나 워즈워스는 철도 건설 반대의 이유로 근처의 대도시의 노동자들이 철도를 이용하여 주말 여가를 즐기면서 호수 지역의 자연 경관과 전통적 생활방식을 해칠 것이라는 점을 든다는 점에서 자신이 속한 계급적 시각과 미학적 편향을 보여준다.

환경론의 논제이면서 현재 우리가 사용하는 맥락의 대자연은 19세기 후반과 20세기 초반 특히 미국에서 부상했다(Sarkar 405). 현재 미국 문화에서 자연의 개념은 거의 대자연이다. 1964년에 제정된 미국 대자연 법령(US Wilderness Act)은 대자연을 "인간 자신이 방문자이면서 거주하지 않는"지역으로 정의한다. 인간이 거주하지 않는다는 조건은 그 지역 원주민의 문제를 야기한다. 자연 보호 지역과 함께 생겨난 문제점은 하나는 토착민을 그 지역에서 추방하면서 원래 그 지역에서 행하던 활동을 금지한 일이다. 토착민들은 오랜 동안 그 지역의 생태계에 편입되어 있었고 사냥이나 의도적 행위로서의 방화는 생태계 균형을 이루는 요소이었다. 사호트라 사르카(Sahotra Sarkar)는 이들을 추방하기 보다는 전통적으로 행해지던 활동을 허용했더라면 생태계 다양성이 더욱 활성화되었을 것이라고 지적한다(410).

대자연은 인적이 없는 원시 지역이나 낭만화된 자연을 떠올리게 하면서 많은 사람들이 생각하는 자연이나 환경의 이미지를 얻게 되었다. 그러나 그 이면에는 도시화가 점차 보편화하고, 인간의 개발과 남용으로 인해 그 처지가 위협받고 있는 자연의 실상이 은폐되어 있다. 대자연은 이미지나 개념적으로 가능하지만, 실상이 아니라 가상적 광경이며, 자연/문화의 이분법에 따른 이데올로기이다(West 255). 대자연은 세계를 개념의 틀에 가두며 따라서 그 진정한 가치를 평가하는 적합한 방식이라고 볼 수 없다. 보호되고, 낭만화 된, 그리고 인간 활동이 배제된 지역을 특별히 지정하고 이를 가장 완벽한 형태의 자연으로 생각한다면, 우리 주변에 있는 자연의 가치와 자연을 감상하는 기회를 잃게 된다. 도심 공원, 도로변 틈새에 자라난 잡풀, 인도와 차로를 구분하는 관목 울타리와 이를 서식지로 삼아 생활하는 새들, 그리고 우리들 몸속에 있는 자연—이러한 "야생"(wildness)은 우리의 일상의 삶과 구분되어 따로 존재하지는 않는다. 특히, 도로우는 야생을 비인간 세계와 더불어, 인간의 본성에 내재하여 작동하는 창의적 힘으로 생각한다. 타고난 잠재성을 실현하게 하는 것은 "내면의 원초적 생기"(Journal, 8/30/56)이며, 그는 이러한 야생의 힘을 『메인 숲』(*The Maine Woods*)의 「카타딘」("Ktaadn") 장에서 기술되는 "원시적이며, 길들여지지 않으며, 영원히 길들일 수 없는"(33) 자연을 대면하면서 역설적으로 인지한다.

돌봄의 기술과 스토리텔링

옥스퍼드 영어사전은 돌봄(attentiveness)의 의미를 두 가지로 구분한다. 첫 번째는 주의를 기울인다는 의미이며, 두 번째는 상대방의 편리나 원하는 것을 세심하게 돌본다는 의미이다. 돌봄의 기술은 이러한 두 가지 의미를 모두 활용한다. 주의를 기울여 상대방의 특성을 파악하고 친절하고 사려 깊은 응답을 통해 돌봄을 실천한다. 인간의 특권적 예외성을 지양하면서 상대방의 범주에 인간뿐만 아니라 비인간 사물도 포함한다. 돌봄의 기술은 인식의 차원에만 머물지 않고, 두 번째 정의에서 암시되듯이, 실천적 윤리와 행복을 강조하며, 인간과 비인간 사물이 공유하는 세계 속에서 모두의 번성을 장려한다.

이러한 돌봄의 기술은 워즈워스의 「충고와 응답」(“Expostulation and Reply”)에서 암시된다. 이 시는 “우리의 마음에 자체 존재를 새기는 / 힘”(21-22)이 자연 세계에 존재함을 인정하면서 “현명한 수동성”(24)의 상태에서 이것과 소통하는 과정을 표현한다. 현명한 수동성은 현상의 의미를 정당하게 평가하는 우리의 능력은 쉽게 무디어지거나 왜곡되기 때문에, 이를 시종일관 유지하면서 세계를 세계의 조건으로 받아들이려면 일정한 수련이 필요함을 함축한다. 「충고와 응답」과 짝을 이루는 시 「상황의 역전」(“The Tables Turned”)에서는 편협한 분석적 지식의 폐해와 함께 새로운 소통의 매체로서 “관찰하고 받아들이는 / 가슴”(“a heart / That watches and receives”)과 “마음”(18)이 제시된다. 현명한 수동성은 인지와 감각의 기능을 정교하게 계발하여 사물의 양태와 생활하는 장소의 구체적 특성과 교감하고 소통하게 만든다. 이러한 교감과 소통은 정서 이전 단계의 정동(affect)의 흐름과 유입에 자신의 몸과 감각 기관을 허용하는 것을 포함한다. “어디에 있든지, 우리의 몸은 / 우리의 의지에 반하여 혹은 순응하여 느낀다"("Our bodies feel, where'er they be, / Against, or with our will") ("Expostulation and Reply" 19-20). 이러한 과정을 통해 얻는 것은 "죽은 사람들로부터 그들과 같은 부류에게"(8) 책으로 전승되는 유형의 지식이 아니라, 자연이 취하는 여러 모습과 사물의 움직임에 자신을 열고 동참하여 받아들이는 체화된 지혜와 진리이다.

> 자연은 우리의 마음과 가슴을 축복하려는
> 준비된 풍성함의 세계를 가진다--
> 건강하게 호흡되는 자발적 지혜,
> 쾌활하게 호흡되는 진리. ("The Tables Turned" 21-24)
>
> She[Nature] has a world of ready wealth,
> Our minds and hearts to bless—
> Spontaneous wisdom breathed by health,
> Truth breathed by cheerfulness.

풍성한 자연 세계는 정서(가슴)뿐만 아니라 지적인 면(마음)과도 소통하며, 유기체의 존속에 필수적인 지혜와 진리를 가진다. 도로우는 "건강하고 세련된 본성"을 지닌 사람은 풍경에서 즐거움을 느낀다(Journal 6/27/52)고 적고 있다. 워즈워스도 마찬가지로 자연 사물과 교감에서 체득하는 진리는 "유쾌함"을 준다.

「상황의 역전」에서 워즈워스는 자연의 미를 인지함은 "사물의 아름다운 형상을 왜곡"(27)하는 지식과 예술의 폐해를 스스로 정화하면서 "사물의 빛"(19)에 자신을 맡기는 것임을 제시한다. 이러한 미의 인지는 자연 세계를 함께 구성하는 비인간 사물에 대한 인간의 도덕성을 판별하는 측도가 된다.

> 봄날의 숲에서 나오는 힘은
> 너에게 인간에 관해,
> 도덕적 악과 선에 관해
> 모든 현인보다 더 가르칠 수 있다. (21-24)
>
> One impulse from a vernal wood
> May teach you more of man,
> Of moral evil and of good,
> Than all the sages can.

자연 사물의 능동적 힘은 인간학뿐만 아니라 도덕을 가르친다. 굳이 인간과 도덕을 구분하는 것은 워즈워스의 도덕은 인간에게만 한정되는 것이 아니라, 인간과 사물 그리고 아마도 사물과 사물 간에도 적용되는 행동 양식이다. 「충고와 응답」에서는 "항상 말하고 있는 / 엄청나게 많은 사물"(25-26)을 언급한다. 자연은 인간과 비인간 존재들이 교섭하는 힘의 장이다. 워즈워스는 존재 각각의 특이성과 역사성을 그리고 이들이 모두 이루는 관계성을 인정하는 새로운 윤리의 가능성을 개방한다.

앞서 살펴본 대로, 워즈워스가 자연 세계의 "준비된 풍성함"을 체득할 수 있는 소통의 양식으로 "현명한 수동성" 제시한다면, 도로우는 살아있는 자연 세계에 세밀한 관심을 기울임으로써 지혜와 진리를 얻을 수 있다고 표현한다.

> 덧문을 통해 흐르는 빛줄기는 덧문이 완전히 치워지면 더 이상 기억되지 않을 것이다. 어떠한 방법이나 훈련도 끊임없이 주의를 기울인다는 필요성

을 대체할 수 없다. 보이는 것을 항상 세심하게 살피는 훈련과 비교할 때, 역사나 철학 혹은, 아주 잘 선별되었다 할지라도, 시의 과정, 혹은 최상의 사회, 혹은 아주 경탄할만한 일상은 무엇이겠는가? (105)

The rays which stream through the shutter will be no longer remembered when the shutter is wholly removed. No method nor discipline can supersede the necessity of being forever on the alert. What is a course of history or philosophy, or poetry, no matter how well selected, or the best society, or the most admirable routine of life, compared with the discipline of looking always at what is to be seen?

덧문과 빛줄기 간에 진행되는 자연현상은 상황과 조건의 추이에 따르지만 엄연한 사건이며, 비인간 사물들 간의 관계에서 진행되는 대화이다. 미셸 푸코(Michel Foucault)는 「담론의 질서」(“The Order of Discourse”)에서 “의미를 속삭이는 사물”(51)에 관해 언급한다. 의미를 드러내는 사물의 힘은 이를 조심스럽게 지켜보고 인지할 수 있는 사람에게만 허용된다. 덧문이나 빛줄기가 가지는 특정한 인지 양식이나 기호학의 문제가 아니라 지금 이 순간 이들의 존재 의미가 발현되고 있으며 서로에게 영향을 주면서 계속 진행하는 현상이나 사건을 만들고 이를 지켜보고 있는 또 다른 존재에게 반응을 유발하며, 이러한 교환 과정에서 이전과는 다른 현상, 감정, 지식, 윤리 의식을 생성한다는 엄연한 현상의 문제이다. 빛줄기나 덧문은 지금 이 순간 그들의 관계와 교차에서 발현되는 사건이며, 미리 고정된 정체성을 가진 것이 아니다. 어느 하나가 변화거나 사라지면 이에 따라 다른 효과가 만들어질 것이며, 이에 대한 기억도 다를 것이다. 세계는 단순히 주어진 것만이 아니라, 스스로를 발현한다. 하라웨이가 말하듯 리얼리티는 “능동적 동사"(*The Companion Species Manifesto* 6)이며, 덧문, 빛줄기, 그리고 관찰자 간에 일어나는 사건, 전이, 생성에 관한 기록은 세계를 드러낸다. 세계는 생성의 과정이며, "세심하게 살핀다"는 기술은 생성에 관여하는 사물들의 사건과 상호작용에 대한 관심이며, 이러한 관심은 이미 생성을 실현하는 과정이며, 관계와 교섭을 통해 세계를 만드는 행위이기도 하다.

사물의 세계를 세심하게 살핀다는 것은 앎과 삶은 긴밀하게 결속되어 있으며, 사물에 대한 관심이 그들과 공유하는 삶을 위한 더 나은 가능성을 만드는 토대가 될 수 있다는 점을 일깨운다. 환경 문제를 인류의 생존과 결부시켜 대처해야 하는 현 시점에서 자연 세계에 대한 관심은 현실의 문제에 적극적으로 개입하여 의미 있는 변화를 야기할 수 있어야 한다. 현실 참여의 문제이며 이를 창의적으로 수행하는 방식이 주안점이 되어야한다. 이를 위해, 자연을 사고하고 논하는 방식을 근본적으로 점검하고 새로운 스토리텔링을 통해 현실 변화를 모색해야 한다.

"리얼리티는 사실로 정의되지 않는다"(232)는 부르노 라투어(Bruno Latour)의 통찰은 스토리텔링이 필요한 근거를 마련해 주면서 사실과 가치 간의 차이점에 관해, 그리고 이러한 차이점이 환경 문제를 인식하고 해결하는 데 어떠한 역할을 할 수 있는 지를 생각하게 만든다. 라투어는 사실과 관심사(가치와 무관지 않다) 간의 경계가 명확하지 않다는 점을 설명하기 위해 사물(Thing)을 예시한다. 그는 사물이 대상(object)이면서, 문화권에 따라 관련된 "논제" 그리고 "모임"(233)을 지시하며, 따라서 사실과 관심사를 동시에 표시한다고 주장한다. 즉, 하나의 사물에는 수많은 참여자가 모여들어 사물을 존재하게 한다. 라투어는 사물의 풍성하고 복합적 특성을 설명하면서 이를 과학과 테크놀로지의 대상과 구분하지만, 동시에 미셸 세르(Michel Serres)와 같이, 과학적 대상(object)을 인류학적 그리고 존재론적 방식으로 받아들이는 것에 관해 많은 관심을 가진다. 라투어에게 대상과 사물이 경계가 확정되지 않고 서로의 영역을 이동하며, 사실은 관심사로 간주되며, 관심사에서 사실이 출현한다(235).

도로우도 마찬가지로 "사실의 가치를 과소평가"하지 않기를 당부한다("Natural History of Massachusetts" 41). 세계를 구성하는 구체적 세목은 각자의 의미와 진리를 가질 수 있다는 의미에서 사용하는 구절이지만, 사실의 가치라는 표현에서 사실과 가치 간의 인위적 구분을 배격하는 도로우의 의중을 읽을 수 있다. 관심사나 이해관계를 초월한 과학적 객관성은 존재하지 않으며, 존재한다 할지라도 그 결과는 재난적일 수 있다. 사실에는 가치가 함께 뒤얽힌다. 호기심, 필요, 염려, 긴급함과 같은 이유로 인해 사실이 존재하게 되며, 따라서 환경을 주제로 하는 스토리텔링은 순수한 과학적 사실만을 다루지 않는다. 그만큼 스토리텔링에는 인간의 정서와 요구가 필수적 요소가 된다.

환경 스토리텔링은 자연에 관한 아이디어를 적극적으로 재구성하여 대중의 관심을 이끌어내고, 적합한 행동을 유도하여 환경 문제를 해결하려 한다. 여기에는 자연에 대한 관심을 대중화하고 정치화하는 과정과 방식의 문제와 의사결정 과정이 개입한다. 최근에는 영화, 유튜버, 저널, 드라마, 가요와 같은 다양한 대중장르를 통해 환경 스토리텔링이 전파된다. 『더블유 더블유 에프: 우주 원숭이』(*WWF: Space Monkey*)에서 주인공 원숭이는 우주 공간을 홀로 떠돌다가 지구로 귀환하지만 지구는 이미 황폐해져 있다.[6] 우주 원숭이 프로젝트에서 주

6) http://www.weloveadd.com/en/works/details/402Bgnrw 참조.

제 음악인 「신성한 어머니 우주를 위한 노래」("Song For The Divine Mother Universe")는 "당신의 사랑이 전부이다"를 후렴으로 반복하면서 지구는 "행성이 아니라 우리의 고향이다"로 끝맺고 있다. 우주 원숭이는 인간-비인간 간의 연결과 공감을 다루면서 비인간에 대한 윤리 문제를 함께 제기한다.

『자연이 말하고 있다—줄리아 로버트는 어머니 자연이다』(*Nature Is Speaking—Julia Roberts is Mother Nature*)는 목소리를 부여받은 자연이 자신을 대변하는 기법을 사용한다.[7] "인간은 자연이 필요하지만, 자연에게 인간은 필수적이지 않다"는 메세지는 인간중심주의에 기반한 인간과 자연 관계와 여기에서 비롯된 문제점을 본질에서 재고하게 하면서, 인간과 인간을 포함하지만, 인간을 훨씬 넘어서는 더 큰 자연세계와의 관계를 설정하는 출발점을 제시한다.

『국제 지구의 친구』(*Friends of the Earth International*)는 기후 변화가 인간의 삶에 초래하는 변화를 일상적 관점으로 표현하면서 개인의 관심사, 가치, 애착을 잘 그려내고 있다.[8] 이러한 일상성은 전문 용어나 실증적 데이터를 사용하여 분석하는 대상과 구분된다. 가장 큰 특색은 환경에 관한 대중적 관심과 상상력을 일상적 정서와 결합시켜 공감을 자아낸다는 점이다.

『레고는 그린피스 캠페인을 따르면서 셸과의 동반 관계를 끝낸다』(*Lego ends Shell partnership following Greenpeace campaign*)는 그린피스가 벌인 온라인 캠페인이다.[9] 이 캠페인에서 그린피스는 굴지

7) https://www.youtube.com/watch?v=WmVLcj-XKnM 참조.

8) https://www.foei.org/ 참조.

9) 『가디언』(*The Guardian*) 지에 실린 기사 참조. https://www.theguardian.com/environment/2014/oct/09/lego-ends-shell-partnership-following-greenpeace-campaign

의 다국적 석유회사 쉘(Shell)이 북극 지역 유전 개발에서 자행하는 환경파괴의 문제점을 알리기 위해 온라인을 매체로 활용한다. 아이들에게 친숙한 레고(LEGO)가 이 회사와 협력관계를 맺고 있었던 점을 부각하여 환경 파괴가 자원 개발의 목적이라는 구실로 정당화되거나 당연시되는 위험성을 대중에게 극적으로 전달한다.

사물의 덕성과 번성

세계는 저 밖에 이미 존재하지만, 인간은 자신의 행위를 통해 세계를 물질적으로 그리고 상징적으로 재생산한다. 현재의 환경론에서는 사회적으로 구성되는 자연의 개념과 그러한 자연을 구성하는 물질들 간의 연결과 소통 방식이 주 논제가 된다. 자연에서 문화적, 도덕적, 그리고 신학적 의미를 분리하기는 어렵다. 인류의 삶은 그렇게 구성된 자연을 배경으로 진행되었으며 또 계속될 것이다. 그 만큼 현재 우리가 당면하고 있는 기후 변화나 종의 다양성 감소와 같은 시급한 문제를 해결하려면 정치-사회를 비롯한 관련 분야들과 함께 통합적으로 환경문제를 다루어야 한다. 기후 변화는 기후 체계가 인간의 개입으로 인해 자연적 한계를 초과하기 때문에 발생한다. 그러나 기후는 정치-경제적 요인이나 윤리적 가치의 문제와 긴밀하게 엮어져 있다. 우리 시대의 자연은 인간 중심주의와 인간의 예외성을 인정하면서 방법론적 개별주의에 입각하여 그간 구성해온 모든 스토리를 내던져야하는 과제를 안고 있다. 이를 통해 인간의 목적과 유용성을 탈피한 세계 그리고 비인간 사물의 세계에 관한 이해와 윤리적 참여를 장려하고 실천해야 한다. 앞서 잠깐 살펴본 하라웨이의 심포이시스는 개별적,

자율적 체계와 대비되는 집합적 산출 체계를 강조한다. 또한 심포이시스는 시간적, 공간적 경계를 한정하지 않으면서 진화적, 지속적 생성과 예상치 못한 변화를 허용한다.

자연 세계는 인간의 이해관계나 목적을 벗어난 가치로 충만하며, 우리가 미로서 인식하는 자연의 가치는 유용성을 기준으로 설정된 가치의 범위를 훨씬 넘어서며, 자연의 숭고함은 여기에서 경험된다. 도로우는 물고기의 덕성을 깨닫고 인간의 지식체계의 불완전함을 토로한다.

> 고난을 유일하게 이해할 수 있는 동료 피조물에게서 존경받지 않고서, 그 고난의 운명을 감내하는, 저조위표 아래 물고기의 감탄할 만한 덕성이 무엇일 수 있는지를 아는 인간의 피상적이고 이기적인 인간-친화에서 벗어나! (*A Week on the Concord and Merrimack Rivers* 37)
>
> Away with the superficial and selfish phil-*anthropy* of men,--who know what admirable virtue of fishes may be below low-water mark, bearing up against a hard destiny, not admired by that fellow creature who alone can appreciate it!

인간의 지식은 수면 아래에 있는 것에 대한 무지를 드러내며, 이러한 피상적 지식은 자기 종의 관점에서, 자기 종에 국한된 편협함이며 따라서, 비록 관련되었지만, 다른 종에게는 정당화 될 수 없다. 도로우는 인간중심적 윤리나 가치관의 한계를 말하면서, 다른 종에 대해 인간과 다른 그 자체의 본질적 가치를 존중해야함을 역설한다. 우리가 진심으로 생태계의 다양성을 존중한다면 인간 중심적 시각에서 구성한 가치 체계를 벗어나야 하며, 인간을 가치의 중심에 둔 위계적 도덕률을 거부해야 할 것인데, 베넷은 이러한 주장을 도로우의 특성으로 파악한다(53-54).

도로우의 덕성은 의무나 도덕적 계율의 엄밀함을 강조하기 보다는 그리스 문화에서 소통된 뛰어남(excellence)과 관련된다. 그리스 인들이 이해한 유다모니아(Eudaimonia) 개념을 계승하면서, 말의 아레테(Arete)를 표현하는 아리스토텔레스가 예시하듯이(*Nicomachean Ethics*, Book 1, Ch. 9) 덕성은 인간에게만 한정되지 않으며, 원래의 성질이나 목적을 충분히 발휘하고 실현하는 특성을 의미한다. 도로우는 이러한 덕성을 비인간 사물에 이르기까지 확장한다. 물고기는 인간이 이해하는 방식으로 도덕적일 수는 없지만, 자신에게 알맞은 방식으로 번성할 수 있다. 인간의 목적에 기여한다는 도구적 가치와 무관한 자신의 덕성을 스스로 실천하는 것이다. 자연은 이러한 인간과 비인간 존재 모두가 자신의 덕성을 실천하는 장이며 힘이라는 측면에서 윤리적 체계이다. 그렇다면, 인간의 목적에 좌우지 되지 않으며 인간과 공존하면서 번성할 수 있는 환경적 조건은 어떤 것인가?

『월든』의 「겨울 호수」(“The Pond in the Winter”) 장에는 아리스토텔레스(Aristotle)의 『니코마코스 윤리학』(*Nichomachean Ethics*)에 대한 인유를 찾을 수 있다. 동일한 산을 오르지만 특정 지점에서 바라보는 산의 윤곽은 그때마다 다르다는 점을 기술하면서 윤리에서 평균의 법칙(“the law of average” 272)를 언급하는데, 이를 아리스토텔레스의 중용의 덕과 연관시킬 수 있다. 자연을 윤리적 장이나 힘의 체계로 간주할 때, 현실에서 덕은 현실의 모든 양태와 모순을 포섭하는 적절한 실천 양식이며, 사물의 존재 방식은 각자의 특이함을 인정하면서 이를 적합하게 결합하여 특이성의 조화와 조화 속의 특이성의 구현이다.

인간은 비인간 자연 세계와 구분되며, 자연 세계의 밖에 존재한다는 사고방식은 어떠한 문제점을 가지는가? 자연 세계와 분리된 인간 사회의 가치는 더 이상 자연 사물의 가치를 정당하게 판별하는 측도가 될 수 없다. 인간은 자연 세계를 활용하여 문명을 구축하였고, 앞으로도 그러할 것이지만, 다른 한편으로는 자연 세계의 구성 요소로서 지속가능한 미래를 자연에 의탁하고 있다. 비인간 자연 세계를 존중함은 도로우가 말하듯 인간 내면의 "야생"을 존중하는 것이기도 하다. 우리 시대에 합당한 자연 세계와 인간의 삶에 관한 인식 체계의 토대는 우리가 처한 구체적 환경 체험에서 우러난 체화된 의식과 실천에 두어야 하며. 가치와 윤리 체계도 인간과 비인간 사물간의 결속과 조화를 지향해야 한다. "어떠한 방식과 노력으로 체화된 의식과 실천을 계발하고 발전시킬 것인가?"라는 질문이 제기될 것인데, 이에 답은 우리가 생활하고 있는 장소의 구체적 세목에 정서적으로 교감하는 일과 무관하지 않다.

자연을 인간이 존재하지 않는 비인간 세계로 정의하는 경우, 구글어스(Google Earth) 어플을 간편하게 사용하여 전 세계의 지형을 관찰할 수 있는 현 시점에서 자연으로 정의되는 곳은 찾기 어렵다. 적어도 행성 지구에서 인간의 흔적을 갖지 않거나 영향력을 벗어난 장소나 현상은 존재하지 않는다. 이 점은 기후 변화, 종의 멸종, 인구의 도시 집중화, 그리고 방사능 유출 문제와 같은 문제에 대한 해결의 실마리를 제시한다. 그 중에서도 특히 생물의 다양성 확보는 국립공원이나 보호 지역을 설정하고 유지하는 큰 이유가 되었다. 그러나 보호 지역의 생물의 다양성에 관한 리포트는 그 결과가 서로 상치된다. 리포트에서 제시되는 표본이 전체를 대표할 수 있는지, 표본 선정에 개입하는 주관이나 편견을 제어해야하는 문제가 있지만, 근본적으로는 보호 지역 설정과 관련된 생물학적, 미학적, 경제적, 그리고 계급적 이해관계에서 비롯되는 다양한 차이를 절충해야하는 과제가 있다.

사물의 생동성, 자연과 문화, 그리고 인간과 비인간 사물 간의 합당한 관계의 (재)설정은 환경론의 주요 논제가 된다. 그러나 이러한 논제는 인류 최초의 정치 체제이자 생태-환경인 아담과 이브의 에덴동산에서도 문제시 되었다. 『기독교 교리에 관해』(*On Christian Doctrine*)에서 밀턴은 신은 "영혼을 그저 불어넣은 것이 아니라" 각자에게 맞게 그 형태를 주었고, 영혼을 "적합한 기능으로 치장하면서" "구석구석 주입했다"고 언급한다(189). 그가 받아들인 당대의 일원론의 영향도 크겠지만, 밀턴은 생동론은 영혼/육체의, 비물질/물질의 명확한 구분을 부정한다. 『아레오퍼기티카』(*Areopagitica*)에서 책이 가지는 "생명의 효능"(271)을 옹호하는 데서 알 수 있듯이, 물질은 생명이 없고 죽은 것이 아니라 자체의 생동성을 지닌다. 자체의 에이전시를 가지면서 작동한다는 의미이다. 역으로, 영혼이나 천사와 같은 존재도 밀턴에게는 체화된 형태의 에너지로 간주되었다.

> 아담이여, 우리는 계속해서 이 정원을 가꾸려
> 일을 해야 하고, 계속해서 식물, 약초 그리고 꽃을 가꾸어야한다,
> 이 일은 우리에게 명해진 즐거운 일이지만, 더 많은 일손이
> 우리를 도와야 하기까지, 우리가 하는 일은 더 많아져,
> 구속해서 무성해진다; 우리가 낮에
> 더 자란 가지를 치고, 자르고, 받쳐두고, 혹은 묶은 것은
> 하루 이틀 밤새에 제멋대로 자라나 우리를 조롱하면서
> 마구 자라려 한다. (Book 9, 205-12)

> Adam, well may we labour still to dress
> This garden, still to tend plant, herb and flower,
> Our pleasant task enjoined, but till more hands
> Aid us, the work under our labour grows,

Luxurious by restraint; what we by day
Lop overgrown, or prune, or prop, or bind,
One night or two with wanton growth derides
Tending to wild.

인류 최초의 공동체인 에덴동산에서 최초의 인류인 아담과 이브에 맡겨진 일은 정원을 가꾸는 일이다. 에덴동산은 자연 그 자체가 아니라 이미 그리고 항상 인간의 행위가 개입한다. 이브는 정원 식물을 돌보는 일이 자신과 아담이 감당하기에는 벅차다는 것을 실토한다. 그런데 힘에 부치게 된 이유는 "구속해서 무성해진다"이다. 그들의 행위는 가지치기, 자르기, 받쳐두기, 묶는 것과 같은 인위적 행위, 즉 자연에 가한 문화적 행위이다. 이브가 사용하는 "가꾸다"(tend)는 문화(culture)의 어원적 의미이다. 그들의 문화적 행위는--이브는 이를 자발적이 아니라 권위에 의해 규정된 행위로 언급한다--이브의 관점에서는, 오히려 식물을 걷잡을 수 없게 만든다. 이브는 식물의 "wild" 속성을 말하지만, 인간이 참여하는 최초의 생태-환경인 에덴동산에서 어쩌면 인간의 규제나 제한 행위가 없었더라면 오히려 자연은 스스로 균형을 맞추고, 정돈할 수 있는 능력을 발휘했을 수도 있다. 그러나 『실낙원』(*Paradise Lost*) 9권에서 이브의 행위는 시종일관 인간의 타락을 예견하는 이중 플롯을 가진다. 자연/문화의 구분은 밀턴의 계획이 아니라, 금지된 지식의 열매를 먹은 다음 이브와 아담 그리고 그의 후손들이 가지게 될 오류를 예견하는 것일 수 있다. 밀턴은 창조된 모든 사물은 자유의지를 가진다고 확신했다. 자연 사물이 인간의 목적과 효용성에 따라 그 가치가 결정되지 않으며 인간과 비인간 간의 상호성에 기반한 세계에서는 제각기 나름의 방식으로 번성하는 생명이 규범일 것이다.

인용문헌

Anker, Peder. *Imperial Ecology; Environmental Order in the British Empire, 1895-1945*. Cambridge: Harvard UP, 2001.

Aristotle. *The Nicomachean Ethics*. Digital. Trans. David Ross. Oxford: Oxford UP, 2009.

Beaglehole, J. C., ed. *The Journals of Captain James Cook on his Voyages of Discovery: Part I: The Voyage of the Endeavour 1768-1771*. Cambridge: Cambridge UP, 1955.

Baker, Steve. *Artist/Animal*. Minneapolis: U of Minnesota P, 2012.

Barad, Karen. *Meeting the Universe Halfway: Quantum Physics and the Entanglement of Matter and Meaning*. Durham: Duke UP, 2007.

Bennett, Jane. "The Force of Things: Steps toward and Ecology of Matter. *Political Theory* 32.3 (2004): 347-72.

_______. *Thoreau's Nature: Ethics, Politics, and Nature*. New York: Rowman & Littlefild, 2002.

_______. *Vibrant Matter: A Political Ecology of Things*. Durham: Duke UP, 2010.

Broglio, Ronn. *Surface Encounters: Thinking with Animals and Art*. Minneapolis: U of Minnesota P, 2011.

Cosgrove, Denis. *Apollo's Eye: A Cartographic Genealogy of the Earth in the Western Imagination*. Baltimore: Johns Hopkins UP, 2001.

Cronon, William, ed. "The Trouble with Wilderness; or, Getting Back to the Wrong Nature." *Uncommon Ground: Toward Reinventing Nature*. New York: W. W. Norton, 1995. 69-90.

Darwin C. R. *Notebook N: Metaphysics and Expression (1838-1839)*. Ed. Paul Barrett. *Darwin Online*. 2020.9.20. http://darwinonline.org.uk/

Descola, Philippe. *In the Society of Nature: A Native Ecology in Amazonia*. Trans. Nora Scott. Cambridge: Cambridge UP, 1994.

Dickinson, Emily. *The Poems of Emily Dickinson*. Ed. R. W. Franklin. Cambridge: Harvard UP, 1998.

Foucault, Michel. "The Order of Discourse." *Untying the Text: a Poststructuralist Reader*. Ed. Robert Young. Trans. Ian McLeod. Boston: Routledge and Kegan Paul, 1981. 48-78.

Gill, Stephen, ed. *William Wordsworth*. Oxford: Oxford UP, 2010.

Haraway, Donna. *Staying with the Trouble: Making In in the Chthulucene.* Durham: Duke UP, 2016.

_______. *The Companion Species Manifesto: Dogs, People, and Significant Otherness*. Chicago: Prickly Paradigm P, 2003.

_______. *When Species Meet.* Minneapolis: U of Minnesota P, 2008.

Hustak, Carla, and Natasha Myers. "Involutionary Momentum: Affective Ecologies and the Sciences of Plant/Insect Encounters." *Differences* 23.3 (2012): 74-118.

Huntington, Ellsworth. *Civilization and Climate*. Honolulu: UP of the Pacific, 2001.

Ingold, Tim, *The Perception of the Environment: Essays on Livelihood, Dwelling and Skill.* London: Routledge, 2000.

Latour, Bruno. "Why Has Critique Run out of Steam? From Matters of Fact to Matters of Concern." *Critical Inquiry* 30 (2004): 225-48.

Lestel, Dominique, and Christine Rugemer. "Strategies of life." *Research EU: The Magazine of the European Research Area.* November (2008): 89.

Lind, Sidney E. "Emily Dickinson's 'Further in Summer than the Birds' and Nathaniel Hawthorne's 'The Old Manse.'" *American Literature* 39.2 (1967): 163-69.

MacCormack, Carol, and Marilyn Strathern, eds., *Nature, Culture and Gender.* Cambridge: Cambridge UP, 1980.

Marsh, George Perkins. *Man and Nature; Or, Physical Geography as Modified by Human Action*. Washington: U of Washington P, 2003.

Milton, John. *A Treatise on Christian Doctrine, Compiled from the Holy Scriptures Alone*. Cambridge: Cambridge UP, 1825.

Ogden, Laura A., Billy Hall, and Kimiko Tanita. "Animals, Plants, People, and Things: A Review of Multispecies Ethnography." *Environment and Society: Advances in Research* 4 (2013): 5-24.

Plumwood, Val. "Animals and Ecology: Towards a Better Integration." Unpublished article in the ANU Digital Collection. 2003. Web. 2020. 9.2. https://openresearch-repository. anu.edu.au/handle/1885/41767

_______. *Feminism and the Mastery of Nature*. London: Routledge, 1993.

_______. "Toward a Progressive Naturalism." *Recognizing the Autonomy of Nature: Theory and Practice*. Ed. Thomas Heyd. New York: Columbia UP, 2005. 25-53.

Sarkar, Sahotra. "Wilderness Preservation and Biodiversity Conservation—Keeping Divergent Goals Distinct." *Bioscience* 49.5 (1999): 40412.

Spaid, Sue. *Ecovention: Current Art to Transform Ecologia*. Cincinnati: Micah

Hornung & Christian Wilhelmy Seemless Design & Printing, LLC., 2002.

Smuts, J. C. *Holism and Evolution*. London: Macmillan, 1936.

TallBear, Kim. "Beyond the Life/Not-Life Binary: A Feminist-Indigenous Reading of Cryopreservation, Interspecies Thinking, and the New Materialism." *Cryopolitics: Frozen Life in a Melting world*. Eds. Joanna Radin and Emma Kowal. Cambridge: The MIT P, 2017. 179-201.

Thoreau, H. D. *A Week on the Concord and Merrimack Rivers*. Princeton: Princeton UP, 1980.

_______. "A Winter Walk." *Excursions*. Boston: Ticknor and Fields, 1863. 109-34.

_______. "Natural History of Massachusetts." *Collected Essays and Poems*. Ed. Elizabeth H. Witherell. New York: Library of America, 2001. 20-41.

_______. *The Journal of Henry David Thoreau*. Web. 2020.9.2. https://www.walden.org/collection/journals/

_______. *The Maine Woods*. Digital. Neeland Media LLC, 2009.

_______. *Walden*. Boston: Beacon P, 2004.

Tsing, Anna. "Unruly Edges: Mushrooms as Companion Species." *Environmental Humanities* 1 (2012): 141-54.

West, Paige, and Jam Igoe. "Parks and Peoples: The Social Impact of Protected Areas." *Annual Review of Anthropology* 35 (2006): 25177.

Williams, Raymond. *Keywords: A Vocabulary of Culture and Society*. Revised Ed. Oxford: Oxford UP, 1983.

Wordsworth, William. *Guide to the Lakes*. Ed. Ernest de Selincourt. London: Frances Lincoln, 2004.

2

사물의 얼굴과 마주침:
워즈워스의 생명 윤리

사물의 얼굴과 마주침: 워즈워스의 생명 윤리

사물의 생명 윤리와 이론적 토대

워즈워스(William Wordsworth)는 1807년 5월 21일에 버몬트 부인(Lady Beaumont)에게 쓴 편지에서, 자신의 시들은 도덕과 "직결되는 목표"(*Letters* 2, 145)를 가지고 있다고 밝힌다. 그러나 그는 명료한 윤리관을 체계적으로 표명하지 않으며, 「도덕론」("Essay on Morals")에서는 도덕 철학 체제의 불완전함을 비판하면서 모든 도덕이론은 사실상 "아무것도 설명하지 못한다"(*Prose Works* 1, 103)고 언급한다. 윤리 철학자가 아닌 시인 워즈워스는 도덕적 사고와 조건에 내재한 자기모순을 진지하게 사색한다. 그는 밀턴(John Milton)과 유사하게 자율적 존재이지만 동시에 물질적 존재로서 인과적으로 결정된 인간 조건을, 개인의 자유와 역사적 필연을, 독립과 의존을, 욕망과 책임을 동시에 인정하면서 이러한 모순적 양상이 단순한 대립 관계로는 설명될 수 없는 훨씬 섬세한 방식으로 서로의 영역을 침범하고, 때로는 결속되는 양태를 암시하고 극화한다.

최근까지 워즈워스 연구에서 윤리라는 논제는 그의 작품을 주로 도덕성과 결부시켜 설명한 밀(John Stuart Mill), 아놀드(Matthew Arnold), 레슬리 스테판(Leslie Stephen)이 대변하는 빅토리아 시대 연구 동향에서 크게 벗어나지 않는다. 그렇다면, 그의 윤리관을 오늘날 21세기 문화 현상과 학문 동향을 기준으로 평가할 때 어떠한 특징을 도출할 수 있는가? 여기에 필요한 적절한 방법론은 어떤 것이며 이를 통해 산출된 윤리는 과연 그의 문학적 사유 양식과 성향에 비추어 합당한가? 또한, 워즈워스의 도덕철학은 시와 별개로 존재하지 않는다는 아놀드의 평가를 염두에 둔다면, 워즈워스의 윤리를 어떻게 시에서 산출할 수 있으며, 그 본질과 특색을 어떻게 효과적으로 설명할 수 있을 것인가?

이러한 질문에 답하려면, 우선 워즈워스가 제기하는 윤리적 논제의 특성과 복합성에 상응하는 윤리 비평을 산출하는 방식에 관한 논의가 선행되어야 할 것이다. 1790년대에서 최근까지 감정이나 상태 면에서 대상(object)과 동일시에 중점을 두는 "공감"이나, 대상을 인간중심적 관점으로 전유하는 "인간화"는 워즈워스 윤리의 특성을 파악하는 일반적 키워드였다. 그러나 이러한 공감적 동일시나 인간 중심적 전유에 토대를 둔 확정된 윤리는 특히 1790년대 후반에서 1800년대 초반에 작성된 마주침을 주제로 삼는 작품에서 부정된다.[1] 이들 작품에서는, 인간을 포함하지만, 인간에 국한되지 않는 개념인 사물을 마주치면서 발생하는 윤리적 책무를 인간 중심적 존재론이나 인식론보다 우위에 둔다. 워즈워스의 이러한 윤리적 특성은 오늘날 논의되고 있는 하이데거(Martin Heidegger)의 후기 철학이나 레비나스(Emmanuel Levinas) 그리고 데리다(Jacques Derrida)가 주장하는 윤리론과 함께 검토해 볼 수 있다. 마주침의 시에서, 워즈워스는 사물을 대면하여 사물이 암시하는 윤리적 응답을 요구하는 힘에 응하면서, 사물과의 관계

1) 흄(David Hume)을 비롯한 18세기 철학자들은 공감을 인식의 과정으로, "감정이 공유되는 과정"으로 이해했다(Stewart 116). 테리 이글튼(Terry Eagleton)은 허치슨(Francis Hutcheson), 흄, 아담 스미스(Adam Smith)와 같은 18세기 도덕철학의 나르시시즘적 요소를 지적하면서 이를 라캉의 "상상계"나 거울 단계로 비판한다(Part 1, Chapter 2).

에서 인간이 차지하는 위치와, 인간이 사물을 다루어온 방식과 그 문제점, 그리고 궁극적으로 사물에 대한 바람직한 인간의 응답과 그 방식을 성찰하게 한다. 이러한 맥락에서는 사물을 대상화하여 인간 중심적 관점에서 전유하고 소유하려는 시선은 적합하지 않으며, 오히려 사물의 고유함과 자율을 인정하면서 인간과 사물이, 혹은 사물들이 맺는 관계를 공동체적 생태 속에서 파악해야 함이 제시된다.

사물과 마주침에서 비롯되는 워즈워스의 윤리의 본질이 공감을 통해 서로를 포섭함을 지양한다면, 그 의의는 무엇인가? 워즈워스의 윤리관은 주체/대상 관계에 종속된 비평 방식을 넘어서고, 인간중심주의를 극복하는 대안을 제시한다. 워즈워스의 사물은(혹은 사물의 생명은) 주체와 대상의 이분법적 대립에 포섭되지 않으며 이를 넘어선다. 그렇기에, 사물의 얼굴이 표출하는 생명은 내러티브로 완전하게 환원되거나 이성적 논리로 해부되어야 하는 것이 아니다. 자연 속에서 조화롭게 구성되는 사물의 지식을 왜곡하는 분석적 이성의 한계를 지적하는 「상황의 역전」("The Tables Turned")은 이를 표현한다.

> 자연이 주는 지식은 달콤하다;
> 성가시게 참견하는 우리의 지성은
> 사물의 아름다운 형상을 왜곡한다.
> 우리는 해부를 위해 살해한다.
>
> Sweet is the lore which nature brings;
> Our meddling intellect
> Mis-shapes the beauteous forms of things;
> —We murder to dissect. (21-24)

그렇다면, 이제 방법론으로 관심을 돌려, 이러한 워즈워스 윤리의 특성을 도출하기 키워드를 설정할 필요가 있을 것이며, 그의 시에서 윤리와 관련하여 중요한 모티프인 "마주침", "사물", "얼굴", "사물의 생명"을 제안할 수 있다. "마주침"은 워즈워스 시에서 윤리를 발현시키는 계기이다. 마주침의 대상인 "사물"은 인간 중심적 자아를 토대로 자아와 대상 간의 변증법적 관계를 규명하는 이전의 로맨티시즘 비평방식에서 탈피하여, 그 자체의 고유함과 무한함을 환대해야 하는 존재이다. 이 글에서 제시하는 워즈워스 윤리의 요체는 자아와 대상을 포괄하고 이들 간의 이항 대립에 선재하는 사물의 생명을 인식론적 관점이나 인간 중심의 존재론적 관점에서 벗어나 "인간과 인간이 아닌 사물들 간의 존재론적 통일성"(Fry 23)에 중점을 두는 사물의 생태 관점으로 이해하려는 데에 놓인다. 사물의 생태는 상호동화나 포섭, 그리고 위계적 지배에 의해 작동하지 않는다. 이러한 사물론은 코울리지(Samuel Taylor Coleridge)와 키이츠 이후의 "공감"이나 "인간화"를 토대로 워즈워스 시학의 특성을 설명해온 비평방식으로는 담아낼 수 없다.

"얼굴"은 레비나스에게서 빌려오는 개념이지만, 그가 사용하는 범위를 벗어나 인간이 아니거나, 구체성을 벗어난 사물이나 사건(예를 들어, 음향, 색깔, 사상, 기억)일 경우 얼굴성으로 표현한다. 추상성에 얼굴을 부여하는 수사학 전통은 구약의 모세(Moses), 셰익스피어(William Shakespeare), 밀턴, 드만(Paul de Man)에게서 찾을 수 있지만, 『사물의 얼굴: 윤리의 다른 면』(*The Face of Things: A Different Side of Ethics*)에서 하이데거와 레비나스를 접목해 사물의 생태와 윤리를 설명하는 철학자 실비아 벤소(Silvia Benso), 그리고 윤리적 반응을 요구하는 얼굴의 암시력을 기술하는 레비나스에게서도 확인할 수 있다. 이러한 얼굴은 신시아 체이스(Cynthia Chase)가 『비유 해독하기: 로맨틱 전통에서 수사적 읽기』(*Decomposing Figures: Rhetorical Readings in the Romantic Tradition*)에서 『서시』(*The Prelude*) 독해에 활용하고(15-22), 드만이 「탈얼굴로서의 자서전」("Autobiography as Defacement")에서 언급하는 탈얼굴화를 포함하는데(71-72), 적어도 인간의 관점에서는 사물의 얼굴은 자신을 드러내는 과정에서 필연적으로 틈새를 만들며, 따라서 그 실체를 적확하게 인식할 수 없으며, 치환과 탈얼굴화 과정에서, 존재 가능성을 드러내고 동시에 감춘다는 것이다. 사물의 얼굴은 윤리적 응답을 요구하는 힘이며 윤리의 토대라고 할 수 있다. 이러한 얼굴에 가장 가까운 것(개념)이 워즈워스가 표현하는 사물의 생명이라고 가정할 수 있다. 그렇다면, 워즈워스 윤리의 본질은 타자의 타자성에 대한 존중일 것이며, 사물의 얼굴에 현현한 타자의 존재를 환대하고 그 취약함, 그리고 그 부름과 호소에 대한 응답일 것이다. 물론, 얼굴이라는 개념을 사용함으로써 레비나스의 영향을 지울 수 없겠지만, 레비나스의 이론에 워즈워스를 끼어 맞추기보다는, 워즈워스의 시가 어떤 부분에서 레비나스가 적용될 수 있는지를, 엄밀하게 표현하자면, 어떠한 이론적 틀도 시 언어의 수사학의 힘을 체제 내로 가두기 어렵다는 점을, 보여주려는 노력도 동시에 고려해야 할 것이다.

마주침은 워즈워스 시를 이해하는 주요 모티프로 연구되어 왔다. 조세핀 마일즈(Josephine Miles)는 "극적 대면의 서정적 내러티브"(117)를 19세기 문학의 기본적 패턴으로 설명하면서 워즈워스도 이러한 패턴에 포함시킨다. 프레드릭 가버(Frederick Garber)의 『워즈워스와 마주침의 시』(*Wordsworth and the Poetry of Encounter*), 로버트 랭바움(Robert Langbaum)의 『경험의 시』(*Poetry of Experience*)는 공통으로 마주침을 인식론적 관점에서 서술한다. 다시 말해, 마주침을 통해 자아는 타자의 세계를 명확히 이해하고, 일시적 불안정을 극복하고 자아와 세계를 명확히 이해하게 된다는 점이 서술된다. 그러나 워즈워스가 서술하는 마주침은 자아 인식으로 종결되지 않으며, 윤리를 인식의 차원으로 한정하지 않는다. 마주침에 관한 시에서, 사물은 독립된 실체로서 존중되지만, 그것에 대한 지식은 확정되지 않으며, 자아의 안정성을 확보해주는 변증법적 대상도 아니다. 이들 시에서 사물의 존재는 언술 행위가 끝난 후에도 자신의 효과를 지속하며, 이러한 잉여 공간에서 윤리가 생성된다.

마주침이라는 주제에 대한 전통적 관점과 사물의 생명을 존중하면서 사물 타자와의 윤리적 관계를 설명하려는 관점 간의 차이점을 설명하기 위해 선행 연구를 좀 더 들여다볼 필요가 있다. 데이비드 심슨(David Simpson)은 『워즈워스의 역사적 상상력: 치환의 시』(*Wordsworth's Historical Imagination: The Poetry of Displacement*)에서 마주침을 주요 논제로 다루고 있다. 그러나 그는 문학을 노동의 한 형태로 취급하면서, 워즈워스의 역사적 상상력의 특징을 산업 혁명의 사회적 효과와 인문주의적 상상력 간의 부조화에서 찾고 있다. 마조리 레빈슨도 『워즈워스의 위대한 시기의 시들』(*Wordsworth's Great Period Poems*)에서 이와 유사한 논지를 펼친다. 심슨은 「컴브랜드의 나이든 걸인」("The Old Cumberland Beggar")을 분석하면서, 빈민구호법이라는 당대의 정치적 맥락을 활용한다. 또한, 「알리스 펠」("Alice Fell"), 『소풍』(*The Excursion*), 『호수 지역 안내서』(*Guide to the Lakes*), 「그라스미어의 집」("Home at Grasmere"), 『서시』(*The Prelude*)에 이르는 많은 작품을 분석하면서 마주침의 시에 내재한 심리-경제적 요인을 강조한다. 심슨의 분석법은 마주침이라는 모티프를 담고 있는 워즈워스의 작품을 전반적으로 이해하는 데 요긴하지만, 윤리를 주요 논점으로 취급하지 않으며, 인간 중심적 상동적 교환 관계를 벗어나는 사물의 고유성을 다루지도 않는다.

로렌스 라크리지(Laurence Lockridge)의 『로맨티시즘 윤리』(*The Ethics of Romnaticism*)은 90년대 후반 이후 대두하는 "윤리적 선회"[2]라는 비평 조류를 수용하여 워즈워스를 고찰한다. 라크리지는 로맨티시즘 상상력이 본질에서 도덕적임을 주장하고 "가치"의 개념을 부각한다. 그러나 유럽 윤리 사상과 영국 로맨티시즘과의 교섭관계를 상세히 취급한 데 비해 정작 이것과 워즈워스와의 관련성에 관해서는 설명이 부족하며, 「비극적 워즈워스」("The Tragic Wordsworth")라고 명명된 장에서 워즈워스를 감정을 중시하는 시인, 『변경인』(*The Borderers*)을 예시하면서 죄의식에 시달리는 시인, 또한 상실을 경험하고 윤리적 이득을 얻은 시인으로 설명한다. 그는 워즈워스의 작품은 가치에 관한 질문은 제기하지만, 의무나 적합한 행동과는 무관하다고 주장한다. 또한, 윤리를 정해진 도덕률의 관점에서 접근하면서, 메타 윤리적 관점에서 타자의 의미를 사고하지도 않으며, 사물을 인식의 제약을 벗어나는 비대칭적 관계에서 파악하지도 않는다.[3]

---

2) 제프리 하팜(Geoffrey Harphm)은 "윤리적 선회"를 촉발한 결정적 사건으로 1987년 폴 드만의 『전시 저널리즘』(Wartime Journalism)의 발견을 거론한다(389). 렌트리키아(Lentricchia)와 맥루힐린(McLaughhlin) 공저인 『문학 연구를 위한 비평 용어』(*Critical Terms for Literary Study*)에서 "윤리"는 초간본(1990년)이 아니라 2판(1995년)에 이르러 비로소 별도의 장으로 다루어진다.

3) 상기한 저술이나 비평가 이외에도, 부분적으로 윤리적 측면에서 워즈워스의 특정한 작품을 논의하는 경우도 있다. 이 글과 상반되는 관점에서, 타자성을 억압하는 워즈워스의 '비윤리적' 측면을 에반 고트리브(Evan Gottlieb)는 「외로운 추수꾼」("The Solitary Reaper")을, 제임스 오로우커(James O'Rourke)는 『서시』 7권을 분석하며 설명한다. 레슬리 스테판의 1876년 에세이 「워즈워스의 윤리」("Wordsworth's Ethics")는 고전적 작품이다. 그는 워즈워스가 "인간과 그가 살고 있는 세계의 본성은

사물의 생명에 초점을 둔다면, 워즈워스 시학의 본질은 키이츠(John Keats)가 정의하는 "자아중심적 숭고"(*Letters* 157)가 아니라, 사물의 생명에 관한 도덕적 숭고를 야기하는 점에 놓인다. 키이츠는 워즈워스 시학을 자아 중심적 숭고로 정의했고, 이러한 정의는 후대의 워즈워스 비평의 시금석이 되었다. 이러한 논지에서 『서정 민요집』(*Lyrical Ballads*) 작성 시기를 전후하여 워즈워스의 자아는 혁명기의 공적 차원에서 개인적 차원으로 서정적 전환을 이룬다는 주장이 별다른 무리 없이 수긍되었다. 워즈워스가 "자신의 영혼불멸의 영혼을 얻기위해 세상을"(89) 잃어버린다고 언급하는 제롬 맥간(Jerome McGann)의 『로맨틱 이데올로기』(*The Romantic Ideology*), 또한 헤롤드 불룸(Harold Bloom)의 『서구 정전』(*The Western Cannon*), 클리포드 시스킨(Clifford Siskin)의 『로맨틱 담론의 역사성』(*The Historicity of Romantic Discourse*)은 각기 구분되는 비평적 관점을 취하고 있지만, 공통으로 이러한 입장을 따르고 있다.

그러나 특히 후기 시로 갈수록, 워즈워스의 시에서 개인적 "나"는 공동체적 일인칭 복수대명사 "우리"로 초점이 이동한다. 워즈워스의 "나"는 집합적 "우리" 개념 속에서 작동하고 있다. 1798년 『서정 민요집』에서 그리고 1807년 『두 권의 시』(*Poems, in Two Volumes*)에서 자주 등장하는 "쾌락"(pleasure)이나 "기쁨"(joy)은 개인적 이기심보다는 사회성에서 그 동기를 찾을 수 있다. 더돈 강(The River Duddon)을 소재로 삼은 소네트에서 그리고 『호수 지역 안내서』에서 잘 보이듯이,

---

무엇이며, 이에 따른, 우리의 행동은 무엇이어야 하는가?"(250)라는 고전 윤리학의 근본적 질문을 제기하고 있다고 주장한다. 최근에는 데이비드 브롬위치(David Bromwich), 낸시 유서프(Nancy Yousef), 시몬 자비스(Simon Jarvis)가 워즈워스 작품에 구현되는 윤리적 속성을 각자의 관점에서 설명한다.

워즈워스는 개인적 자의식에서 벗어나 타자에 응답하는 윤리적 책무를 일깨우는 면모를 점차 발전시키며, 시의 초점은 자아보다는 인간을 포함하는 사물의 생태로 이동한다. 실제로 워즈워스의 자아는 공적이거나 개별적 인간의 차원을 초월하는 면이 있다. 1798년『서정 민요집』에 실린 한 구절인 "자연은 자신이 만든 아름다운 작품에 / 나를 통해 넘쳐 흐르는 인간의 영혼을 접속했다"("To her fair works did nature link / The human soul that through me ran" ("Lines Written in Early Spring," 5-6)에서 "영혼"은 인간에게만 한정되지 않으며, 자연의 사물과 인간을 결속하는 매체로 표현된다. 또한,「틴턴 사원」("Tintern Abbey")에서는 인간을 넘어서는 "사물의 생명"(49)으로 나아가는 경향이 뚜렷이 표현된다.

이처럼, 워즈워스의 창작적 특성이 사물의 생명을 지향하고, 인간적 차원으로 한정할 수 없는 사물의 차원을 포괄하는 윤리적 태도를 함의한다면, 여기에는 담긴 비평적 논점은 현재까지 로맨티시즘 연구에서 주류를 이루고 있는 신역사주의와 궤를 달리한다. 그의 창작이 인간과 비인간, 자유와 필연, 역사와 자연의 대립을 전제로 하기보다는, 이러한 대립의 해체 혹은 통합을 표현한다면, 인간의 조건에 대한 잘못된 인식과 이에 따른 역사적 허위의식을 내세우면서 그를 비판하는 신역사주의적 방법론은 논점을 비껴간다.[4] 사물과 소통하면서 그 요구에 응하고, 사물에 대한 책무를 감당하는 양태를 서술함으로써, 워즈워스는 인간이 인간에게, 그리고 인간이 아닌 것들에 취하는 행위를 성찰하게 하고, 윤리의 근본을 되묻게 한다. 그가 표현하는 윤리

4) 마조리 레빈슨(Marjorie Levinson), 알란 리우(Alan Liu), 존 배럴(John Barrell), 제롬 맥간(Jerome McGann)은 공통으로 "문학 작품에서 억압되거나 작가에 의해 부정되는 역사적, 경제적 세목"(Yu, 129)을 강조하면서, 이를 워즈워스에게 적용한다.

는 강제적 필요나 명령이나 처벌에 의한 금지, 그리고 공리주의를 벗어난다. 따라서, 도덕 철학을 논제로 그의 사상을 파악하려는 빅토리아 시대 비평은 그의 윤리관을 적합하게 설명할 수 없다.

그렇다면, 워즈워스가 말하는 사물은 어떤 것인가를 설명할 필요가 있을 것이다. 워즈워스의 작품에서 "사물"("thing") 혹은 "사물의 얼굴"("the face of things")은 중요한 의미가 있다. 전체 작품을 통틀어, 사물은 자연보다 많이 사용되는 낱말이며(McKusick 70), 현재와는 다른 포괄적 의미를 지닌다. 빌 브라운(Bill Brown)은 하이데거를 인용하면서 영어 낱말 사물은 원래 "사례, 일, 사건"이라는 포괄적 의미를 표시하던 로마어 *res*에서 유래되었으며 이러한 의미론적 힘을 아직도 보존하고 있다고 설명한다("Thing Theory" 5). 폴 프라이(Paul Fry)도 워즈워스의 사물은 "실체적이며, 의미를 벗어나는, 자기 동일성"(7)을 갖는다고 언급한다. 워즈워스는 사물의 의미를 특히 19세기 산업자본의 성장과 더불어 대두한 상품이나 물신주의와 관련된 의미로 한정시키지 않는다. 사물은 마르크스(Karl Marx)가 말하는 상품처럼 생산된 것이 아니며, 인위적 생산물이나 사건이 아니다. 「초봄에 적은 시」에서 화자는 "인간이 인간에게 만든 것을 / 내가 한탄해야 할 이유가 있지 않은가?"("Have I not reason to lament / What man has made of man?"(8)라는 질문을 통해 자연에서, 사물의 생태에서 이루어지는 쾌락과 이것으로부터 소외된 인간의 행위를 대조한다. 워즈워스의 사물 체제는 에이전시로서 인간을 배제하지 않지만, 인간을 중심에 두지 않으며, 인간적 가치의 도덕적 우월성을 주장하지 않는다. 『변경인』에서 리버스(Rivers)가 살인에 대한 책무를 회피하려 하자, 생태적 상호의존성을 근거로, 도덕적 의무를 상기시키는 장면(3.5.83-87)은 인간의 행위는 도덕, 역사, 정치와 결속되며, 사물의 체제에 의존하고 제한된다는 점을 보여준다.

벤소는 하이데거의 사물론과 윤리의 요체로서 타자의 얼굴을 제시하는 레비나스를 접목하면서 사물의 윤리를 제시한다. 벤소는 사물의 윤리에 따라 인간/사물의 대립을 와해하는데, 이것은 워즈워스의 「잠이 내 영혼을 봉인했네」(“A Slumber did my Spirit Seal”)의 한 구절 “그녀는 지상의 시간 접촉을 / 느낄 수 없는 *사물*로 보였다”(“She seemed *a thing* that could not feel / The touch of earthly years”(3, 필자 강조)에도 나타난다. 시가 진행됨에 따라 그녀의 죽음이 구체화된다는 사실을 염두에 두면 화자의 인식상의 오류이겠지만, 한편으로는 둘째 연에서 일어나는 그녀의 죽음에 대한 예견이기도 하다. 그러나 죽음은 사물로서의 그녀의 신분을 부각하는 계기가 되며, 어떤 경우에도 그녀와 사물은 서로 명확한 대립적 관계를 맺지 않는다. 둘째 연에서 “바위와 돌과 나무와 함께 / 지구의 자전 행로를 순회하며”(“Roll'd round in earth's diurnal course / With rocks and stones and trees!”)(7-8)에서는 특이한 범주가 설정되면서 유기체(나무)와 비생명체(바위나 돌)가 함께 사물의 범위 속에 묶여진다. 제프리 하트만(Jeffrey Hartman)은 루시는 “죽어서 자연이 됨으로써, 자의식의 위기에서 벗어난다”(158)는 함축적 언급을 한다. 관습적 범주의 굴레는 벗어나는 인간의 몸은 인식 면에서 복합적 문제를 일으키지만 어떤 경우이든 사물의 차원 내에서 발생하는 것이다.

인용된 구절을 자구적으로 해석한다면, 적어도 지구 자전의 상태에서는 인간과 다른 유기체, 그리고 무기물과는 구분이 없으며, 따라서 “그녀”도 사물에 속한다. 레빈슨은 이를 움직임과 정지의 비율을 토대로 사물을 구분하는 스피노자(Baruch Spinoza)의 관점에서 설명한다(389). 실제로 『서정 민요집』 창작 시기를 전후로 워즈워스가 표현하는 단일 생명론에는 스피노자의 존재가 드리워져 있다. 모든 생명체와 사물을 단일 생명의 시각으로 파악하는 데에는 스피노자 못지않게 코울리지의 영향이 크겠지만, 코울리지가 시적 상상력을 신적인 일차적 상상력과 인간적인 이차적 상상력을 구분하는 분석적이며 이원적 입장을 가진다면, 워즈워스는 비인간과 인간의 본질적 관련성을 강조하고 이를 사물로 통합하며 확장시킨다. 이를 고려한다면, 힐리스 밀러(J. Hillis Miller)가 「잠이 내 영혼을 봉인했네」를 인간과 사물로서의 대상 간의 "건널 수 없는 거리"(107)로 설명하는 것은 부적절하다. 워즈워스의 사물론에서 밀러의 아포리아적 논리는 성립되지 않기 때문이다.

사물에 관한 워즈워스의 인식은 시적 언어관에서도 찾을 수 있다. 「가시나무」("The Thorn")의 주해에 담긴 특이한 언어관은 언어와 물질에 관한 통념을 뒤흔든다. 워즈워스는 낱말의 사물적 성질, 즉 "열정의 상징으로서 뿐만 아니라, 능동적이고 효능 있는, 그 자체가 열정의 일부분인, 사물로서의 낱말"(Owen 140)을 주장하면서, 사물과 사물이 아닌 것을 구분하는 근거를 되묻게 하고, 사물, 사상, 그리고 낱말 간의 관계를 재고하게 한다. 알렉산드 리지어(Alexander Regier)는 사물로서의 낱말에는 "물질의 영역과 비물질의 영역 간의 절대적 차이를 강조하는 것이 아니라 이들이 서로 겹치며 뒤섞인다"(72)는 워즈워스의 생각이 표현된다고 설명한다.

사물은 유용성을 기준으로 판단될 수 없으며, 대상으로 환원되거나 내러티브로 설명될 수 없는 성질을 지닌다. 사물은 인간과 비인간, 물질과 비물질의 존재론적 동일성을 표시하면서, 주체와 대상의 이분법을 초월한다. 이러한 사물의 윤리는 「틴턴 사원」에서 "사물의 생명"(49)으로 표현된다. 대상을 전유하는 시각의 횡포를 벗어나는 사물의 존재는 주체와 대상 간의 관계에서 설정되는 것이 아니다. 이러한 사물은 인간의 목적에 환원되지 않고 자발성을 지니며 서로 간에 네트워크를 형성한다. 사물에 관한 워즈워스의 태도에서 인간중심주의와 함께 주체/대상 관계에 속박된 데카르트(Rene Descartes)와 칸트(Immanuel Kant)의 로맨티시즘 비평 방법론을 넘어서는 가능성을 찾을 수 있다. 워즈워스의 사물은 명확한 윤곽선을 지니는 개별화된 존재만을 지칭하는 것에서 벗어나, 경계의 불명확함과 유동, 안과 밖의 삼투성과 연속성으로 인해 경계에서 스며나와 흘러내리고 확산하여 "훨씬 깊게 서로 섞인 어떤 것에 관한 / 숭고함"("Tintern Abbey" 96-97)을 전달한다.

워즈워스의 사물의 윤리에서 요체는 한정된 개체성을 벗어나는 자발적 사물 간의 상호관련성과 의식적 관심이다. 1798년 10월에서 1799년 4월에 이르는 기간에 창작된 시 구절에서 "모든 사물에서 살아 숨 쉬는 능동적 원칙"("an active principle alive / In all things") (1-2)이 존재함을 말하면서,

> 모든 존재는 자신을 넘어서
> 확장하는 속성을, 자신의 생명을
> 타존재가 의식하게 만드는 힘을, 가진다—
> 고립된 지점이, 단절이, 고독이 없음을
> 아는 정신. 고리 고리마다 연결되어
> 온 세상의 영혼을 순환한다.

> All beings have their properties which spread
> Beyond themselves, a power by which they make
> Some other being conscious of their life—
> Spirit that knows no insular spot,

No chasm, no solitude. From link to link
It articulates, the soul of all the worlds. (6-11)[5]

사물의 네트워크는 구성원들 서로 간의 의식적 관심을 요구한다. 서로의 생명을 의식한다는 것은 각자에게 존재의 책임을 묻고 의무를 부여하는 것을 말한다. 각자의 타자성을 서로에게 각인시키려면 상호 의존을 기반으로 관용과 환대를 실행해야 할 것이다.

하트만이 지적하듯이, 워즈워스의 사물은 인간의 사물화, "탈인성화, 혹은 인간을 사물 자체로 물화"(ix-x)하는 것을 의미하지는 않는다("Paul Fry's Wordsworth," 2). 사물의 체제에 이미 편입한 인간도 마찬가지로 자발적 존재이기 때문이다. 사물은 차이와 대조만으로는 파악할 수 없는 섬세한 상호관련성을 맺으며, "자연과 도덕 세계에는, 특성들이 반대되는 특성으로 지각할 수 없이 넘어 들어가며, 사물은 서로를 축으로 회전"(*Wordsworth's Literary Criticism* 124)한다는 워즈워스의 믿음을 표현한다.

워즈워스 윤리의 실제

지금까지 살펴본 대로, 워즈워스 윤리의 키워드를 "마주침," "얼굴," "사물의 생명"으로 제시할 수 있고, 이를 토대로 분석의 틀을 구성할 수 있다면, 이제 본격적으로 작품에서 구현되는 워즈워스의 윤리의 양상을 개별적으로 살펴보아야 할 것이다. 먼저, 「퇴역 군인」("The Discharged Soldier")은 마주침의 시로 분류할 수 있지만, 시에서 마주

5) 이 구절은 후에 수정되어 1814년 『소풍』 9권에 편입된다. 우(Duncan Wu), 483-84.

치는 대상은 화자의 인식론적 확장을 위한 변증법적 인자가 아니며, 그 특성을 확정할 수 있는 것도 아니다. 따라서 마주침 시에 대한 이전의 독법으로는 해결할 수 없는 문제점이 내포된다. 인간을 포함하지만, 인간에 한정되지 않는 사물로서 등장하는 특이한 인물인 퇴역 군인은 화자와 비대칭적 관계를 유지하며, 시의 물리적 한계를 벗어나는 잉여적 공간에서 새로운 윤리의 가능성을 제시한다. 시의 화자는 조나단 워즈워스가 말하는 '경계선상의 인물'과 마주치며, 그와 소통하고 응답하는 과정에서 타자성의 윤리가 제시된다. '낯선 타자'인 퇴역 군인은 끝까지 "개별적 인간의 존엄"(*Prelude* 1805, 12, 18)을 유지한다. 그와 화자의 관계는 18세기의 인식론적, 시각적 동일성과 나르시시즘적 욕망에 근거를 두는 공감이라는 덕목으로 설명될 수 없는 특이한 윤리적 관계이다. 레비나스는 타자의 타자성으로 인해 우리는 그에게 무한한 의무를 지며 "타자를 인식하는 것은 제공하는 것"(*TI* 75)이라고 주장한다. 그렇다면 「퇴역 군인」에서 이러한 주장은 어떤 의미를 지니는가?

시의 초반부에서 화자의 내면에 놓인 서술의 초점은 갑자기 타자와의 마주침으로 이동한다. 개인적 자유를 상상적으로 향유하는 상태에서 윤리로 극적 전환을 이룩하는 장면이며, 동시에 상상력에 내재한 불안감이 표출되며 타인에 대한 책무 수행이 부각된다. 이것은 상상력을 존재의 특권으로 상정하고 이것에 대한 주관적 몰입에서 로맨티시즘 개인의 특성을 찾는 애이버럼즈(M. H. Abrams)의 『자연적 초자연주의』(*Natural Supernaturalism*)의 내용과 배치된다. 도입부에서 화자는 자기중심적 시각에서 주변 사물을 소유의 대상으로 바라본다. 그러나 갑자기 등장한 "낯선 형체"(38)는 저항의 기미를 보인다. 곧이어 윤리의 기본적 조건이 표출되는 사건이 발생한다.

그런데, 그의 입에서
마치 고통의, 혹은 불안한 생각의
중얼거리는 소리가 흘러나왔다.

From his lips, meanwhile,
There issued murmuring sounds, as if of pain
Or of uneasy thought. (68-70)

"마치"("as if")라는 구절은 주체의 전유 의지와 함께, 주체의 인식 영역을 벗어나는 사물성을, 타자의 비동질성을 암시한다. 화자가 자신과 낯선 형체 간의 거리를 "활을 한번 쏘면 도달하는 거리"("an arrow's flight") (75)로 표현하는 데서 극적인 상황이 다시 연출된다. 대상을 전유하려는 의도와 이에 대한 저항에서 표출되는 공격성의 표현이다. 레비나스도 이러한 심리 상태를 기술한다. 무방비 상태에 놓여있지만, 고분고분하지 않은 타자는 우리가 제거하려는 것이기도 하다. 공격성은 퇴역군인을 성가시게 만드는 마스티프의 울음소리에도 잠재한다. 마침내 화자가 숨어있던 그늘을 나서고, 퇴역군인도 쉬고 있던 자리에서 일어나 서로를 반기자 윤리적 가능성이 성립한다.

낸시 유서프(Nancy Yousef)는 종결부에서 극적인 긴장감이 사라지는 것을 "용두사미"(211)라고 표현한다. 종결부의 인식론적 불확실함을 지적하는 것인데, 윤리적 관점에서는 이 부분에 오히려 묘미가 있다. 화자와 퇴역 군인은 끝내 서로에게 거리를 유지하여 종결이 모호해지는 면에서 테리 이글튼(Terry Eagleton)이 라캉(Jacques Lacan)의 상상계라고 비판하는 18세기 도덕 철학의 나르시시즘적 요소인 타자와의 동일시를 통한 공감의 패러다임이 부정된다. 유서프도 "공감적 기대는 철저하게 좌절"(211)된다고 언급한다. 실제로 시의 초반부에서 밤길을 홀로 거닐며 주변 사물과 "공감"(16)하면서 사물의 "조화로운 이미지"(29)를 상상하는 화자의 상태는 레비나스의 관점에서 윤리 전 단계이며, 자아중심적인 본원적 "향유"이다(*TI* 110-14). 레비나스는 이러한 상태보다는 윤리에 관심을 둔다. 윤리만이 "절대적인 타자"에 대한 우리의 "형이상학적 욕망"을 만족하게 할 수 있다고 생각하기 때문이다(*TI* 33).

종결부에서 화자는 퇴역군인이 겪는 어려움을 대화를 통해 파악하고 알고 지내던 "친절하고 정직한 사람"(111)에게 부탁해서 음식과 숙소를 마련해준다. 타자에 대한 환대가 표현되는 것이다. 화자는 낯선 퇴역군인을 "동료"("comrade") (165)라고 반복하여 지칭하며, 『옥스퍼드 영어 사전』에는 동료의 기원이 동료 군인("fellow-soldier")들 간에 같은 방을 공유하는 사람과도 관련되며, 여기에서 발전하여 교우관계나 종사하는 일 등에서 관련되는 사람으로 정의한다. 따라서 동료의 의미는 인식의 일치나 라캉이 거울 단계에서 설명하는 상상적 동일시와는 거리가 있다. 라크리지는 워즈워스가 "다른 사람을 자기중심적 왜곡 없이 모니터할 수 있는 능력"(291)을 화자를 통해 보여주면서 이를 윤리적 과제로 생각하고 있다고 말한다. 레비나스는 타자성이 "사색가나 소유자로서 나 자신의 정체성에 흡수"되지 않아야 한다고 말하면서, 타자를 환대함이 "친숙한 영역에서 이질적인 자신의 바깥을 향해, 건너편을 향해"("from an 'at home' ["*chez soi*"] which we inhabit, toward an alien outside-of-oneself [*horse-de-soi*], toward a yonder") (*TI* 33) 이동하는 것으로 설명한다. 화자도 마찬가지로 퇴역 군인을 친숙함의 영역인 자신의 집으로 데려가지 않고 그가 "친구"(150)라고 부르는 사람의 집으로 데려가서 밤을 보낼 거처와 음식을 부탁한다. 시는 "그리고 우리는 헤어졌다"("And so we parted") (170)로 종결되며, 두 인물 간의 공감적 일치에 대한 독자의 기대는 실현되지 않으며, 구호금이나 물품을 받으라는 화자의 요청에 퇴역군인은 여전히 확정된 대답을 하지 않는다.

퇴역 군인은 베풀어진 친절함을 받아들이지만 비굴한 태도를 보이지 않는다는 점에서 지나치게 감사를 표시하는 시몬 리나 「컴브랜드의 나이든 걸인」에서 자선행위에 대해 무감각한 나이든 걸인의 자세와는 뚜렷이 구분된다. 시의 결말 부분에서 타자에 대한 환대를 표현하기위해 사용하는 "축복"(169)의 모티프는 1798년 『서정 민요집』의 「노수부의 노래」("The Rime of the Ancyent Marinere")에서 물뱀을 목격하고 수부가 "자기도 모르게"(277) 내리는 축복을 상기시킨다.

「퇴역 군인」에는 명확히 해결되지 않는 윤리적 문제가 암시된다. 화자가 말하는 대로, 퇴역 군인이 구제금이나 구호품을 요구하는 권리를 가진다면, 이러한 권리는 그가 속한 사회에서 그리고 그의 요청을 받는 다른 사람에게 어떤 점에서 정당성을 가질 수 있는가? 퇴역군인이 겪는 고난에 대해 사회는 어떤 책임을 지고 있는가? 이것을 해결하기 위해서 무엇을 해야 하는가? 이글턴은 "레비나스에게는 실례가 되지만, 타인에 대한 책무는 … 절대적이고 무한하지 않으며, 정의, 사려분별, 그리고 현실성에 의해 조절되어야만 한다"(324)고 비판한다. 「퇴역 군인」은 자선 행위를 기술하고 있지만, 이것과 관련된 사회적 제반 조건에 대한 윤리적 평가는 쉽지 않다. 타자에 대한 책무의 본질과 한계를 설정하는 것은 쉽게 해결할 수 있는 문제가 아니다.

타자에 대한 책무와 이와 관련된 윤리적 공동체라는 논제를 좀 더 살펴보기 위해 워즈워스 당대의 정치-윤리관을 검토해볼 필요가 있다. 니콜라스 로우(Nicholas Roe)는 윌리엄 고드윈(William Godwin)의 도덕, 정치 철학이 워즈워스에게 미친 영향을 기술한다(175-78).

고드윈의 『정치적 정의와 도덕과 행복에 미치는 그 영향에 관한 탐구』(*Enquiry concerning Political Justice and its Influence on Morals and Happiness*)에는 급진적 사상이 담겨있으며, 특히 8권 「재산에 관해」("Of Property")에는 완전한 평등을 이룩하기 위한 조건이 기술된다. 재화를 주기적, 자발적 분배하며 전반적인 사회복지를 이루고, 수혜자는 기부자에게 "당당한 평등의식"(2, 419)을 가져야 하며, 도와주는 사람은 우월감이나 생색내는 것을 삼가면서 "그가 행하는 친절은 그가 행해야만 하는 것임을 의무적으로"(2, 456) 느껴야 한다는 것이 여기에 포함된다. 또한 「정의에 관해」("Of Justice")에서는 "내 이웃은 내가 줄 수 있는 10파운드가 필요하다 … 그 돈이 좀 더 자선적으로 쓰일 수 있다는 것이 표시되지 않는다면, [그 돈에 대한] 그의 권리는 그가 나의 지급 보증서를 가진 것처럼, 또는 그 금액만큼의 재화를 나에게 주었던 것처럼, 완전하다"(1, 135)고 기술된다. 사회적 정의와 도덕에 관한 이러한 워즈워스의 「시몬 리」("Simon Lee")에서도 나타난다. 화자는 사소한 도움에 노인이 눈물까지 흘리며 고마워하는 것을 한탄한다. 노인은 고드윈이 말한 '당당한 평등의식'을 실천하지 않은 것이다. 실제로 워즈워스는 1829년에 쓴 「인간성」("Humanity")에서 노예의 감사는 미덕이 아니라 "비참함"(69)이라고 언급한다.

타인의 자선 행위에 대해 보여주는 수혜자의 반응 면에서 「컴브랜드의 나이든 걸인」의 나이 든 걸인은 시몬 리와 반대이다. 그는 가난한 사람들에게서 받은 선행에 대해 무감각하다. 선행을 베푼 사람들도 자신의 행위나 걸인의 무감각한 행동에 대해 특별한 감정이나 태도를 보이지 않는다. 그들의 선행은 "습관"(100)이다. 워즈워스가 사용하는 습관은 논쟁의 대상이 되어왔다. 제임스 찬들러(James Chandler)는 이를 에드먼드 버크(Edmund Burke)의 보수적 정치철학과(81-

92), 앨런 그롭(Alan Grob)은 고드윈의 "이성적 자선"과 연관시킨다(347-51). 그러나 윤리(ethics)는 어원상 습관(*ethos*)에서 유래되며, 더구나 『서정 민요집』 서문에서 워즈워스는 덕성스러운 "마음의 습관"을 반드시 얻어서 이를 "맹목적으로 그리고 기계적으로"(*Prose Works* 1, 126) 따라야 한다고 언급한다. 이러한 의미에서, 워즈워스가 사용하는 습관의 의미는 "도덕적 선행은 습관 즉 *ethos*에 의해 형성된다"(1103a)고 설명하면서 윤리를 습관과 관련시키는 아리스토텔레스의 사상과 상통하는 점이 있다.

「컴브랜드의 나이든 걸인」에서 화자는 길을 걷다가 나이든 걸인과 마주친다. 그는 걸인을 공동체에서 추방하려는 정치가들에게 걸인의 도덕적 유용성을 항변한다. 에밀리 스타인라이트(Emily Steinlight)는 모든 살아있는 사람은 사회적으로 무가치하게 취급되어서는 안 된다는 이러한 논지는 "잉여적 인구"(51)를 따로 구분하여 취급하려는 당대의 토마스 맬더스(Thomas Malthus)의 『인구론』(*An Essay on the Principle of Population*)에 배치된다는 점을 지적한다(8). 알란 파트케이(Alan Potkay)도 동료에게 이성적으로 선행을 베풂으로써 인간적 목표를 달성하고, 이를 통해 이성적 기쁨(joy)을 경험한다는 샤츠베리(Shaftesbury)의 윤리적 사고와 선행의 의미를 설명한다(*The Story of Joy* 95-118). 시에서도 걸인에게 베푸는 선행은 습관을 따르는 이성적 행위이며, 이러한 선행에는 "이성이 소중히 여기는 뒤따르는 기쁨"(102)이 수반된다고 표현된다. 또한, 선행에서 느끼는 기쁨은 "추구하지 않은 쾌락의 달콤함"(103)으로 설명되는데, 선행의 기쁨 자체가 의식적 추구의 대상이 되지 않아야 함을 표현한다. 칸트와 유사하게, 워즈워스는 선행이 주는 쾌락을 목적으로 행하는 선은 진정한 의미의 선이 아니라는 것을 암시한다. 걸인이 흘린 빵부스러기를 새들이 먹는 장면에 대한 묘사는 선행의 범위와 그 본질에 관해 생각하게 한다. 예를 들자면, 리드(Henry Reed)는 걸인은 "하등 동물에 대한 후원자"(57)라고 주장한다. 그렇지만, 빵을 흘리는 것이 걸인의 자발적 행위가 아니라면 그가 선을 행한다는 리드의 주장에는 무리가 따른다.

워즈워스가 「컴브랜드의 나이든 걸인」에서 윤리적 공동체로서 제시하고 있는 영국의 호수 지역은 모든 구성원이 공동체 의식과 습관, 선행, 이성적 행위, 기쁨을 매개로 절묘하게 결속된 윤리적 공간이다. 그러나 1805년 판 『서시』에는 "사회 구성체에 의해 / 우리 자신이 / 스스로 겪게 한 / 그 부당함의 무게"(12, 102-*05*)라는 구절이 담겨있다. 만약, 이러한 부당함을 어떠한 방식으로든 벗어나는 공간으로 호수 지역이 설정된다면, 호수 지역 공동체는 『서시』에 나타난 일반적 사회 구성체와는 분리된 곳이라는 문제점이 있다. 워즈워스 당대에서 걸인의 문제는 현재와는 다른 정치적, 도덕적 함의를 가질 것이다. 그럼에도 불구하고, 워즈워스는 자신이 언급하는 "가장 가난한 사람들"(148)을 만들어낸 정치적, 물적 조건에 관해서는 언급하지 않는다.

『변경인』(*The Borderers*)은 레비나스의 타자의 얼굴이 마주침의 주제와 결합한 극작품이다. 또한 현존재(Dasein)를 현상이 드러나는 장소인 숲속의 빈터(Clearing)로 이해하는 데서 벗어나, 존재가 자체를 현존재를 통해 드러냄을 설명하는 후기의 하이데거의 사상과 관련된다. 물론, 데리다나 레비나스의 논지를 따르면, 윤리의 본질은 존재 자체나 존재론 차원을 벗어나 타자에 대한 윤리적 책무를 우선시하는 것에 놓일 것이다. 실제로 하이데거는 「사물」("Thing")에서 사물이 사물로 드러나려면 인간의 사려 깊은 관찰 행위가 필요하며, 이러한 관찰 행위는 단순하게 재현 또는 설명한다는 사고에서 벗어나 "반응하고 받아들이는 사고"(181)로 전환해야 함을 언급한다. 사물은 인간의 보살핌을 필요로 한다는 내용인데, 레비나스의 영향을 받으면서, 데리다는 이를 더욱 구체화해 "나의 자유를 선행하고 이를 초월하는 무한한 응답성"(3)이 윤리의 중추를 이룬다고 언급한다.

『변경인』은 정의의 문제를 얼굴의 모티프와 관련지어 제시하며, '눈으로 본다'는 메타포가 극 전체에 나타난다. 극중 인물 마틸다(Matilda)는 아버지인 허버트(Herbert)가 모어티머(Mortimer)를 보게 된다면 서로 화해할 것으로 생각한다. 리버 파크(Reeve Parker)는 마틸다가 "마음의 명확한 기호로서 얼굴을 시종일관 믿는 것"(97)을 비판한다. 우리가 타자의 얼굴이라고 가정하는 것은 사실상 우리의 목적이나 계획, 향유에 따라 전유한 것에 지나지 않는다는 점을 일깨우는 것이다.

워즈워스는 극 형식을 통해 레비나스의 윤리 이론을 미리 재현한다. 모어티머는 정의를 위해 허버트를 살해하려 하지만, 허버트의 얼굴에서 신이나 아버지의 모습을 본다(2.3.65). 허버트의 얼굴은 인과응보라 여겨지는 복수를 억제하는데, 레비나스의 논리를 따르면 인과응보는 피를 요구하지만, 타자의 얼굴은 무장을 해제한다. 그러나 모어티머가 리버스의 말에 현혹되어 타자의 얼굴에 나타난 윤리의 현현을 부정할 때 복수는 행해진다. 『변경인』에는 주어진 물리적 형태를 초월하여 무한히 넘쳐흐르는 얼굴이 묘사된다.

> 어둡고, 지옥처럼 어두웠지만—나는 그를 보았어—내가 그를 보았다고 너에게 말하는 거야,
> 그의 얼굴이 나를 향해—나를 당황하게 하려 어떤 악마가 그곳에 보낸 마틸다의
> 바로 그 표정—그것은 나를 기도하게 했고—눈을 들어 위로 보았고, 그리고
> 천장의 갈라진 틈새를 통해 나는 내 머리 위로
> 반짝이는 별을 보았고, 살아 있는 신을 옆에 두고, 죽일 수 없었어—

> Twas dark, dark as hell-yet I saw him-I tell thee I saw him, his face towards me-the very looks of Matilda sent there by some fiend to baffle me-It put me to my prayers-I cast my eyes upwards, and through a crevice in the roof I beheld a star twinkling
> over my head, and by the living God, I could not do it— (2.3.287-91)

행의 구분을 넘어서 요동치는 감정을 토로하는 모어티머의 대사는 "별이 빛나는 하늘"과 "내면의 도덕률"(160)로 시작하는 칸트의 『실천이성』(*Critique of Practical Reason*)의 결론부를 연상시킨다. 허버트 얼굴은 별과 신과 겹쳐지며, 별빛이 비치는 하늘 아래에서 느껴지는 감정과 같은 종교적 경외감을 불러일으킨다. 그러나 결국 경계를 넘쳐흐르는 얼굴의 생동성은 죽음과 함께 끝나며, 모어티머는 허버트의 얼굴에서 "단 하나의 얼굴"(5.3.46)만을 보게 된다. 살아 있는 개별 얼굴에 나타나는 무한한 다양성과 순수한 타자성이 사라지고, 죽은 사람은 모두 가지는 공통된 얼굴만 남게 된 것이다. 살인은 타자성을 부인하는 행위이며 따라서 윤리의 가능성을 폐기한다(*TI* 199)는 레비나스의 주장이 설득력을 가지는 장면이다.

허버트의 얼굴에 재현되는 타자의 얼굴은 취약하지만 동시에 명령하는 힘을 가진다. 타자의 얼굴에 응답하는 것은 타자에 대한 책무를 지는 것을 의미하지만, 모어티모는 끝내 그러한 응답을 하지 못한다. 그는 허버트를 직접 살해하지는 않지만 광야로 추방한다. 워즈워스에게, 그리고 레비나스에게, 절대적 타자는 또한 무방비의 타자이며, 권력을 벗어남으로써 그를 죽이도록 자극하며, 동시에 초월적 신으로서 살해를 금지하는 목소리를 가진다. 이러한 타자의 무한함은 "살해보다 강하며, 이미 얼굴에서 우리를 저항하며, 그의 얼굴이며, 원초적 표현이며, 최초의 말, '살인을 저지르지 말라'"(*TI* 199)가 된다. 이러한 얼굴에서 버틀러(Judith Butler)는 "삶의 위태로움과 폭력의 금지를"(xviii) 읽어낸다.

『변경인』에서는 정의를 판단하는 어려움이 암시된다. 리버스는 셰익스피어의 이아고(Iago)와 같은 악한으로 재현되며, "사악한 혀로 허버트를 중상하여"(1.1.135) 모어티머가 허버트를 오해하게 조장한다. 이러한 오해는 허버트의 죽음과 결코 무관하지 않으며, 모어티머는 사실상 살인에 동조한 것이 되지만, 리버스는 이를 오히려 "정의의 행위"(2.1.57)라고 강변하며, 모어티머는 벌어지는 사태를 적절하게 보지 못하게 된다. 결국 정의가 맹목을 초래한 것이다. 너스(Melynda Nuss)는 잔인함의 근본적 원인을 보지 못함에서 찾고 있다(608). 리버스는 관대함은 정의를 약화하며 "고통과 악의 유익한 봉사를 / 사용하는 가슴을 갖지 못한 선행은 / 무기력하고 비난받아야 한다"(2.1.72-74)고 말한다. 선행만으로는 윤리의 토대가 설정될 수 없음을 제시하면서 정의의 이름으로 살인을 조장하여, 정의와 선행 간의 갈등과 파열을 일으키는 것이다.

『피터 벨』(*Peter Bell*)에서는 워즈워스가 「틴턴 사원」에서 제시한 "사고하는 사물"(102)의 한 예로서 당나귀가 등장한다. 당나귀는 사물 타자이며, 사물의 윤리를 구체화한다. 담화시 형식을 가지며, 주인공은 "혼자 있는 당나귀"(380)와 마주치는 경험을 통해 도덕성을 회복한다. 당나귀는 레비나스가 말하는 낯선 타자이며, 도덕을 가르쳐 주는 사물이다. 또한 당나귀는 "기쁨"(joy)를 표현하는데, 워즈워스는 『서정민요집』의 「백치 소년」("The Idiot Boy")에서 "사고하는 말"(122)을 통해 인간의 능력이라고 생각된 특성을 소유한 사물을 이미 예시하였다. 동물도 인간처럼 느끼고 인간처럼 사고한다는 것이다. 피터는 레비나스가 말하는 윤리적 응답을 요구하는 힘을 인간이 아닌 사물의 얼굴에서 느끼며 사물의 생명을 확인하게 된다.

물론, 동물도 기쁨과 슬픔을 느낄 수 있을 것이라는 추측은 워즈워스 이전에도 존재했다(Thomas, 128-29). 그러나 『피터 벨』이나 「백치 소년」에서는 이러한 사실에 대한 단순한 추측을 벗어나 동물이 느끼는 기쁨이 상세하게 사실적으로 묘사된다. 당나귀인 타자를 대면하고 달밤이 깊어가는 동안 피터는 자연에 순응하여 인간 본성을 따라 도덕적으로 생활하는 것을 배우게 된다. 이렇게 변화된 모습은 육체적 욕망에 지배되어 두 자리 숫자의 아내를 가진 이전과는 대비된다. 도덕적 삶을 깨닫기 이전 피터의 사악함은 사물의 아름다움을 인식하지 못하는 데서 비롯된다. 사물과의 소외는 본성과의 소외이며, 이 상태에서 "노란 앵초"(215), 푸른 풀을 즐기는 당나귀, 물, 흙, 그리고 공기의 음향은 피터에게 자체의 고유한 아름다움을 지닌 사물이 아니라, "더 이상 아무것도 아니었다"(218).

피터는 한밤중에 시내에서 고개를 숙이고 있는 당나귀를 발견하고 이를 차지하려고 잡아끈다. 그러나 당나귀는 한사코 따르기를 거부하면서 "고개를 돌려 / 피터의 얼굴을 조용히 쳐다본다"(419-20). 당나귀의 표정을 보자 피터는 화를 내고 나뭇가지로 때리면서 당나귀의 고통을 통해 오히려 쾌락을 느낀다. 피터는 올바른 것에서 기쁨이나 슬픔을 느끼는 것이 아니기 때문에, 아리스토텔레스가 말하는 덕성과 그 교육에 부합되지 않는다. 피터가 당나귀의 표정에 화를 낸 것은 당나귀가 낯선 타자임을 깨닫지 못하고, 타자의 얼굴에서 윤리적 응답을 요구하는 힘을 인지하지 못했기 때문이다. 그는 이전에 자신이 기르던 개를 극도로 잔인하게 죽였던 것을 회상한다(1127-28). 계속된 매질에도 움직이지 않던 당나귀는 마침내 옆으로 누워버리고, 피터가 죽이겠다고 위협하자 "크고 소름 끼치는 울음소리"(500)를 내며, 울음

소리가 사방으로 울려 퍼져 메아리로 되돌아오자 그 속에서 "피터는 좋아하지 않는 어떤 것"(505)을 느낀다. 1799년 『서시』의 시간의 점들의 에피소드나 「조안나에게」("To Joanna")에서 처럼, 자연이 되받아 보낸 준 응답에서 느끼는 화자의 죄의식인데, 되돌아온 당나귀의 공포의 소리는 피터에게 도덕의식을 일깨운다.

마침내 피터는 개울물 아래에서 "창백한 표정을 한 악마"(578)라 생각하는 것을 발견하게 되며, 이것이 실제로는 "죽은 사람의 얼굴"(611)임을 깨닫게 된다. 그는 형언할 수 없는 의무감을 느끼면서, 지팡이로 개울물을 쳐서 소리를 내게 된다. 그 소리를 듣고 당나귀는 원기를 회복하고 일어서서 기뻐한다. 이미 죽은 주인과의 재회를 기뻐하는 것이다. 피터의 손을 핥는 당나귀의 행위는 기쁨의 표현이겠지만, 다른 한편으로는, 자신이 원하는 행동을 피터가 하도록 유발한다. 당나귀는 자신만으로는 시체를 건져 올릴 수 없고, 주인의 죽음을 가족에게 알릴 수 없음을 인지하기 때문이다. 따라서 손을 핥는 행위는 「시몬 리」에서와 같이 과도한 복종적 행위는 아니다. 당나귀가 주인과의 재회에서 표시하는 기쁨은 「백치 소년」에서 어머니 베티 포이(Betty Foy)와 백치 아들과의 재회 장면과 병치된다. 워즈워스는 동물이 즐거워하는 장면을 극적으로 표현한다. 피터의 도덕적 각성은 다양한 얼굴(당나귀, 죽은 사람의 자녀들과 과부가 된 아내, 굶주린 낯선 사람들)과 마주치면서 점차 구체화한다.

돌아오는 길에 피터는 당나귀가 머리에서 피를 흘리는 것을 보게 되며, 흘러내리는 핏방울이 미신 때문이 아니라, 자신이 이전에 가한 매질 때문이라는 것을 알게 되면서 강한 동정심을 느낀다. 매질에서 쾌락을 느끼던 이전의 모습과는 확연히 구분되는 변화이다. 종결부에서 피터는 당나귀를 훔치게 된 것을 악마의 계획(1006-10) 탓으로 돌리면서 스스로 위안하려 한다. 이 순간 당나귀는 다 알고 있다는 눈짓을 보내고, 피터는 다시 자신의 잘못을 깨닫는다. 그러자 당나귀는 조용히 "멈춰 서서 / 고개를 돌려 이를 드러내고 웃는다"(1024-25). 이제 피터는 자신을 놀린다고 당나귀를 질책하지 않고, 미소로서 답변하려고 하지만, 갑자기 지하에서 들려오는 채굴 폭발음이 들려온다. 그는 지옥으로 끌어내려지는 것을 느낀다. 끝부분에서 피터가 마지막 기도를 하는 대상은 신이 아니라 당나귀이다.

『피터 벨』은 앞서 워즈워스 윤리의 특성을 파악하기 위해 제시한 키워드인 마주침, 사물, 얼굴, 사물의 생명을 종합적으로 예시한다. 이처럼 사물과의 마주침을 주제로 워즈워스의 윤리학을 탐색하면서 그 요체인 사물의 생명을 이끌어내는 접근법은 대상과의 동일시를 통한 "공감"이라는 논제로 워즈워스를 바라보던 시각을 뒤흔들고 있다. 워즈워스의 포스트모더니티이기도 하지만, 빅토리아 시대 이후로 수용된 워즈워스 윤리에 관한 설명법을 수정하고, 우리 시대의 윤리적 관점에 부합하면서 워즈워스의 본질에 충실한 해석을 생산하는 작업이기도 하다. 이러한 작업은 다양한 이론과 접목되어 오늘날 우리 시대에도 여전히 생생한 문학적 삶을 살아가는 시인을 형상화할 수 있다. 워즈워스가 말하는 사물의 가치는 그가 비판하는 "조야한 물질의 노예"("Musings Near Aquapendente" 348)를 만들어내는 것과는 구분되는 가치관을 경험하는 계기가 된다. 사물은 인간의 목적으로 환원되지 않고, 될 수도 없는, 자체의 존엄성을 지니면서, 주체와 대상의 이항대립으로 담아낼 수 없는 생동적 직접성을 가진다. 사물의 얼굴은 그 자체로 윤리적 응답과 책임을 요구하는 암시적 힘을 가진다. 사물의 생명 윤리는 기본적으로 인간과 사물의 관계를 생태 차원에서 고찰하려는 것이다. 이러한 점에서 워즈워스는 사물 간의 네트워크에 기반한 새로운 생태 비평으로 이르는 길을 열어두고 있다. 워즈워스의 마주침의 시에서 주체와 타자는 서로 간에 동화나 포섭의 변증을 모색하기보다는 각자의 독립을 유지하면서, 마주침이 다시 반복되리라는 보장도 없이, 극적 사건을 만든다. 사물의 생명 윤리에는 오늘날에도 새롭게 검토되어야 할 여지가 충분하다.

인용문헌

Abrams, M. H. *Natural Supernaturalism: Tradition and Revolution in Romantic Literature*. New York: Norton, 1971.

Aristotle. *Nichomachean Ethics*. Trans. Martin Ostwarld. Indianapolis: Bobbs-Merrill, 1962.

Benso, Siliva. *The Face of Things: A Different Side of Ethics*. Albany: SUNY P, 2000.

Brown, Bill. "Thing Theory." *Things*. Ed. Bill Brown. Chicago: U of Chicago P, 2004. 1-22.

Butler, Judith. *Precarious Life: The Powers of Mourning and Violence*. London: Verso, 2004.

Chandler, James. *Wordsworth's Second Nature: A Study of the Poetry and Politics*. Chicago: U of Chicago P, 1984.

Chase, Cynthia. *Decomposing Figures: Rhetorical Readings in the Romantic Tradition*. Baltimore: Johns Hopkins UP, 1986.

"Comrade." *OxfordDictionaries.com*. Oxford Dictionaries, *The Oxford English Dictionary*. <www.oed.com>. Accessed 9 Sept. 2017.

De Man, Paul. "Autobiography as De-facement." *The Rhetoric of Romanticism*. New York: Columbia UP, 1984.

Derrida, Jacques. "Adieu." *Critical Inquiry* 23 (1996): 1-10.

Eagleton, Terry. Trouble *with Strangers: A Study of Ethics*. Chichester: Wiley-Blackwell, 2009. Kindle.

Fry, Paul. H. *Wordsworth and the Poetry of What We Are*. New Haven: Yale UP, 2008.

Garber, Frederick. *Wordsworth and the Poetry of Encounter*. Urbana: U of Illinois P, 1971.

Godwin, William. *Enquiry concerning Political Justice and its Influence on Morals and Happiness*. 3 vols. Ed. F. E. L. Priestley. Toronto: U of Toronto P, 1946.

Gottlieb, Evan. *Feeling British: Sympathy and National Identity in Scottish and English Writing, 1707-1832*. Lewisburg: Bucknell UP, 2007.

Grob, Alan. "Afterword: Wordsworth and the Politics of Consciousness." *Critical Essays on William Wordsworth*. Ed. George H. Gilpin. Boston: G. K. Hall, 1990. 347-50.

Harpham, Geoffrey. "Ethics." *Critical Terms for Literary Study*. 2nd ed. Ed. Frank Lentricchia and Thomas McLaughlin. Chicago: U of Chicago P, 1995. 387-

405.

Hartman, Geoffrey H. "Paul Fry's Wordsworth, and the Meaning of Poetic Meaning, or Is It on-Meaning?: Letter to a Colleague and Friend." *Partial Answers: Journal of Literature and the History of Ideas* 8.1 (2010): 1-22.

_______. *Wordsworth Poetry, 1787-1814*. 2nd ed. New Haven: Yale UP, 1971.

Heidegger, Martin. *Poetry, Language, Thought*. Trans. Albert Hofstadter. NY: Harper & Row, 1971.

Jarvis, Simon. *Wordsworth's Philosophic Song*. Cambridge: Cambridge UP, 2007.

Kant, Immanuel. *Critique of Practical Reason*. NY: Dover, 2004.

Keats, John. *Letters*. Ed. Robert Gittings. Oxford: Oxford UP, 1978.

Langbaum, Robert. *The Poetry of Experience: The Dramatic Monologue in Modern Literary Tradition*. New York: W. W. Norton, 1957.

Levinas, Emmanuel. *Totality and Infinity: An Essay on Exteriority*. Trans. Alphono Lingis. Pittsburgh: Duquesne UP, 1969.

Levinson, Marjorie. "A Motion and a Spirit: Romancing Spinoza." *SiR* 46 (2007): 367-408.

_______. *Wordsworth's Great Period Poems*. Cambridge: Cambridge UP, 1986.

Lockridge, Laurence. *The Ethics of Romanticism*. Cambridge: Cambridge UP, 1989.

Malthus, Thomas. *An Essay on the Principle of Population*. Ed. Geoffrey Gilbert. Oxford: Oxford UP, 2008.

McGann, Jerome. *Romantic Ideology: A Critical Investigation*. Chicago: The U of Chicago P, 1983.

McKusick, James. *Green Writing: Romanticism and Ecology*. NY: St. Martin's, 2000.

Miles, Josephine. *Eras & Modes in English Poetry*. Berkeley: U of California P, 1964.

Miller, J. Hillis. "On Edge: The Crossway of Contemporary Criticism." R*omanticism and Contemporary Criticism*. Ed. Morris Eaves and Michael Fischer. Ithaca: Cornell UP, 1986. 96-118.

Moyn, Samuel. *Origins of the Other: Emmanuel Levinas between Revelation and Ethics*. Ithaca: Cornell UP, 2005.

Nuss, Melynda. "'Look in my Face': The Dramatic Ethics of The Borderers." *SiR* 43 (2004): 599-621.

O'Rourke, James. *Sex, Lies, and Autobiography: The Ethics of Confession*. Charlottesville: U of Virginia P, 2006.

Owen, W. J. B., ed. *Wordsworth & Coleridge: Lyrical Ballads*. Oxford: Oxford UP, 1969.

Parker, Reeve. *Romantic Tragedies: The Dark Emplotments of Wordsworth, Coleridge, and Shelley*. Cambridge: Cambridge UP, 2011.

Potkay, Alan. *The Passion for Happiness: Samuel Johnson and David Hume*. Ithaca: Cornell UP, 2000.

_____. *The Story of Joy: From the Bible to Late Romanticism*. Cambridge: Cambridge UP, 2007.

Reed, Henry. "Wordsworth's Poetry." *New York Review* 4.7 (1839): 1-70.

Regier, Alexander. "Words Worth Repeating: Language and Repetition in Wordsworth's Poetic Theory." *Wordsworth's Poetic Theory*. Eds. Alexander Regier and Stefan H. Uhlig. Basingstoke: Palgrave Macmillan, 2010. 61-80.

Roe, Nicholas. *Wordsworth and Coleridge: The Radical Years*. Oxford: Clarendon, 1988.

Simpson, David. *Romanticism and the Question of the Stranger*. Chicago: The U of Chicago P, 2013.

Steinlight, Emily. "Populating Solitude: Malthus, the Masses, and the Romantic Subject." Unpublished Paper for Workshop in the Nineteenth Century at Van Pelt Library. 2014.

Stephen, Leslie. "Wordsworth's Ethics." *Hours in a Library*. 3 vols. London, 1876. Vol 2: 250-84.

Stewart, John B. *Opinion and Reform in Hume's Political Philosophy*. Princeton: Princeton UP, 1992.

Thomas, Keith. *Man and the Natural World: Changing Attitudes in England, 1500-1800*. London: Allen Lane, 1983.

Wordsworth, Jonathan. *William Wordsworth: The Borders of Vision*. Oxford: Clarendon UP, 1982.

Wordsworth, William. *Last Poems, 1821-1850*. Ed. Jared Curtis et al. Ithaca: Cornell UP, 1999.

_________. *Lyrical Ballads and Other Poems, 1797-1800*. Ed. James A. Butler and Karen Green. Ithaca: Cornell UP, 1993.

_________. *Prose Works*. Ed. W. J. B. Owen and J. W. Smyser. 3 vols. Oxford: Clarendon, 1974.

_________. *The Letters of William and Dorothy Wordsworth*. 2nd ed. 8 vols. Ed. Ernest de Selincourt. Rev. Mary Moorman and Alan G. Hill. Oxford: Clarendon, 1967-93.

_________. *The Poems of William Wordsworth: Collected Reading Texts from The*

Cornell Wordsworth. Ed. Jared Curtis. 3 Vols. Penrith: Humanities-Ebooks, 2009.

_________. *The Prelude: 1799, 1805, 1850*. Ed. Jonathan Wordsworth, M. H. Abrams, and Stephen Gill. New York: Norton, 1979.

_________. *Wordsworth's Literary Criticism*. Ed. W. J. B. Owen. Boston: Routledge & Kegan Paul, 1974.

Wu, Duncan. *Romanticism: An Anthology*. 4th Ed. Chichester: Blackwell, 2012.

Yousef, Nancy. *Isolated Cases: The Anxieties of Autonomy in Enlightenment Philosophy and Romantic Literature*. Ithaca: Cornell UP, 2004.

Yu, Eric K. W. "Wordsworth Studies and the Ethics of Criticism: The 'Tintern Abbey' Debate Revisited." *Concentric* 30.2 (2004): 129-54.

3

워즈워스의 풍경 인식과 인간-비인간의 조화로운 윤리 공동체

워즈워스의 풍경 인식과 인간-비인간의 조화로운 윤리 공동체

윌리엄 워즈워스(William Wordsworth)의「틴턴 사원」(“Tintern Abbey”)이 로맨티시즘(Romanticism) 연구에서 갖는 의의는 상당하다. 철학적 측면에서 당대 영국 경험주의 인식론과 스피노자(Baruch Spinoza)의 사상, 미학적 측면에서 픽처레스크 회화나 풍경 미학 그리고 이와 관련된 재현론, 정치적 측면에서 프랑스의 침략 위협과 아일랜드의 반란, 영국 내 보수파와 진보파의 대립과 갈등, 잉글랜드와 웨일스와의 지리적 경계선 설정 문제, 인클로저로 인한 격화된 사회계층 간의 갈등과 같은 문제들이 특이한 문체와 복합적 논점으로 기술되면서 소진되지 않는 의미를 산출한다. 또한,「틴턴 사원」은 해체주의, 신역사주의, 생태비평으로 이어지는 로맨티시즘 비평 이론의 헤게모니 쟁탈전에서 각 입장이 첨예하게 대립하는 격전지이기도 하다.

이 글은 이러한「틴턴 사원」의 비평사를 염두에 두고서, 워즈워스의 특이한 사고와 문체를 반영하는 풍경 서술법에서 새로운 논제를 이끌어 내려한다. 워즈워스의 풍경 서술 방식은 주체(subject)와 대상(object) 간의 이분법적 사고의 한계를 극복하고 인간과 사물 간의 조화롭고 협동적 네트워크에 기반을 두는 새로운 형식의 존재론과 탈인간중심적 환경윤리를 제시하는 유토피아 공동체관을 내포한다. 다시 말해, 워즈워스는 당대의 지배적 풍경 담론인 픽처레스크(picturesque) 미학을 비판적으로 발전시키고, 자신의 특이한 풍경 서술을 통해 대안적 공동체관을 제시한다.

이러한 논제는 두 가지 질문을 내포한다. 첫째, 픽처레스크 미학의 토대를 이루는 주체와 대상, 인간과 사물의 이분법적 구분을 워즈워스가 어떠한 방식으로 극복하고 있는가? 둘째, 이러한 이분법적 구분을 극복하면서, 「틴턴 사원」에서 명시하는 "사물의 생명"(50)에 근거하여 워즈워스가 제시하는 인간과 사물 그리고 사물 간의 유대관계에 바탕을 두는 환경 친화적 새로운 공동체관의 특성은 무엇인가? 이러한 질문에 답하기 위해 이 글은 다음과 같은 주장을 한다. 첫째, 워즈워스가 「틴턴 사원」에서 명시하는 사물의 생명은 주체와 대상관계에 선재하며 이를 넘어서는 사물 자체의 충만함과 자율적 속성을 표현한다. 둘째, 워즈워스가 제시하는 공동체는 인간적 요소에만 한정되지 않는다. 이러한 공동체에서 사물은 인간과 마찬가지로 에이전시를 누린다. 셋째, 「틴턴 사원」은 비인간 타자인 사물이 인간과 함께 구성하는 영역을 상정하며, 이들이 함께 배열하고 조율하는 역사성을 제안한다. 넷째, 워즈워스가 사물의 생명을 통찰하는 과정에서 사용하는 '기분'(mood) 그리고 '기쁨'(joy)과 같은 개념에는 사물과 함께 공존하는 공동체관이 암시된다. 다섯째, 「틴턴 사원」에서 대상으로서 사원이나 제철소와 같은 인공물을 직접 다루지 않는다는 사실은 워즈워스가 픽처레스크 미학을 문제점을 인식하고 담화에 선재하며 자체의 존재론적 특성을 갖는 사물의 생명력 표현에 치중함으로써 인간과 비인간 사물의 생태론적 상호의존성에 근거한 새로운 공동체를 암시한다.

이러한 논제를 설명하기 위해 이 글은 앞 단락에서 제시한 「틴턴 사원」의 비평사적 의의와 관련된 선행 연구를 적절하게 수용하고 발전시키려 한다. 특히 로맨티시즘 연구의 주도권을 쥐고 있는 신역사주의 방법론을 비판적으로 다루면서, 인간 중심론적 역사관과 특정한 지리에 국한된 비평 방식을 검토한다. 또한, 생동적 사물론을 현재 로맨티시즘 생태-환경론, 하이데거(Martin Heidegger)의 현상학, 그리고 포스트 휴먼(Posthuman)과 연결하는 작업은 워즈워스 문학론의 핵심인 수행성을 재확인하는 작업이 될 것이다. 제시한 논제를 적합하게 입증하는 것이 이 글의 과제이겠지만, 다른 한편으로는, 중첩결정되고 서로 해결될 수 없는 인자들이 특이한 잉여성을 산출하는 워즈워스의 시적 특성을 보여주려 한다. 워즈워스는 인간과 비인간 사물 간의 상호의존적, 상호 결정적 유대관계를 제시하면서, 새로운 환경 친화적 공동체관을 표명한다. 이러한 관점에서 볼 때,「틴턴 사원」은 독서행위가 지속되는 한에서는 그 자체가 새로운 의미 지형을 계속 확장하는 생동적 사물이 된다.

픽처레스크 미학의 비판적 수용과 발전

워즈워스가 와이 강(River Wye)과 계곡을 방문한 무렵 영국의 풍경 재현에서 픽처레스크는 당대의 미학적 관행이었다. 사원 자체는 잉글랜드와 웨일스의 접경지대에 위치하여 와이 계곡을 따라 형성되는 역사 유적과 주변의 빼어난 자연경관을 배경에 둔다. 와이 계곡 지역은 영불 전쟁으로 대륙 여행이 어려웠던 1790년대 영국 픽처레스크 관광 명승지이자 철사 세공과 제철 산업 중심지였으며 주변 숲에서는 목탄을 제조하고 있었다. 18세기 후반 영국 문화에서 미학적 이상으로서 픽처레스크를 본격적으로 논의하는 계기를 마련한 것은 윌리엄 길핀(William Gilpin)의 저술이었다.『와이강 관찰』(*Observations on the River Wye, and Several Parts of South Wales, &c. Relative Chiefly to Pictur-*

esque Beauty; Made in the Summer of the Year 1770)은 여행과 픽처레스크라는 모티프를 명시하면서 본문을 시작한다.

> 우리는 다양한 목적으로, 즉 지역 문화를 탐사하려, 진귀한 예술품을 감상하려, 자연의 아름다움을 살펴보려, 자연이 만들어낸 것을 탐사하려, 그리고 사람들의 풍습과 그들의 서로 다른 정치와 삶의 방식을 배우려, 여행한다. 졸저는 새로운 일거리를, 즉 픽처레스크 미의 잣대로 거의 검토하지 않은 지역의 면모를, 제안한다. (1)

길핀의 여행자는 관찰한 풍경을 대상화하여 이것에 질서를 부여하는 주체로 자리매김한다. 그는 세계와의 관계를 인식 주체 입장에서 배열하고 전유하는 에이전트이다. 이러한 여행자는 특정 장소를 대면하여 그 면모를 검토한다. 지리적 장소가 아니라 그 장소의 형상이 독해의 대상이 된다. 길핀은 주체와 대상, 인간과 사물 간의 이분법적 구분을 가정하는 픽처레스크의 특성을 설명한다.

이러한 픽츠레스크 관행을 워즈워스가 답습하는 것은 아니다. 「틴턴 사원」의 풍경 서술방식은 픽처레스크 풍경미학의 여러 가정을 부정한다. 우선, 시에서 서술하는 사물의 생명은 풍경을 대상화하고 전유하는 인간 관찰자 중심의 시각적 인식 태도를 고수하지 않는다. 워즈워스의 풍경 서술은 세계를 주체와 대상으로 구분하면서, 주체의 명징성을 확보하기 위해 대상을 전유하지 않으며, 인간 중심적 세계관을 표명하지도 않는다. 「틴턴 사원」에서, 사물의 생명 통찰에 이르는 과정을 기술하는 장면은 사물이 갖는 인식적 비대칭성을 제시하면서, 인간적 요소와 지시 관계에 한정된 인식태도를 문제시한다. 주체와 대상을 차별적, 위계적 관계로 파악하는 비평 방식에 대한 이견은 이미 조나단 베이트(Jonathan Bate)를 위시한 낭만주의 생태비평론에서도 제기되지만, 특히 「틴턴 사원」에서의 사물의 생명은 인간과 비인간 간의 소통과 이들 간의 비차별적 네트워크를 비평의 화두로 삼는 현재의 환경 인문학이나 생태-사회학 분야와 궤를 같이한다. 사물의 생명은 신물질주의, 대상 중심 철학, 포스트휴머니티, 에이전트-네트워크론, 사변적 리얼리즘, 그리고 티모시 모턴(Timothy Morton)을 포함하는 최근의 환경론과도 일맥상통한다. 「틴턴 사원」은 자연 사물의 인식 과정에서 "귀"(107)의 세계나 "감각의 언어"(109)의 필요성을 인정함으로써 시각에 얽매인 픽처레스크와 사뭇 다른 감각의 다면적, 복합적 작용을 보여준다.[1] 이 시에서 사물은 관찰자의 시각적 지배에 종속되는 위계적 권력 관계에 편입되는 대신에, 브루스 마쑤나가(Bruce Matsunaga)가 주장하듯이, 그 자체의 독립성을 지니면서 관찰자와 상호주체적 경험을 공유하며 함께 리얼리티를 구성하는 에이전시이다(7).

픽처레스크 미학은 주변 풍경을 잘 관찰할 수 있는 고정된 조망 지점을 설정하고 이 지점에서 정해진 프레임에 따라 풍경을 감상한다. 그러나 「틴턴 사원」에서는 고정된 관찰 지점을 확정할 수 없다. 여행 일정 면에서 워즈워스와 도로시 워즈워스(Dorothy Wordsworth)는 1798년 7월 10일에서 13일에 걸친 와이 계곡 여행 기간 내내 이동하며, 매일 사원을 거쳤다. 이에 따라, 풍경 기술은 관찰자가 "한 지점에 서있다는 착각을" 하게하는 "정지된 성질"이 있지만, 실제로 시는 "시공간적 이동"이 주를 이룬다(Garrett 159). 실제로 『펜윅노트』(*The Fenwick Notes of William Wordsworth*)에는 정해진 한 장소가 아니라 이동 행로에 있는 여러 장소에서 시를 착상하고, 브리스톨(Bristol)에

1) 「틴턴 사원」 초반부는 시각 중심의 인식 방식이 지배적이라고 할 수 있겠지만, 데이비드 피리(David B. Pirie)는 초반부의 행들은 "모든 시각적 세목과 구분을 불명료하게 하는 경향"이 있다고 지적한다(269).

되돌아와서 최종적으로 완성했다고 기록된다(66). 또한, 「틴턴 사원」의 각주에는 각 운문 단락 간의 "전이"를 위해 창작 당시 오드(Ode) 형식을 염두에 두었다고 기록하는데 마찬가지로 이동성이 강조된다(Owen 149). 워즈워스의 풍경 기술은 가시적 풍경뿐만 아니라 사원 자체나 완만히 흐르는 와이 강과 같이 시의 표면에 직접 드러나지 않는 사물의 존재까지도 암시하며, 정지와 동작을 반복, 혼합하지만, 전체적으로 통합적 효과를 산출한다.

이와 함께, 이동에 따른 관점의 변화(예를 들어, 5년 전과 재방문 시점에서 자연 인식 태도의 차이), 공간의 병행과 중첩(대도시와 와이 계곡 그리고 도보로 혹은 선상에서 관찰한 풍경 배치 방식), 현상학적 체험과 철학적 사변의 동시 진행, 인지와 상상의 결합을 특색으로 하는 「틴턴 사원」의 서술 기법은 관찰 지점을 고정하고 정해진 구도에 따라 풍경을 배치하여 감상하는 픽처레스크 방식에 문제를 제기한다. 관찰자 워즈워스의 위치는 발아래에서 펼쳐지는 풍경을 조망하는 지점이 아니며, 정형화된 고정 지점도 아니다. 원제의 "above"는 높이를 표시하기 보다는 사원에서의 지리적 거리를 표시할 수 있다. 그러나 여행자-화자로서 워즈워스는 계속 이동하고 있지만, 동시에 지리적으로 심리적으로 구체적 개별 장소와 정서적 교감을 하고 있다. 그렇다면, 워즈워스가 실제 장소와 조건을 치환과 승화의 기제를 통해 이상화된 장소와 조건으로 만들어낸다는 관점 또한 그 효력이 약화된다. 워즈워스가 풍경 기술을 통해 실제로 구현하는 공간과 지리의 복합성을 간과하기 때문이다.

당대의 픽처레스크 관광이 주어진 풍경을 미학적으로 소비하는데 치중한다면, 워즈워스의 풍경 서술 방식은 개인적 경험이나 사회적 조건이 풍경을 재구성하는 요소임을 보여준다. 또한, 그가 기술하는 와이 계곡 풍경은 우리가 실제 풍경을 지각하고 감상하는 방식에 영향을 주고 있다. 이를 통해,「틴턴 사원」의 풍경은 공간과 지리가 주어진 측면뿐만 아니라, 정치적, 문학적 이상과 실제적 경험에 따라 재배열, 재구성되는 측면을 함께 가진다는 점을 제시하여 공간과 지리의 복합성을 입증한다. 이러한 풍경 기술은 풍경에 내재한 이데올로기와 재배열된 지리에 관한 논쟁을 촉발하며, 워즈워스의 문학적 가치를 오해하게 만드는 원인이 된다. 그렇지만 적어도 두 가지 사실은 명확하다.「틴턴 사원」의 풍경은 워즈워스가 실제로 체험한 풍경을 토대로 하며 그가 생활하고 참여하는 실제 세계와 무관하지 않다.[2] 또한, 지리는 홀로 존재하는 것이 아니라 사회적, 정치적, 그리고 상상적으로 구성되며, 재현된 지리나 지리 서술은 물질적 리얼리티 형성에 영향을 준다.「틴턴 사원」에서 표현되는 이러한 지리 인식은 앙리 르페브르(Henri Lefebvre), 데이비드 하비(David Harvey)와 같은 현대의 지리-사회 이론가들의 복합적 지리 인식과 상통하는 점이 있다.

「틴턴 사원」의 초반부는 시각 중심의 풍경기술이 두드러지지만, 시가 진행됨에 따라 청각과 청각에 내포된 의미가 점차 중요해진다. 비평가들은 듣는 행위를 본다는 행위와 대조하면서 책임성, 응답성, 그리고 취약함과 같은 윤리의 기본적 속성이 전제되어있음을 설명한다(Bruns 127; Nancy 14; Nussbaum 272). 존 배럴(John Barrell)은『풍경관과 장소 인식 1730—1840』(*The Idea of Landscape and the Sense of*

2) 이 점은 워즈워스가 구상하고 있는 대안적 공동체관과 관련된다. 워즈워스의 풍경 기술에는 그의 대안적 공동체관에 관한 실험이 담겨있다. 한 예로,『서시』에서 기하학을 "순수한 상상력에서 만들어진 독립 세계"(independent world / Created out of pure intelligence) (6. 185-86) 라고 설명하면서, 공동체 설명에 기하학 원리와 메타포를 사용한다.

Place 1730-1840)에서 사회적, 경제적 특권의식에 젖어있는 여행자-화자의 초연한 자세가 풍경 재현의 시선에 투영됨을 분석한다. 그는 제임스 톰슨(James Thomson)의 『사계』(*The Seasons*)를 예시로 제시하면서 픽처레스크 여행자-화자가 높은 지대에 서서 저 멀리 아래에서 펼쳐지는 풍경을 18세기 지형시에서 나타나는 정형화된 픽처레스크 프레임에 따라 형태를 정하고 통제하고 있음을 분석해 낸다. 픽처레스크 관찰자는 사회-문화적 코드에 붙잡혀, 장소에 대한 본능적 반응을 상실하고, 구체적 특성과 지역성에 인위적 질서를 배열한다. 이로 인해, 풍경은 정형화되고 장소에서 유리된다.

배럴은 픽처레스크 풍경인식과 존 클레어(John Clare) 풍경 기술을 대조한다. 클레어는 픽처레스크 관습에 저항하여 태어난 장소에 굳게 뿌리를 내리면서 장소와 일체감을 표현한다는 것이다. 또한, 배럴은 워즈워스와 클레어를 비교하면서, 워즈워스가 장소의 "정신"을 찾기 위해 풍경을 관찰하는데 비해, 클레어는 장소의 "전체 내용"을 가지고 있다고 구분한다(14-16). 워즈워스가 예술적 관습과 정형화된 코드에 따라 풍경을 재현하지 않는다는 점은 수긍하지만, 장소에 대한 개인적 체험의 생생함을 전달하는 클레어와 비교할 때 여전히 추상적 장소인식이 남아있음을 지적하는 것이다. 그러나 배럴이 간과하는 것은 복합 감각을 조율하면서 체험 자체를 활성화하고 서술의 역동성을 창출하는 워즈워스의 특이성이다. 곧 살펴보겠지만, 「틴턴 사원」에서 사물의 생명은 감각적, 생리적, 반사신경적 효과를 조합하고 움직임과 정지를 극적으로 조율하는 과정에서 얻어진다(36-50).

워즈워스는 픽처레스크의 특징이자 유산인 시각에 많이 의존하지만, 시각과 함께 대위법적으로 활성화되는 다양한 인지 양식, 특히 접촉을 통한 신체 감각과 청각 작용에 관한 강조는 눈여겨볼 만하다.

『서시』(*The Prelude*) 11권에서 워즈워스는 눈을 "우리 감각에서 가장 전제적"(173)이라고 정의하면서 가슴과 마음을 침해하는 시각의 횡포를 기술한다. 인지의 자율성을 신중하게 고려하면서, 그는 시각적 전유에 내포된 윤리 문제에 관한 대비책을 강구한다. 물론 이것이 풍경 인식에서 시각의 힘을 부정하는 것은 아니다.

> 모든 감각을 소환하여 각각의 감각이
> 다른 감각과 자체에 대해 작용하게 하며
> 이들 모두가, 그리고 이들이 잘 알고 있는 대상이,
> 제각각 자유와 권력의 위대한 목적에 봉사하게 한다.

> summons all the senses each
> To counteract the other and themselves,
> And make them all, and the objects with which all
> Are conversant, subservient in their turn
> To the great ends of liberty and power. (11, 179-83)

『서시』와 「틴턴 사원」에서 표현되는 빼어난 풍경 서술에서 알 수 있듯이 워즈워스의 풍경 인식과 배치에는 감각의 복합성에 대한 인식이 자리하고 있다. 여러 감각을 병치하고 상호작용하게 함은 풍경 독해에서 픽처레스크의 시각적 헤게모니를 벗어나려는 방책에 해당한다. 이를 통해, 모든 감각이 상호 특권을 가지고 참여하는 평등하고 조화로운 윤리 공동체 창출이라는 새로운 공간의 정치학을 제시한다.

> 경솔한 젊은 시절과 같지 않게,
> 그보다는 깨닫고 가라앉히는 넉넉한 힘이 있지만,
> 불쾌하지도 귀에 거슬리지도 않는,
> 인간의 고요한, 애절한 음악을 종종 들으면서

자연을 바라보는 것을 내가 배웠기 때문에.

For I have learned
To look on nature, not as in the hour
Of thoughtless youth, but hearing oftentimes
The still, sad music of humanity,
Nor harsh nor grating, though of ample power
To chasten and subdue. ("Tintern Abbey," 89-94)

워즈워스-화자는 처음 방문과는 확연히 구분되는 분별력과 이해심 그리고 공감에 바탕을 두는 행위나 윤리관을 드러낸다. 시각에 중점을 두면서 풍경을 자기중심적으로 전유하는 데서 벗어나 듣기의 현상학을, 음악이라는 비유에서 암시되는 "타자를 인식함으로써 발생하는 윤리적 응답"(Yousef 212)을 표현한다. 자연의 힘(충동, 자극)을 차분하게 느끼는 상태는 이 구절에 바로 이어서 "훨씬 깊게 융합된 어떤 것"(97)에 관한 숭고미로 전이한다.

인간 중심주의 역사성의 문제점

흔히 「틴턴 사원」으로 간편하게 통칭되는 시의 원제 「1798년 7월 13일 여행 중 와이강 둑을 재방문하면서 틴턴 사원에서 몇 마일 떨어져 적은 시」("Lines Written a Few Miles above Tintern Abbey, on Revisiting the Banks of the Wye during a Tour, July 13, 1798")에는 시간적 공간적 창작 배경이 표시된다. 제목에 창작 배경을 표시하면서 경우에 따라 이례적으로 길게 제목을 설정하는 것은 워즈워스 특유의 창작 습성이다. 이 경우 제목은 그 자체로 시 감상과 이해에 중요한 단서가 된다. 최근 비평에서는 제목과 관련하여 1798년 당시의 "written"과 이후 출판에서 수정되는 "composed" 간의 비교, 관찰자의 위치가 사원 자체가 아니라 "a few miles above"라는 점, 방문이 아닌 "재방문"의 동기 파악, 와이 계곡의 지형적 특성을 고려할 때 "banks"의 적합한 의미 설정, 제목에 표기된 "tour"가 로맨티시즘 여행 문학에서 갖는 중요성, 1798년 7월 13일의 정치적 함의를 포함하여 많은 비평적 논쟁이 이루어졌다. 이러한 논쟁은 해체주의, 신역사주의, 생태비평으로 전개되는 로맨티시즘 비평사를 축약한다. 특히, 제목에서 표기되는 사원이 실제 시에서는 나타나지 않는다는 점은 부재의 현존(형식주의, 해체 비평). 현존의 부재(신역사주의에서 주장하는 탈장소화나 치환), 생태비평으로 이어지면서 계속 논쟁거리가 되고 있다.

제목과 내용의 불일치에 관한 지적은 워즈워스의 정치적 모호함을 비판하기 위한 근거로 자주 신역사주의 비평에서 언급하지만, 그 이전에 이미 메리 무어만(Mary Moorman)이 이미 언급한 사실(402-03)이다. 그렇지만, 제목에서도 강조되고, 여행 기간 내내 매일 마주치는 사원이 정작 시 내용에서 언급되지 않는다는 점은 그냥 지나쳐버릴 일만은 아니다. 이러한 불일치와 누락을 마조리 레빈슨(Marjorie Levinson)은 워즈워스 개인의 불순한 역사의식 탓으로 돌리면서 한 걸음 더 나아가 워즈워스가 시에서 묘사하는 목가적 풍경은 "배제 행위에 의해 예술적으로 조합된 근거 없는 짓"(32)으로 규정한다. 이러한 주장의 잘잘못을 가리기 전에, 물질적 특성에 대한 의도적 배제가 문제시 된다면, 이를 다른 관점에서 이해하는 방식은 어떤 것이며, 그 의의는 무엇인가?라는 질문을 제기할 수 있다.

우선, 워즈워스는 사원과 같은 유적지를 자연과 구분하고, 자연의 생명력을 서술하는데 치중한다고 생각해볼 수 있다. 자연 사물을 인간이 만든 대상과 구분하는 것은 적어도 코울리지와 공동으로 추진한 『서정 민요집』(*Lyrical Ballads*) 프로젝트 전후 시기에는 두드러진다. 워즈워스는 자연 사물(things)과 인간이 만든 대상(objects)을 구분하여 따로 표기하며, 사물의 능동성을 강조하는 경향을 보인다. 그러나 경우에 따라서는 대상에게도 에이전시를 부여하며, 이 점은 대상의 에이전시 속성을 강조하는 18세기 대상론을 일정 부분 계승하고 있음을 시사한다. 어느 경우이든 워즈워스의 자연 사물에 대한 태도는 자연 사물과 인공물을 대상이라는 개념으로 일원화하는 현재의 대상 기반의 철학이나 행위자-네트워크 이론, 사변적 리얼리즘과는 분명히 구분된다. 워즈워스나 셸리(Percy Bysshe Shelley)가 대표하는 로맨티시즘 사물론은 이처럼 자연 사물과 인공적 대상을 구분하면서, 자연 사물 자체의 생동성을 강조한다는 특색이 있다. 「틴턴 사원」에서는 사물과 대상은 그 차별성이 부각되지만, 동시에 사물로 통합되기도 한다. "모든 사고하는 사물과, 모든 사고의 대상을 / 추동하고, 모든 사물을 관통하여 흐르는 / 운동과 영혼"(A motion and a spirit, that impels / All thinking things, all objects of all thought, / And rolls through all things) (101-03)에서 사고하는 능력이 있는 사물은 사고의 대상인 대상과 처음에는 구분되지만, 결국에는 "모든 사물"이라는 구절에서 다시 사물로 통합된다. 워즈워스의 사물은 문맥에 따라 그 지시 범위가 따르지만, 인간과 비인간을 모두 포함하는 포괄적 의미를 가지기도 한다.[3] 이 점에서 워즈워스의 사물관은 길핀의 픽처레스크와 차이

3) 「루시 그레이」("Lucy Gray")에서 주인공 루시 그레이는 "인간의 문 옆에서 / 여태껏 자랐던 가장 예쁜 것"(The sweetest thing that ever grew / Beside a human door!) (7-8)으로 설명되며, 사람과 사물 간의 관습적 경계가 없어진다. 『소풍』(The Excur-

가 있다. 길핀이 자연 사물과 인공적 유적은 구분하지 않는 것은 미학적 경험과 효과의 차원에서이다. 그는 사원 유적이 자연과 자연스럽게 동화되어 자연미가 될 것이라고 생각한다. 이러한 전통에서, 베이트도 당대의 픽처레스크 관광객에게 "인상적인 새로운 산업의 현장은 오래된 유적과 위압적 절벽만큼이나 경탄의 대상이 된다"(143)고 설명한다.

워즈워스가 사원과 마찬가지로 와이강 지역의 제철소의 존재도 언급하지 않은 사실은 자연 사물과 인공적 대상을 구분하며, 풍경 속에서 자연 사물의 활기찬 생명력을 기술하는데 관심을 쏟고 있다는 사실과 견주어 고려해야 한다. 「틴턴 사원」에서는 사물의 생명과 사물 상호간의 관계와 융합의 서술이 시의 클라이맥스를 이룬다. 이러한 사물의 생명을 토대로 워즈워스는 인간과 비인간의 상호 순환적 연결에 토대를 둔 새로운 환경론을 제시한다. 이제 그 과정을 살펴보겠는데, 우선 주체와 대상의 이분법적 구분이 와해된다.

　　또 다시 나는
야생의 한적한 경치에
더 깊은 한적함의 생각을 새기며
풍경을 하늘의 고요함과 연결하는
가파르고 우뚝 솟은 절벽을 본다.

　　　　　　　　Once again
Do I behold these steep and lofty cliffs,

---

sion)의 "사물의 가장 강력한 공화국"(all the mighty Commonwealth of things) (4, 345)이라는 구절에서 사물은 사람과 모든 실체(유형, 무형)을 포함하는 포괄적 의미를 갖는다. 워즈워스의 사물의 의미역은 문맥에 따라 결정된다.

Which on a wild secluded scene impress
Thoughts of more deep seclusion; and connect
The landscape with the quiet of the sky. ("Tintern Abbey," 4-8)

시각 인식의 주체인 인간은 높다란 절벽을 인식의 대상으로 설정하지만, 곧이어 이러한 절벽은 주변 풍경에 생각을 심어주며, 풍경을 하늘과 연결한다. 자연 사물인 절벽은 행위를 받지만 다른 한편으로는 행위를 가하는 에이전시이다. 주체와 대상은 자리가 고정되는 것이 아니라, 맺어지는 관계 속에서 역할이 부여된다. 이처럼, 주체와 대상의 구분이 와해되고, 대상이 에이전시 자격을 얻으며, 에이전시 간 상호작용을 통해, 사물(절벽, 풍경, 하늘)이 서로를 연결하는 이 장면에서 여행자를 주체로 풍경을 대상으로 고정하는 픽처레스크 시각 프레임은 효력을 제대로 발휘할 수 없게 된다. 베이트는 "연결"이라는 낱말에서 워즈워스 생태 시학의 특성을 찾으며, 시각 작용에 중점을 두는 픽처레스크와 구분한다(144-46). 1798년 『서정 민요집』의 시행과 지면 배열에서 "연결"은 한 지면의 마지막 행에 위치한다. 즉, "연결"은 텍스트 생태계에서 한 지면을 다음 지면과 연결하는 기능을 한다. "연결"은 시의 또 다른 낱말 "조화"(49)와 함께 사물의 생태계와 그 속에서 개별 사물들 간의 윤리를 이루는 핵심적 개념이 된다.

「틴턴 사원」에서 사물의 생명에 대한 통찰은 "축복 받은 기분" 속에서 이루어지며, "보다 숭고한 양상"의 "선물"로서 주어진다(38, 38, 37). 워즈워스는 지극히 추상적인 "기분"(38, 42)이라는 낱말을 두 차례 반복하여 사용하지만, 그 개념을 정의하는 것이 아니라, 그것에 관한 서술을 진행하면서 의미의 범위를 계속 점층적으로 확장하다가 클라이맥스에 이르러 마침내 사물의 생명에 대한 통찰을 기술한다(36-50).

서술의 주안점은 사물의 생명에 관한 개념 정의나 그 정체성 설명 보다는 사물의 생명에 대한 인식과 그 인식의 과정에서 경험하는 개인적 체험과 그 체험의 효과에 관한 것이다. 서술이나 묘사를 통해 시적 논제를 제시하는 방식이 새로운 기법은 아니지만, 워즈워스의 경우에는 서술의 집요함과 서술에 담겨진 역동적 사고가 확연하고, 전달하는 체험의 생생함이 비할 데 없다.

사물의 생명 통찰 과정은 불가해한 세계의 중압감이 "완화되고" (42) 신체의 물질성이 정지되는 특이한 상태에서 이루어진다. 현상적 체험을 통해 풍경을 체득하는 몸과, 그러한 몸의 존재와 기능을 유지하는 혈액 순환이라는 생리적 작동도 거의 정지하는 상태가 수반되거나 조건이 되어 "살아 있는 영혼"(47)이 가능해지고, 조화의 힘에 의해 신체적 눈이 평정되는 상태나 과정 속에서 사물의 생명 통찰이 이루어진다. 이 과정에서 "우리 인간의 피의 움직임조차도 / 거의 정지"(45-46)되는 상태는 "보다 숭고한 … 선물"(37-38)을 받은 조건에서 이루어지며, 이 구절에 앞서 이러한 조건을 갖지 못한 상태에서 경험했던 "피 속에서 느껴지는 / 달콤한 감각"(28-29)과는 대조된다. 또한, 데카르트적 이분법과 인식 작용을 따르는 픽처레스크 미학의 지배적 감각 기관인 판단하는 눈을 평정하는 "조화의 힘"(48-49) 그리고 "기쁨의 깊은 힘"(49)이 사물의 생명 통찰의 조건이면서 능동적 작인이라는 점은 의미심장하다. 시각적 만족을 주는 대상을 찾아 바쁘게 움직이는 픽처레스크 여행자의 눈은 사물을 대상화하여 전유한다. 이와 대조적으로, 조화의 힘에 지배되는 차분한 눈은 "평온하고 축복받은 기분" (42)을 유지하면서, 다른 인간과 비인간 그리고 사물과의 소통에 응한다. 조화와 기쁨은 그 자체가 힘으로 작용한다.

사물의 생명 통찰에 이르는 과정에서 워즈워스는 다양한 동사를 활용하고 그 형태를 다양하게 구사하여 통찰 과정에 작용하는 힘의 작용과 그 복합성을 표시한다. 단순한 수동과 능동의 상태보다는 복합적 힘 간의 상호 작용이, 다시 말해 힘과 힘이 교섭하고 절충하는 과정에서 차이의 발생이나 조절이 유보, 완화, 평정과 같은 상태로 표현된다. 능동과 수동의 형태가 아니라 역학장 내의 동작과 반동작 간의 절충과 교섭이 주제화된다. 역학장의 성립과 유지는 힘 간의 절충과 교섭이 원동력이며, 이에 의해 유지된다고 할 수 있다. 이러한 과정 속에서 인간과 인간 간의, 인간과 비인간 간의 관계, 혹은 인간과 비인간의 구분을 넘어 모든 것을 통합하는 사물과 그 생명 통찰이 이루어진다.

사물의 생명이라는 논제는「틴턴 사원」에 국한되지는 않는다.『서시』에서는 사물과의 형제애와 이를 가능하게 하는 시의 기능이나 시인의 역할을 표현한다. 즉, "모든 사물 속에서 나는 단일 생명을 보았고, 그것을 기쁨이라고 느꼈다" (In all things / I saw one life, and felt that it was joy) (2, 429-30). 1799년 11월이나 12월에 무렵에 창작된「은둔자 안내시」("Prospectus to *The Recluse"*)에서는 "자체의 침해할 수 없는 물러남을 / 유지하고, 무한함과—단일한 위대한 생명과— / 조화를 이루는 개인의 마음"(the individual mind that keeps its own / Inviolate retirement, and consists / With being limitless—the one great life —) (8-10; Wu 491)을 표현한다. 개인은 나름의 특이성을 지니면서 "단일한 위대한 생명"과 공존한다는 범신론적 관점의 표현이기도 하다. 사물과의 공존과 조화, 이들과의 형제애는 워즈워스가 말하는 "더 높은 사랑"이나 "경외와 확산적 느낌을 지니고 / 가슴에 느껴지는 사랑" (a love that comes into the heart / With awe and a diffusive sentiment) (*The Prelude* 13, 161, 162-63)과도 상통한다. "확산적 느낌"은 개인의 외부에서 유래하여 영혼에서 영혼으로 퍼지는 사랑을 표현하면서 "단순히 인간적인"(*The Prelude* 13, 164) 사랑과는 구분된다. 이러한 마음은 존 밀턴(John Milton)이 언급하는 직관적 이성을 담고 있다.『서시』13권에서는 밀턴이『실낙원』(*Paradise Lost*) 5권에서 표현하는 천사가 가진 "직관적 이성"(487-90)을 인간이 가진 논증적 이성과 대비한다. 워즈워스의 사물과의 형제애는 "이 아름다운 세상에서 조용한 장소를 정한 / 저 소박한 사물을 형제애의 감정을 가지고 바라보는 것"(To look with feelings of fraternal love / Upon those unassuming things, that hold / A silent station in this beauteous world) (*The Prelude* 12, 50-52)에서도 설명된다.

워즈워스가 표현하는 사물의 생명은 인간과 비인간 간의 윤리를 함의한다.「틴턴 사원」과 비슷한 시기에 창작된「컴버랜드의 나이든 걸인」("The Old Cumberland Beggar")에서는 빈민 구제법과 같은 당대의 정치적 논제를 의식하면서 자선이나 박애라는 윤리적 행위의 타당성을 "이성이 소중히 여기는 / 뒤따르는 기쁨"(the after-joy / Which reason cherishes) (101-02)으로 옹호한다. 샤츠베리(Shaftesbury)의 자선이나 박애의 윤리를 계승하면서, 동료 인간에 대한 박애와 의무를 사회적 유용성과 관련지으면서 정서적 교환의 가치를 옹호한다. 그러나 사물의 생명 윤리는 이러한 인간 중심적 가치나 합리성의 관점을 벗어난다. 사물의 생명에 대한 인식은 "존재하는 사물에 대한 우리의 새로운 생활양식"이면서 "생명과 기쁨을 결속하는 끈"(Our new existence to existing things ··· The bond of union betwixt life and joy) (*Prelude,* 1, 582-85)을 이룬다. 사물의 생명은 인간 간의 윤리나 의무, 배려에 한정되기 보다는 인간/비인간, 유기체/비유기체를 포괄하는 공동체로서의 전체 자연 세계, 그리고 이 속에서 생활하고 서로 교섭하는 개별자들, 그리고 이들이 맺는 네트워크라는 상호관계성에서 생겨난다.

「틴턴 사원」에서 5차례 반복되는 "기쁨"(joy)은 인간의 감정이나 정서적 차원을 포함을 하지만, 여기에만 국한되지 않는다. 인간과 비인간, 인간과 자연 사물과의 교류에서 느끼는 기쁨을 포함한다. 빅토리아 시대 워즈워스의 애호가인 존 스튜어트 밀(John Stuart Mill)은 20대 초반에 겪은 도덕의 위기를 극복하는 "치료제"(90)를 워즈워스의 시를 읽으면서 찾았다고 고백한다. 밀은 워즈워스의 시는 당대 사회의 정신적 사회적 조건을 지배했던 조야한 공리주의적 가치와 동떨어져 보편적으로 공유할 수 있는 기쁨의 원천을 제공한다고 인식한다. 『자서전』(*The Autobiography of John Stuart Mill*)에서 워즈워스의 시를 설명하면서,

> 시에서 내적 기쁨의 원천을, 공감적이며 상상적 쾌락의 원천을 내가 얻은 듯했다. 이것은 모든 인간에게 공유될 수 있었고, 다툼이나 불완전과는 무관했으며, 인류의 물리적 또는 사회적 조건이 개선에 따라 매번 더 풍성해질 것이다. (90)

밀에게 기쁨 자체는 직접 추구하는 대상이 아니다. 이 점은 "추구하지 않는 쾌락의 달콤한 맛"(sweet taste of pleasure unpursued) ("The Old Cumberland Beggar" 103)을 언급하는 워즈워스와 상통한다. 기쁨은 그것을 가져올 수 있는 행위나 잠재적 능력을 충족함에 따라 더 풍성해지며, 개인적 차원에만 머무는 것이 아니라 공적 선과 쾌락을 이루는 역할을 한다. 기쁨을 매개로 결속될 때, 행복은 사람들 간에 순환된다. 밀은 어떤 의미에서 기쁨의 윤리학이나 정치학을 표현한다. 매슈 아놀드(Matthew Arnold)도 워즈워스가 『은둔자』(*The Recluse*)의 서문에서 제시하는 "가장 폭넓은 보편성으로 확산된 기쁨에 관해" (Of joy in widest commonality spread) (51)라는 구절을 인용하면서, 마찬가지로 기쁨의 윤리적 영역을 인정한다. 밀과 아놀드에게, 기쁨은 계급 간 차별을 넘어서 보편적으로 누릴 수 있고, 공유될 수 있었다. 특히, 밀은 인간이 당면하는 조건에 따라 기쁨은 더욱 풍성해질 수 있다고 믿었다. 아놀드는 기쁨의 윤리를 인간의 사회적, 정치적 영역에만 한정하지 않고 포괄적이며 보편적 윤리의 원리로서 사물의 영역까지 확장한다.

워즈워스가 제시하는 인간-비인간의 조화로운 네트워크라는 측면을 고려한다면, 「틴턴 사원」에서 사용되는 "우리"는 확장된 개인을 표시하는 개념이 아니다. 『더돈 강 소네트 연작시』(*The River Duddon: A Series of Sonnets*)의 한 구절 "우리는 우리가 아는 것보다 더 거대함을 우리는 느꼈다"(We feel that we are greater than we know) ("After-Thought 14)에서 알 수 있듯이, "우리"는 전통적 서정시의 개인적 자아를 인정하면서 인간을 포함하는 사물의 공동체와 관련된다. 조화로운 생태 지향적, 인간-비인간의 평등의 윤리를 표명하는 궁극적으로는 유토피아적 속성을 지닌다. 나를 중심에 두고, 나와 공동체 간의 관계를 파악하는 것이 아니라, 사물의 세계 속에서 인간 공동체의 존재를 묻고, 사물이 갖는 생동성을 인정하는 것이다. 이러한 사물의 생명이나 윤리의 측면을 고려한다면, 18세기 공동체 가치관과 대조하여 "개인적, 능동적 자아"(Siskin 77)로의 전환을 워즈워스의 특성으로 파악하는 것은 좁은 시각이며, 워즈워스가 실제로 추구하는 공동체관과도 거리가 있다.

「틴턴 사원」에서 서술하는 사물의 생동성에 대한 깨달음의 과정은 대상 자체가 아니라 사물과의 관계망 속에서 작용하는 시인-화자의 심리적, 생리적, 감각적 경험과 그 변이 과정에 작용하는 (비)실체나 존재를 인정하게 됨으로써 이루어진다. 사물의 생명은 극적 재현의 과정에서 개시한다. 정도의 차이는 있지만 유사한 극적 재현의 절차가 같은 시집에 수록된 「노수부의 노래」("The Rime of the Ancyent Marinere")에서 "하늘에 있는 어떤 것"(139)을 서술하는 장면에서 반복된다.

나는 하늘에서 어떤 것을 보았는데
내 주먹 보다는 크지 않았다;
처음에 그것은 조그만 반점으로 보였고
그런 다음 안개처럼 보였다:
그것은 움직이고 또 움직였고, 그리고 마침내
내가 알기로는, 어떤 형체를 띄었다.

I saw a something in the Sky
No bigger than my fist;
At first it seem'd a little speck
And then it seem'd a mist:
It mov'd and mov'd, and took at last
A certain shape, I wist. (139-44)

『서정 민요집』이라는 문학적 협업 프로젝트의 계기가 된 「노수부의 노래」에서, 코울리지는 상상력의 조형력을 뛰어나게 입증한다. 코울리지에게 상상력은 그 자체가 에이전시이지만, 이 구절의 "어떤 것"도 마찬가지이다. 부정관사가 붙은 "어떤 것"은 움직이고, 현상에 개입하고, 관찰자의 인지과정에 상호 교환적으로 작동하면서, 역동적 조형과정을 겪는다. 존재와 낱말 간의 동일성과 차이성의 경계선 상에 위치하면서 어느 한 곳에도 소속되지 않으며 양쪽 모두에서 존재하는 "어떤 것"은 워즈워스가 말하는 「틴턴 사원」에서 깨닫게 되는 사물의 생명의 한 예시가 된다. 활기찬 생동적 물질이면서, 시각 인식론의 폭력에 저항하는 통제할 수 없는 잉여성을 표출하는 비대칭적 인식의 한 사례인 사물이다.

인간-비인간의 협력적 공동체

지금까지 살펴보았듯이, 「틴턴 사원」은 사물의 생명을 정의한다기보다는 그것의 통찰에 도달하는 과정의 기술에 중점을 둔다. 레빈슨은 이러한 과정에서 워즈워스가 "선별적 눈멂"과 "배제"를 실행한다고 지적한다(24). 워즈워스가 자신의 시각 장을 좁히고 왜곡하며, 인식론적 사물의 생명을 얻기 위해 그것과 일치하지 않는 실제의 물질적 조건과 사물의 현실적, 구체적 존재 형식을 배제한다는 주장이다. 레빈슨이 주장이 설득력을 가지려면 적어도 두 가지 전제조건이 사실에 비추어 검증되어야한다. 우선 추론의 근거가 당대의 역사적 사실과 기록과 일치해야한다. 그러나 레빈슨 이후의 비평에서 찰스 렙제카(Charles Rzepka), 애덤 팟케이(Adam Potkay)와 같은 비평가들은 당대의 기록물을 면밀하게 검토하고 와이 계곡의 지리적 조건을 구체적 근거로 내세우면서 레빈슨의 주장이 역사 기록과 지리적 실제와 배치됨을 지적한다. 이러한 역사적 사실과의 불일치에도 불구하고 레빈슨의 추론이 호응을 받으면서 워즈워스의 "역사의식의 억압"(45)을 비판하는 이론적 근거로 사용된다면, 또 다시 검증해야할 내용은 워즈워스가 상정하는 역사의 에이전시를 레빈슨이 실제로 적합하게 파악하고 있는지 여부이다. 실제로 레빈슨은 "사물의 생명을 통찰하면서, 시인은[워즈워스는] 자신이 서있는 토대와 사물의 왕성한 생명을 잃었다"(46)고 주장한다. 이와 동일한 맥락에서 제롬 맥간(Jerome McGann)도 "1793년과 1798년 사이에 워즈워스는 단순히 자신의 불멸의 영혼을 얻기 위해 세상을 잃었다"(88)고 언급한다.

그러나 레빈슨이나 맥간은 모두 인간 중심의, 인간에 한정된 역사와 인간의 목적에 활용되는 물적 조건을 가정한다. 레빈슨이 언급하는 환경은 인식 주체인 인간의 의도에 종속되는 대상화된 조건이며 역사 발전의 토대이다. 자체의 생명력을 인정받는 생동적 사물이 아니라, 전유의 대상이며, 소진할 수 없는 잉여성을 가지는 자연 사물이 아니라, 인간에 의해 대변되는 대상화된 자연이다. 레빈슨이 설정하거나 가정하는 당대의 영국과 아일랜드의 정치적 소요, 인클로저와 이로 인한 유랑민의 참상, 전시 물자 조달을 위한 제철 산업, 목탄 굽기, 산업시설로 인한 강물의 오염과 소음과 같은 세목은 당대의 현실과 일치 여부를 떠나서 모두 인간 주체의 욕망과 활동 그리고 이로 인한 물적 조건의 실태와 변천이다. 레빈슨의 경우 사물은 인간의 역사에 종속되어야하며, 물질적 대상으로서 그 정체성은 담론 배치에 의해 결정된다.

이에 반해, 워즈워스는 인간적 요소에만 한정되지 않는 공동체를 상정한다. 또한, 인식과 사유의 주체로서 인간에만 한정되지 않는 에이전시를, 생동적 사물의 에이전시를 부여한다. 「틴턴 사원」은 인간과 함께 비인간 타자인 사물이 함께 에이전시의 권리를 부여받는 영역을 상정하며, 이 속에서 구성되고 조율되는 역사성을 제안한다.

　　　그리고 나를
고양된 생각에 관한 기쁨으로
뒤흔드는 존재를 느꼈다; 거처를
석양의 빛줄기에, 그리고 둥근 대양에,

그리고 살아있는 대기에,
그리고 창공에, 그리고 인간의 마음에 가진
훨씬 더 깊게 융합된 어떤 것에 관한 숭고한 인식

And I have felt
A presence that disturbs me with the joy
Of elevated thoughts; a sense sublime
Of something far more deeply interfused,
Whose dwelling is the light of setting suns,
And the round ocean, and the living air,
And the blue sky, and in the mind of man (94-100)

생동적 사물 존재에 대한 통찰은 인간과 환경, 인간과 사물 간의 존재론적 연결을 기술하면서 인간 중심의 주체와 대상관계에 속박된 역사관에서 탈피하여 모든 존재가 함께 거주하는 환경론과 그 윤리를 조망하게 한다. 인간의 담화로 전유하거나 소진할 수 없는 존재 자체의 본원적 충만함을 인정하는, 존재론에 선행하는 비대상적 파지의 가능성을 허용하는 탈인간중심적 환경윤리와 역사관을 표명한다. 무엇보다도, 인간과 자연 사물의 존재론적 통일성을 표현하는 "깊게 융합된"(96) 존재에 관한 워즈워스의 인식은 주체와 대상, 인간과 비인간, 역사와 자연의 이항 대립을 가정하는 신역사주의 비평론의 범위를 넘어서고 있다. 인간과 사물, 그리고 사물 간의 연결과 확장이 특성인 이러한 형식의 존재론은 워즈워스 당대의 에드먼드 버크(Edmund Burke) 식의 이데올로기적 차이에 따라 서로 배타적인 사회 모델과는 확연히 구분된다. 물론, 당대에는 데이비드 흄(David Hume)과 애덤 스미스(Adam Smith) 전통에 따른 공감이나 공감적 상상력, 존 로크(John Locke)와 데이비드 하틀리(David Hartley) 전통의 연상주의, 『정치적 정의에 관한 질문』(*An Enquiry Concerning Political Justice*) 5장에서 "인간의 사상과 새로운 발견물을 제한받지 않고 서로에게 소통"하는 것이 사회를 부정의와 편견에서 해방하는 핵심적 요소라고 굳게 믿은 윌리엄 고드윈(William Godwin)의 정치사상과 같은 공감과 사회의 통합을 강조하는 철학 사상이 있었지만, 이들이 상정하는 사회적 복합성에는 사물이 에이전시로서 동참하지 않는다.

워즈워스가 제시하는 공동체는 인간과 비인간 존재가 윤리적 평등 관계로 결속하며 기쁨의 원칙이 작용하는 대안적 모델이다. 이러한 공동체는 1798년 판『서정 민요집』과 그 무렵에 걸쳐 창작된「도붓 장수」("The Pedlar") 내러티브를 비롯한 작품 속에서 일관되게 실험되고 있다.

> 나는 수천의 혼합된 곡조를 들으며,
> 작은 숲 속에 기대어 앉아있었고,
> 그 달콤한 기분 속에서 유쾌한 생각이
> 슬픈 생각을 떠올리게 한다.
>
> I heard a thousand blended notes,
> While in a grove I sate reclined,
> In that sweet mood when pleasant thoughts
> Bring sad thoughts to the mind. ("Lines Written in Early Spring" 1-4)

시인-화자는 일상에서 사물과 동조하면서 자신의 존재를 세계에 개방하는 "달콤한 분위기"에 젖어들어 자연 사물 간의 행복한 연결과 소통의 세계로 물러나 있는 상태에 놓여있다. 곧이어 의식적 사고의 상태로 전환이 뒤따른다. 전환 이전의 그의 존재는 수용적이고 인간과 사물 간의 상호 열림을 향유하면서 시각적, 자아 중심적 전유가 작동하기 이전의 세계에 놓인다. 전환 이후의 세계에는 이전에 누렸던 자연 사물의 행복한 순환에서 소외되고 단절된 불행한 현실에 관한 인식이 지배한다. 시인-화자는 "인간이 인간에게 무엇을 하고 있는지"(8)를 반추하며, 부정적 현실과 대비되는 인간과 사물, 그리고 사물 간의 열림과 개방의 세계라는 대안적 공동체를 독자들이 생각하게 한다.

워즈워스가 기술하는 사물과 인간이 함께 처해있는 세계는 하이데거의 본원적 현상주의나 선존재론을 떠올리면서 대상에 대한 사고를 본질로 삼는 인간 주체의 개념을 의문시하게 한다. 「틴턴 사원」의 사물의 생명력을 통찰하는 과정에서 2회 반복되는 "기분"(mood)은, 하이데거의 경우에서처럼, 개인의 심리적 차원에만 한정할 수 없는 존재론적 양식을 가진다(176). 또한 "현존재의 세계에 대한 개방성은 정서의 정황성에 의해 실존적으로 구성된다"(176)는 하이데거의 표현에서처럼, 워즈워스는 기분이라는 개념을 사용하여 인간 존재의 의미는 자아라는 한정된 범위 내에서 결정되지 않으며, 본질에서 인간 존재가 처해있고 인간 존재를 둘러싸고 있는 사물의 세계와의 관계 속에서 개시된다는 의미를 전달한다. 워즈워스는 하이데거와 마찬가지로 기분을 통해, 대상을 사고하고 재현하는 능력을 본질로 삼는 인간 주체라는 자격을 재고하게 한다. 하이데거는 기분의 존재론적 양식을 "기분은 현존재에 대해 본원적 유형의 존재이며, 여기에서 현존재는 모든 인지와 의지에 선행하여, 그리고 개시의 범위를 넘어서, 자신에게 개시된다"(175)고 설명한다. 의미화에 선행하는 사물의 존재를 인정하는 이러한 논지는 인간의 의도와 개념화를 벗어나 존재하는 비동일적 사물의 존재를 암시한다. 인간의 앎에로의 의지에 포섭되고 전유된 대상은 존재의 본원적 특성을 이미 상실했음을 반증할 따름이다. 사물 존재의 본원적 특성은 인간의 의지나 앎에 선행하는 것이다.

그러나 「틴턴 사원」에서 워즈워스가 보여주듯이, 기분 자체가 사물의 생명의 의미를 정의하고 그 실체를 파악하는 것은 아니다. 그렇지만 기분을 통해 사물의 생명은 자신의 존재를 드러낸다. 하이데거와 마찬가지로, 기분은 지향적이지는 않지만 분명히 개시적이다.

「틴턴 사원」에서 사물의 생명 통찰 과정에서 워즈워스가 사용하는 또 다른 개념은 "애정"(affection)이다. 앞서 설명한 기분과도 관련되며, 기분과 같이 개인적, 심리적 차원에만 한정되지 않으며 다른 사람과 사물과 함께 세계 속에 존재하는 실존적 문제를 지시하면서 존재와 세계와의 관계성을 함의한다. 기분이나 애정은 존재론 이전의 존재를 상정하면서, 본원적 현상학으로 통용되는 초기 하이데거의 사유와 맞닿아있다. 사물의 생명을 통찰하는 과정에서 워즈워스는 이러한 개념을 활용하여 사물의 생명은 인식론적 범주로서만 판단되거나 지각되지 않으며, 오히려 보다 근원적 차원에서 세계와 맺는 관계 속에서 파악해야함을 제시한다.

「틴턴 사원」은 물질화와 대상화라는 억압을 벗어나는 사물을 극화한다. 대상의 사물성이 드러나는 시점은 그 대상이 여태껏 맺어온 인식 주체와의 관계가 변화했음을 말해준다. 주체의 인식에 포섭된 대상의 경우, 그것의 사물성은 이면으로 물러나 감추어진다. 사물성은 완전한 인식을 벗어나는 영역이다. 사물의 대상화는 『존재와 시간』에서 존재자와의 관계가 "손안의"(ready-to-hand) 성격에서 "눈앞의"(present-at-hand) 성격으로 "변환"(409)하는 것과 상통한다. 하이데거를 참조점으로 삼으면서, 현대 사물론의 창시자인 빌 브라운(Bill Brown)은 사물을 대상과의 관계 속에서 설명하면서, 사물이 "명명할 수 있음과 명명 불가능함, 비유 가능함과 비유 불가능함, 식별 가능함과 식별 불가능함 간의 한계점을 배회하는 어떤 한계나 경계성"(5)을 표시한다고 말한다.

하이데거가 제시하는 "손안의"에서 "눈앞의" 관계로의 변환을 설명하기 위해 브라운의 사물론을 적용하면, 변환은 새로운 질서와 배열의 과정이 된다. 사물은 대상화 이전에 누리던 자체의 충만함을, 그리고 환경과의 완전한 관계를 상실하고 대상관계로 전락한다. 이러한 사물과 대상 간의 관계를 고려한다면, 대상은 이미 그리고 항상 결핍과 소외의 구현체이다. 사물은 그리고 대상의 사물성은 일목요연한 담론으로 재현되거나 배열될 수 없다.

하이데거의 본원적 현상학이나 존재론 이전의 존재, 브라운의 사물론, 여기에 덧붙여 제인 베넷(Jane Bennett)의 "생동적 물질"이라는 개념은 워즈워스가 「틴턴 사원」이라는 시를 통해 표현하려는 사물의 존재와 그 본연의 생명력을 설명하는데 도움이 된다. 제인 베넷은 사물 간의 유대관계와 사물의 사회학을 논하면서 스피노자의 "코나투스적 몸"을 설명한다. 즉, "각각의 몸은, 몸이라는 본성에서, 다른 몸들과 끊임없이 영향을 주고받는다는 의미에서 … 결합적"(21)이라는 내용이다. 스피노자의 관점에서는 주체나 대상, 사물과 대상을 구분하는 것은 무의미다. 모든 존재는 공통적 실체(substance)의 속성(attribute)을 표현하는 다양한 양태(mode)에 불과하다. 따라서 에이전시는 인간이나 인간의 행위와 관련된 것만을 지칭하지 않으며, 오히려 존재론적으로 혼성적 장에서, 그리고 혼성적 장에 따라, 배분된다. 이러한 체제에서 작용하는 윤리는 인간 중심적인 규범적 교리로 설명할 수 없으며, 따라서 관습적 도덕주의와는 구분된다. 사물의 생명 세계에서 발생하는 효과는 특정한 주체를 원인이나 기원으로 간주하지 않으며, 서로 마주치고 관련되어 "작용하는 수많은 생동력"이다(Bennett 31). 베넷은 에이전시를 개인적이며 이성적 주체에게만 한정하는 것에 반대하면서, 인간의 몸이나 주체 간의 관계를 벗어나 생동적 물질과 이것이 형성하는 인간-비인간의 아상블라주(assemblage)를 제안한다 (30).

워즈워스, 하이데거, 브라운, 베넷으로 이어지는 사물론에서 사물의 생명은 개념적으로 명확히 정의된다거나 그 실체를 직접 확인할 수 있는 것은 아니다. 그러나 브라운이 설명하는 대로, 관련되는 대상과의 관계를 통해 사후적으로 그 존재를 가늠할 수 있다(5). 생동적 사물은 인간과 비인간, 힘과 실체 간의 구분이 상호 개입하고 융합되는 과정에서 그 실체를 한정하는 경계가 모호해진다. 워즈워스는 인간의 삶에서 그리고 도덕 체계에서 차이와 배제에 기반한 구분이 실제로는 "대조보다 더 섬세한 연결"(*Prose Works* 2, 53)로 구성되고 있음을 설명한다. 생동하는 사물이라는 관점은 주체와 대상 간의, 인간과 비인간 간의 상호구성과 뒤섞임을 지시하면서, 인간의 의지나 의도성, 인간의 사회적, 경제적, 담론적 구조를 중심으로 배열되고 진행되는 모든 체제를 근본적으로 검토하게 한다. 그는 사물의 세계에 관해 규범적 윤리를 체계화하지는 않는다. 그러나 그의 시와 산문은 인간의 자율성과 필연, 욕망과 책임, 습성과 규범, 독립과 의존과 같은 도덕적 원칙에 내재한 자기모순을 성찰하게 한다. 하지만, 여전히 남겨진 과제는 인간과 비인간 요소들의 상호작용으로 윤리를 이해한다면, 이러한 관점이 어떠한 방식으로 도덕적 책임이나 정치적 책무에 관해 이미 확립된 관념을 바꿀 수 있는가?라는 질문에 대한 해답일 것이다.

「틴턴 사원」은 당대의 영불 전쟁, 국가주의, 영연방 내에서 경계의 문제, 시인-화자의 개인적 역경, 정신적 성장, 바람직한 인간관계와 공동체 모색을 비롯한 많은 연상을 끊임없이 만들어내지만, 워즈워스가 언급하는 사물의 생명의 개념은 완전히 파악하기 어려우며, 사실상 불가능에 가깝다. 「틴턴 사원」의 사물성은 그 실체를 명확히 정의하면서 직접 접촉할 수 있는 것이 아니라 시에서 표현되는 세목을 활용하여 가늠해야 하는 것에 가깝다. 사물은 파악되는 대상이 아니라 개시하는 존재자이다. 그렇다면, 「틴턴 사원」이라는 시는 완전히 파악될 수 없음을 드러내는 사물의 능력을 재현하고 있다.

워즈워스는 「마이클」(“Michael”)에서 “자연 대상물이 에이전시를 가지며,” 열정이 인간에게만 한정되지 않는다고 서술한다(29-31). 워즈워스에게 열정은 특이한 의미를 가진다. 열정을 시의 주요한 “사물”로서 정의하는 존 데니스(John Dennis)와 열정이 관찰하는 “대상”에 의해서 자극되고 분출되며, 시적 비유의 본질을 열정으로 설명하는 휴 블레어(Hugh Blair), 그리고 시를 “평안함 속에서 열정을 회상”(787)하는 것으로 정의하는 코울리지는 모두 「가시나무」(“The Thorn”) 주해에서 시와 열정을 동일시하며, 시인은 자신의 감정과 언어를 열정이 담긴 낱말을 통해 독자들에게 전달하고 공감한다는 워즈워스의 시론과 시인관에 영향을 준다. 열정은 『서정 민요집』의 「서문」에서 워즈워스가 설명하는 시인의 특성과 시의 적합한 소재 선정, 그리고 시 창작관에 핵심적 요소이다. 워즈워스에게 열정은 인간의 감정에만 관련되는 것이 아니라, 물질적 특성을 지니는 사물이기도 하다. 열정은 인간과 자연의 형상을 연결하고 소통시키는 매개체가 되며, 인간과 자연의 대상물은 각각 독립을 유지하지만, 서로 연결되어있다는 워즈워스의 사고를 설명하는 예시가 된다. 사물 간의 이러한 연결은 자연 세계를 수많은 액턴트(actant)가 작용하는 역학장의 관점에서 접근할 수 있다는 점도 암시한다.

앞서 제기한 문제로 다시 돌아가면, 「틴턴 사원」에서 워즈워스가 제목에서 표시된 사원을, 이와 함께 제철소와 같은 인공물을, 다루지 않은 것은 다분히 의도적이다. 「틴턴 사원」은 주체와 대상관계에 한정되고 담론으로 존재가 소진되는 대상이 아니라, 주체-대상의 구분에 선재하고, 이들을 융합하며, 자체의 존재론적 특성을 지니고, 소진할 수 없는 생동성을 지니는 사물의 생명과 사물의 네트워크 기술에 치중함으로써, 인간과 비인간 사물의 존재론적 통일성과 생태적 상호 의존성을, 이들 간에 작용하는 기쁨과 조화의 원칙에 근거한 새로운 공동체관을 제시한다. "사물의 생명"과 "깊이 융합된" 존재에 대한 "숭고한 인식"이라는 구절은 이를 표현하다. 「틴턴 사원」에서 워즈워스는 레빈슨이나 신역사주의자 비평론자의 비판처럼 인간의 실제 삶을 조건지우고 구성하는 제도의 실제 외형과 기제로부터 거리를 유지하거나 이를 억압하고 혹은 치환함으로써 정치적 사건이나 사회 현실을 무시하거나 지워버리는 것이 아니다. 「틴턴 사원」은 사물의 생명이라는 비유 혹은 탈비유화를 통해 인간 중심적 지시 관계와 적합성에 종속된 세계의 결핍과 한계를 제시하면서 새로운 공동체관을 암시한다. 워즈워스는 인간과 비인간 사물 간의 생태론적 상호의존성에 근거한 윤리와 정치학을 구현한다.[4]

사물의 생명은 주체와 대상 간의 분리, 인간과 비인간의 구분을 넘어서며, 칸트(Immanuel Kant) 이후 굳건히 지속된 개별 인간의 자율적 의식과 이러한 자율적 인간과 세계와의 관계에 토대를 둔 낭만주의 비평 방식을 극복하는 대안을 제시한다. 사물과의 조화로운 공동

---

4) 토마스 파우(Thomas Pfau)는 「틴턴 사원」에서 워즈워스가 심리적 수단을 통해 시인과 독자 간의 "공감적 공동체"(121)를 만들려는 노력을 하고 있다고 설명한다. 하이디 톰슨(Heidi Thompson)도 유사한 취지로 시의 마지막 운문 단락에서 워즈워스와 누이동생 간의 공감의 중요성을 언급한다(540-42). 이들은 모두 워즈워스가 공동체 탐색에 헌신하고 있음을 말해준다.

체는 1798년 「공지문」(“Advertisement”)에서 그와 코울리지가 함께 제안하는 시적 실험 정신의 한 예시가 되며, 그들이 공저한 시집의 마지막 시로서 시적 실험을 완결하는 「틴턴 사원」에서 구체화된다. 『서정민요집』의 「서문」에서 비판하는 당대의 사회상은, 즉 “사회적 허영심”(156), “조야하고 폭력적 자극”(159)에 시달리는 인간의 마음, 인구의 도시 집중과 “비정상적 사건을 갈망”(160)하는 사람들, 급속한 정보화에 따른 폐해는 사물의 생명을 무시하는 인간중심적 사고나 행위, 그리고 만족을 모르는 물질적 욕망 추구가 초래한 오늘날의 환경위기에 관한 반면교사가 된다. 「틴턴 사원」에서 워즈워스는 신역사주의의 비판처럼 현실 정치에서 물러서는 것이 아니라, 현실 정치가 간과하고 있지만 그 배경을 이루는 사물의 생동성을 기술하면서, 인간과 사물 간의 상호의존적이며 평등적 공동체를 대안으로 기술한다. 이러한 공동체관은 당대 현실을 넘어선다는 측면에서 유토피아적이며, 인간, 비인간을 망라하는 포괄적 공동체를 상정하는 새로운 생태-환경론이기도 하다.

인용문헌

Bate, Jonathan. *The Song of the Earth*. Cambridge: Harvard UP, 2002.

Barrell, John. *The Idea of Landscape and the Sense of Place, 17301840: An Approach to the Poetry of John Clare*. Cambridge: Cambridge UP, 1972.

Bennett, Jane. *Vibrant Matter: A Political Ecology of Things*. Durham: Duke UP, 2010.

Brown, Bill. "Thing Theory." *Critical Inquiry* 28.1 (2001):1-22.

Bruns, Gerald L. "Disappeared: Heidegger and the Emancipation of Language." *Languages of the Unsayable: The Play of Negativity in Literature and Literary Theory.* Eds. Sanford Budick and Wolfgang Iser. New York: Columbia UP, 1989. 117-39.

Coleridge, Samuel Taylor. *Notebooks of Samuel Taylor Coleridge, 1794-1804*. Vol.1. Princeton: Princeton UP, 1957.

Garrett, James M. *Wordsworth and the Writing of the Nation.* Aldershot: Ashgate, 2008.

Gilpin, William. *Observations on the River Wye, and Several Parts of South Wales, &c.: Relative Chiefly to Picturesque Beauty; Made in the Summer of the Year 1770*. London: R. Blamire, 1782.

Godwin, William. *An Enquiry Concerning Political Justice*. 1793. Ed. Mark Philp. Oxford: Oxford UP, 2013. Kindle.

Heidegger, Martin. *Being and Time*. Trans. John Macquarrie and Edward Robinson. London: Blackwell, 1962.

Levinson, Marjorie. *Wordsworth's Great Period Poems. Four Essays*. Cambridge: Cambridge UP, 1986.

Matsunaga, Bruce. "The Nature of Ecology in Wordsworth's Early Poetry." *Engaged Romanticism: Romanticism as Praxis*. Eds. Mark Lussier and Bruce Matsunaga. Cambridge: Cambridge Scholars, 2009. 100-12.

McGann, Jerome. *The Romantic Ideology: A Critical Investigation*. Chicago: U of Chicago P, 1983.

Mill, John Stuart. *Autobiography and Literary Essays*. Eds. John M. Robson and Jack Stillinger. Toronto: U of Toronto P, 1981.

Milton, John. *Paradise Lost*. 1667. Ed. Stephen Orgel. Oxford: Oxford UP, 2008.

Moorman, Mary. *Wordsworth's Early Years*. London: Oxford UP, 1957.

Nancy, Jean-Luc. *Listening*. Trans. Catherine Mandell. New York: Fordham UP, 2007.
Nussbaum, Martha C. *Upheavals of Thought: The Intelligence of Emotions*. Cambridge: Cambridge UP, 2001.
Potkay, Adam. "Wordsworth and the Ethics of Things." *PMLA* 123.2 (2008): 390-404.
Owen, W. J. B., ed. *Wordsworth & Coleridge. Lyrical Ballads*. Oxford: Oxford UP, 1969.
Pfau, Thomas. *Wordsworth's Profession: Form, Class, and the Logic of Early Romantic Cultural Production*. Stanford: Stanford UP, 1997.
Pirie, David B. *William Wordsworth: The Poetry of Grandeur and Tenderness*. London & New York: Methuen, 1982.
Rzepka, Charles J. "'Pictures of the Mind': Iron and Charcoal, 'Ouzy' Tides and 'Vagrant Dewellers' at Tintern, 1798." *SiR* 42.2 (2003): 155-85.
Siskin, Clifford. *The Historicity of Romantic Discourse*. Oxford: Oxford UP, 1988.
Thomson, Heidi. "'We are Two': The Address to Dorothy in 'Tintern Abbey.'" *SiR* 40.4 (2001): 531-46.
Wordsworth, William. *The Fenwick Notes of William Wordsworth*. Ed. Jared Curtis. Penrith: Humanities-Ebooks, 2007.
_________. *The Prelude 1799, 1805, 1850*. Eds. Jonathan Wordsworth, M. H. Abrams, and Stephen Gill. New York: W. W. Norton, 1979.
_________. *The Prose Works of William Wordsworth*. Oxford: The Clarendon 1974.
Wu, Duncan, ed. *Romanticism: An Anthology*. 3rd ed. Oxford: Blackwell, 1998.
Yousef, Nancy. "Wordsworth, Sentimentalism, and the Defiance of Sympathy." *European Romantic Review* 17.2 (2006): 205-13.

4

워즈워스의 탈체화된 시각 주체와 미학적 자연

워즈워스의 탈체화된 시각 주체와 미학적 자연

부적절한 자연관의 문제점

현대 환경보호 운동 성립 과정에서 워즈워스(William Wordsworth)의 존재감은 뚜렷하다. 그가 정립하고 후세에 남긴 자연관은 로맨티시즘 시기에 국한되지 않고 전 지구적 차원에서 겪고 있는 생태-환경 위기의 근본적 문제를 성찰하게 하는 중요한 계기가 된다. 영미 생태-환경론의 성립과 발달 과정을 거슬러 올라가면 워즈워스를 필두로 로맨티시즘 작가들이 설정한 자연관의 한 형태를 마주하게 된다. 실제로 워즈워스가 고향 호수 지역(Lake District)에서 벌인 환경 보존 운동은 최초의 근대 환경 보호론으로 평가받으며, 호수 지역은 빅토리아 시대에도 환경 보존 운동의 중심에 있었다(Bate, *Romantic Ecology* 50-51; McKusick, 74-76; Walton and McGloin 165). 워즈워스와 로맨티시즘 자연 담론이 현재의 생태-환경론 성립에 어떠한 영향을 주었는지를 파악하는 과정에서, 종의 다양성 감소, 환경 위기, 산림 파괴와 토양 황폐화와 같이 전 지구적 차원에서 현재 당면한 문제점 해결을 위해 적합한 자연관, 공동체관, 그리고 바람직한 실천 방식에 대한 실마리를 찾을 수 있을 것이다. 도로시 워즈워스(Dorothy Wordsworth)의 저널과 존 클레어(John Clare)의 시는 워즈워스의 시각 주체가 간과하는 점을 부각하여 이러한 탐색 과정을 효율적으로 설명하는 데 도움을 줄 것이다.

우리 시대의 환경 위기는 근본적으로 '부적절'한 자연관에서 비롯된다고 할 수 있다. 여기에서 말하는 '부적절'함에는 자연 사물을 관찰자 개인의 시각을 기준으로 대상화하고 그 의미를 전유하며, 자연을 인간의 삶과 문화의 필연적 구성 인자로서 파악하기보다는 미학적, 초월적 안식처로 설정한다거나 인간과 자연의 관계를 전체론적 관점으로 파악한다는 측면이 포함된다. 현재 당면하고 있는 환경 위기를 극복하려면 인간과 비인간, 인간과 자연 간의 새로운 관계 정립이 필요하며, 이러한 새로운 관계는 현재 우리의 의식을 지배하고 있는 자연 개념을 근본적으로 수정하는 데서 시작해야 할 것이다. 세계 변혁의 선결 조건이 세계에 대한 적합한 해석임을 설명하는 마틴 하이데거(Martin Heidegger)의 통찰력은 되새겨볼 필요가 있다(*Conversation* 39-40). 영미 자연관 형성에 크게 공헌한 워즈워스를 위시한 당대의 로맨티시즘 작가들의 자연관을 비판적으로 검토하려는 이 글의 취지는 이러한 추세를 반영한다. 그들의 뛰어난 자연 서정시는 대중에게 당대의 조건과 담론에 걸맞은 자연에 대한 개념을 전파했지만, 그것이 무비판적으로 수용되고 확대 재생산되어 전승되는 과정에서, 인간과 실제 환경 간에 왜곡된 관계가 심화하였고, 그로 인해 자연환경 파괴와 훼손이 가속화되었다는 가설은 논증할 필요가 있다.

이러한 논지가 수긍된다면, 한 걸음 더 나아가 워즈워스 자신도 자연 세계 인식에서 당대의 지배적 미학 담론의 틀에서 완전히 자유롭지 못했다는 점도 함께 고려해 볼 수 있을 것이다. 즉, 자연 세계에 대한 인식이 본격적으로 대두한 시점인 18세기 말에서 19세기 초에 픽처레스크(Picturesque) 미학의 영향을 받으며 형성된 자연 인식 태도가 워즈워스를 위시한 당대와 이후의 작가들에 의해 정립되고 강화되어, 당대의 고유한 역사성과 현격한 차이가 있는 오늘날까지 반복되어 인간과 자연 간의 관계를 왜곡시키고, 급기야 생태-환경 문제를 악화시켰다는 개요이다. 이에 따라, 이 글은 워즈워스와 로맨티시즘으로부터 전승된 자연관을 재검토하고 극복하여 오늘날 우리 시대의 물적 조건과 담론에 적합한 자연관과 생태-환경 윤리를 구성하고 이를 토대로 당면한 문제 해결의 실마리를 찾으려 한다. 이를 달성하기 위해, 픽처레스크 시각 기제를 분석하여 어떠한 과정을 거쳐 현실과 분리된 시각 이미지로서의 자연, 그리고 탈체화된 주체가 성립되는지를 설명하는 데 공을 들이고, 이와 함께, 이들 간의 상보적 결합과 상호 의존성을 분석하는데 주력할 것이다.

물론, 워즈워스는 인식과 체험면 모두에서 자연에 대해 복합적 태도를 취한다. 그의 자연 서술 방식은 당대의 픽처레스크 미학의 영향을 받으며, 시각에 기반을 두고 자연 사물을 대상화하여 치환하는 주체의 문제점에 대한 인식에서부터 풍경과 직접 소통을 중시하는 현상적, 촉지적 체험 기술에 이르기까지 내용과 방식 면에서 다양하다. 이에 따라, 그의 생태-환경관에 대한 해석도 광범위하다. 조나단 베이트(Jonathan Bate)나 제임스 맥쿠식(James McKusick)을 비롯한 로맨티시즘 환경 비평가들은 워즈워스가 픽처레스크를 거부함으로써 몸과 마음의 데카르트적 이분법을 극복한다고 주장한다(*The Song* 136-42; *Green Writings* 28, 56). 이 글은 워즈워스의 이러한 성향을 인정하면서, 이와 동시에, 그가 픽처레스크를 완전히 철폐하지 않으며, 여전히 일종의 보이지 않는 프레임을 통해 풍경을 재현함으로써, 오히려 관찰자를 풍경에서 분리하고, 풍경과 그 속의 사물 간의, 그리고 관찰자와 풍경 간의 허구적 통일성을 강화하여, 자율적 자아의 상상력을 극화한다는 입장을 취한다. 워즈워스의 풍경 시에서 픽처레스크는 전적으로 거부되는 것이 아니라, 관찰자의 다양한 정서적 반응과 제휴하는 과정에서 그 존재가 흔히 은폐되기 때문에 설정된 픽처레스크 프레임은 쉽게 간과된다는 것이다. 사정이 이와 같다면, 워즈워스가 실제로 보여주는 자연 인식의 복합성이 단순화되고 왜곡되어 전승된 과정에 대한 면밀한 검토가 필요하겠지만, 이와는 별도로, 당대의 지배적 미학 담론이었던 픽처레스크에 토대를 둔 시각 기제와 이와 관련한 자연 인식 방식에 대한 연구도 마찬가지로 독립적 가치를 지닐 것이다. 무엇보다도, 이러한 자연 인식 태도가 현재의 자연관 형성에 미친 영향이 크다는 점과, 이로 인해 조장된 환경 인식상의 심각한 오인 구조를 해결하는 것이 당면 과제이기 때문이다.

이 글의 논점은 자연 세계를 대상화하여 관찰자와 분리하고, 시각 이미지로 치환된 자연을 자율적 자아의 상상적 활동의 소재로 활용하는 워즈워스의 자연 인식 프레임은 당대 미학의 지배 담론이었던 픽처레스크를 차용한다는 점과, 그의 시에 등장하는 여행자-관찰자는 풍경을 시각 이미지로 관찰하면서, 자연 세계와 현상적, 체험적 관계가 아니라 시각적, 탈체적(disembodied), 초월적, 개별적 관계를 맺는다는 점, 그리고 시각 프레임 속에 격리된 이미지로서의 자연 풍경과 이를 프레임 밖에서 관찰하면서 자율적 상상력을 구가하는 시적 자아는 상호보완적 관계를 맺는다는 점이다. 워즈워스의 작품에서 이러한 개별 자아의 대표적 형태는 도보 여행자 자아이다. 물론, 이러한 설정에 이견이 없는 것은 아니다. 한 예로, 여행자-관찰자가 자연 세계를 대면하는 방식에 관하여 론 브로글리오(Ron Broglio)는 걷기를 통한 대지와 접촉을 중시하면서 이를 현상적, 직접적 체험으로 나아가는 중요한 단서로 해석했다(191). 그러나 이러한 해석의 관점에서도 걸어서 이동하지만 자연 관찰은 특정한 정지 지점에서 이루어지며, 시각적 지배는 보이지 않는 프레임을 통해 존속된다는 반론은 완전히 해소되지 않는다. 워즈워스의 연구에서 이미 고전이 되었지만, 제프리 하트만(Geoffrey Hartman)의 "제지된 여행자"(32)는 걸어서 이동하는 도중에 어느 한 시점에서 한 순간 자연 세계와 분리되어, 시각 이미지로 치환된 풍경을 대면하는 전형적인 워즈워스의 시적 자아를 설명하는 데 유용하게 쓰인다.

워즈워스를 생태-환경론 관점에서 해석하는 또 다른 관점은, 예를 들어, 「틴턴 사원」("Tintern Abbey")에서 표현되는 "사물의 생명"(50)을 예시하면서, 이를 스피노자(Baruch Spinoza)의 사상과 연결하고, 인간과 자연을 통합하는 단일 생명론을 제시하는 것이다. 그러나 이러한 사고는 환경 인식 방식뿐만 아니라, 정치적, 윤리적 측면에서 전체론의 위험성을 내포한다는 점을 직시해야 한다. 사물의 특성을 상호관계적, 참여적, 상생적 관점에서 파악하면서, 이와 함께, 이들 각자의 개별적 특이성을 존중하는 방식은 이러한 사고의 단점을 보완할 수 있는 대안으로 이 글에서 제시된다. 또한, 보편적 인간 마음을 옹호하는 워즈워스의 특성을 근거로 삼아 이를 더욱 확장한 보편적 환경론에 관한 주장은 서식지 환경의 특성에 따라 특정한 장소에 거처를 정한 개별 종의 생태적 욕구와 적응 방식의 다양함을 인정하면서, 보편적 자아가 아닌 개별적 자아의 몸의 구체성을 생태의 기본 요소로서 제시하는 관점으로 그 단점이 보충될 수 있을 것이다.

픽처레스크 시각 기제와 여기에서 파생된 주체와 세계 간의 특이한 관계에 관한 설명은 이 글의 주요 논제 중 하나이다. 워즈워스와 픽처레스크를 연관시키는 선행 연구는 상당하지만 그 주제는 숭고나 미의 개념을 미학적으로 논의한다거나, 윌리엄 길핀(William Gilpin)이 정한 여행과 풍경 감상 방식에 대한 후속 연구를 수행하거나, 풍경 서술 방식의 변천을 소재로 삼아 워즈워스의 시학 발전 과정에서 픽처레스크의 역할을 설명하는 것으로 대체로 세분된다. 치환된 시각적

(회화적) 이미지로서 자연 세계를 파악하는 워즈워스의 풍경 미학은 픽처레스크 원리가 현대 시각 예술과 문화에 적지 않게 기여한 점을 내포한다. 대표적 사례로, 사진 이미지와 픽처레스크는 관찰 대상의 설정과 시각 주체의 구성이라는 측면에서 많은 특성을 공유하며, 효과 면에서도 유사하다. 워즈워스는 자연 세계를 특정한 프레임에 따라 설정한 시각 이미지로 치환하고, 프레임 밖에서 세계의 이미지를 전유하는 예술적 자아를 구성하며, 이러한 과정이 숭고로 발전하는 지점에서 초월적, 비가시적 세계를 통찰하고, 다른 존재와 다른 삶의 형상을 엿보는 순간을 경험하지만, 이 시점에서 풍경이나 사물을 현실과 분리하여 추상화하는 위험을 무릅쓰게 된다. 시적 자아와 이미지화된 세계가 상보적 관계를 구성함에서 야기되는 문제이면서, 워즈워스 시의 심원한 특색의 한 예시이기도 하다.

탈체화된 시각 주체와 장소 체험의 대조

1990년대 로맨티시즘 생태-환경론이 이룩한 비평적 성과는 상당하며 그 효력은 현재에까지 파급되지만, 그 이론과 실제를 선도한 베이트가 그러하듯이 자연을 사회-경제적 조건이나 일상의 실천 영역과 대비 시켜 설명하는 경향이 있다.[1] 이 점은 비슷한 시기에 이미 레이먼

1) 레이먼드 윌리암스는 자연의 개념에는 항상 인간의 자아와 사회가 내포되며, 자연을 의미 있게 변화시키는 선결 조건이 자아와 사회의 변화임을 주장한다(70-71). 자연을 인간과 환경 간의 상호작용에 개입하는 “우리들 각자와 (나머지) 자연 세계를” 포함하는 여러 인자와 “복합적 대화”를 통해 정의하려는 윌리엄 크로논(William Cronon)의 “사회적 자연”(social nature)이라는 개념 또한 이를 반영한다(367).

드 윌리암스(Raymond Williams)의 「자연관」("Ideas of Nature"), 존 배럴(John Barrell)의 『풍경의 어두운 면』(*The Dark Side of the Landscape: The Rural Poor in English Painting, 1730-1840*)을 비롯한 여러 저술서가 문화 물질주의 관점에서, 그리고 이후의 미첼(W. J. T. Mitchell)의 『풍경과 권력』(*Landscape and Power*)이 풍경 사회학의 관점에서 자연과 사회를 상호 구성하는 불가분의 관계로 파악하고 있는 점과 구분된다. 사실 이러한 측면에서 워즈워스와 베이트는 서로를 되비추고 있다고 할 수 있다. 현실에서 벗어나 휴양과 안식을 구할 수 있는 자연, 다시 말해 개인의 자유와 탈체적 명상이 허용되는 자율적 공간으로서 현재까지 일반화된 자연은 특히 로맨티시즘 이래로 보급되기 시작했지만, 이러한 자연관은 사실상 그것을 구성하는 데 크게 기여한 워즈워스의 계급적 이해와 개인적 미학관이 투영된 특수한 문화적 이데올로기에 지나지 않는다. 이처럼, 자연 인식에 필연적으로 개입하는 이데올로기와 그 역사성을 고려한다면, 단일한 자연은 없으며, 자연은 사회적, 물질적 조건과 역사적 특수성에 따라 각기 다르며, 따라서 확정적이며 총체적 의미에 저항하면서 논쟁과 재협상의 여지를 자체에 담고 있는 자연을 인정하는 자세가 필요할 것이다.

근대적 자연 인식은 풍경 감상에서 시작했다. 윌리엄 길핀에서 워즈워스로 이어지는 근대적 자연관은 풍경 감상 이론을 정립하면서 구체화한다. 자연 세계를 기술하는 과정에서 워즈워스는 당대의 지배적 미학 담론인 픽처레스크를 받아들였다. 시각 행위를 통해서 자연 세계를 구성했다는 의미인데, 이것은 특정한 프레임을 씌우는 과정이며, 이에 따라, 자연 세계는 보는 방식에 따라 다르게 질서를 부여받는다. 조나단 크레이리(Jonathan Crary)는 픽처레스크 프레임에서 주체가 대상과 분리되면서 개별화되고 탈체화하는 것을 설명한다(38-39). 픽처레스크 미학에서, 주체는 한 정지 지점에서 관찰자로 탈체화하며, 자연 세계의 물적 조건에서 분리되어 자신의 내면으로 물러난다. 그의 몸은 시각 주체 속으로 사라지고, 외부 자연 세계와 현상적, 체험적 관계를 맺는 것이 아니라 외부 관찰자 역할에 그치게 된다. 이러한 과정을 거치면서, 자연 세계는 시각 장면으로, 즉 회화적 풍경으로 치환된다. 워즈워스 당대에, 픽처레스크 여행자들이 사용했던 클로드 글래스(Claude glass)는 이 같은 과정을 거치면서 자연 풍경을 그림 이미지로 재현하는 대표적 기구였다.

미첼은 픽처레스크에서 인위적 공간 분할(예를 들어, 전경, 중간면, 후면)이 이루어지지만 이러한 인위성이 숨겨지는 점을 설명한다(16-17). 워즈워스의「틴턴 사원」("Tintern Abbey")에서 첫 번째 운문 단락은 대표적 경우이다. 제목에서 표기된 "틴턴 사원 몇 마일 위"("A Few Miles above Tintern Abbey")는 픽처레스크 관행에 따라 설정된 관찰 지점을 암시한다. 관찰 대상을 주변 경치와 함께 가장 잘 관찰할 수 있는 지점에 위치시키고 관찰자 자신은 선택된 대상과 풍경에 대해 거리를 유지하면서 물러선다. 사원 묘사는 당대의 픽처레스크 화풍에 따른 회화와 같이, 사원을 전경에 두고, 배경에 경사지고 높이 솟은 절벽을 배치하며, 이를 후면에 놓인 고요한 하늘과 연결하는 공간 구성을 통해 이루어진다(4-8). 제목에 표기된 "여행"은 화자의 성격을 관찰자-여행자로 설정한다. 문제는 픽처레스크에 따라 사원 주변에서 의도하는 미학적 효과를 해치는 요소를 적절하게 제어할 수 있는 가능성인데, 이에 따라, 비평가들은 당대의 프랑스와 전시 상황과 인클로저에 따른 사회적-경제적 약자들의 경제적 참상, 그리고 주변의 산업과 노동 활동이 서술의 표면 아래로 억압되거나 왜곡된 모습으로 재현될 수 있다는 가능성을 두고, 특히 사원이 위치한 와이(Wye)강과 주변 지역에 분포했던 제철소를 역사적 증거로 삼아, 당대의 문헌을 토대로 생활 터전을 잃고 유랑민 신세로 내몰린 사람들의 빈곤 문제와, 산업 혁명 시기 산업 활동에 따른 환경오염과 소음 문제에 관해 논쟁을 벌여왔다(Levinson 14-57; Rzepka 155-85). 「틴턴 사원」의 첫 번째 운문 단락에서 사용된 "산울타리," "바로 문까지 푸른," "연기," "부랑민인 거주자," "은둔자" 같은 낱말 혹은 구절은 픽처레스크 효과와 함께 그 이면에 억압되었다고 가정하는 당대의 현실을 주장하는 근거로 언급된다.

이러한 억압과 왜곡의 가능성은 시의 독자에게도 마찬가지로 적용될 수 있다. 「틴턴 사원」에 배치된 공간과 시각 이미지로 치환된 풍경을 반복적으로 독해하면서, 독자들은 워즈워스가 사용하는 픽처레스크라는 풍경 관찰 방식에 점차 동화된다. 즉, 그들은 픽처레스크 방식에 따라 구성된 인식의 생태계에 동참하게 되며, 이 과정이 계속 반복되면서, 이러한 프레임은 세계의 인식과 자아 구성에 개입한다. 이에 따라, 워즈워스라는 한 개인의 특수한 풍경미학에서 출발한 자연 인식 방식이 오늘날 우리가 자연 세계를 인식하는 방식으로 일반화되며, 이러한 인식 방식에 따라 주체를 구성하는 것이 당연하게 받아들여지게 된다. 한 개인의 시각이 미학 분야에 그치지 않고 존재론 차원으로 확장하는 것이다. 모리스 메를로-퐁티(Maurice Merleau-Ponty)는 이러한 시각 헤게모니의 함정을 분석하고 있다(13).

이러한 미학적 기법의 영향을 받으면서, 주체와 자연 세계 간의 관계에서, 워즈워스는 자연 세계를 시각 이미지로 파악하면서, 자연과 현상적, 체험적 관계가 아니라 시각적, 초월적 관계를 맺는다. 시각 이미지화 된 자연과 이를 자율적 상상 활동의 원천으로 활용하는 개인 자아는 상보적 관계를 맺으며 서로에게 의존한다.

육체에서
우리는 잠들게 되며, 살아 있는 영혼이 되며
조화의 힘으로 차분해진
눈으로, 그리고 기쁨의 그윽한 힘으로,
사물의 생명을 간파한다. ("Tintern Abbey" 46-50)

we are laid asleep
In body, and become a living soul
While with an eye made quiet by the power
Of harmony, and the deep power of joy,
We see into the life of things.

"살아 있는 영혼"이 활성화된 몸과 병립하지 못한다는 점은 탈체화된 상태에서 경험하는 초월적, 통일적 자연 경험으로 이어진다. 자아의 이러한 경험은 몸으로 직접 자연 세계에 참여하는 체험적, 현상적 자아와는 구분된다. 또한, 자연 사물 자체가 아니라 그것을 시각 이미지로 치환하여 자아의 상상력 활동의 기반으로 삼는 과정이 재현된다. "우리"는 공동체 속성을 갖지만, 관점을 달리하면, 화자의 의식이나 자아가 시적으로 확장된 초월적 자아의 한 형식이라고 할 수 있다. 워즈워스의 시적 특성을 설명하는 "자기중심적 숭고미"의 한 사례가 될 수 있다는 의미이다. 이에 덧붙여, 탈체화된, 초월적 순간에 워즈워스가 지각하는 "조화"는 지질학적 증거나 지구 자체를 우주 공간에서 관찰할 때 목격하게 되는 사실, 즉 자연 자체가 조화나 통일을 지향하기보다는 오히려 구성 요소들이 계속 서로 분리된다는 실증 과학적 사실과 배치된다(Diederichsen and Franke 20-35).

픽처레스크의 시각 원리는 선 원근법(linear perspective)을 따르며, 데카르트 철학과 관련된다(Panofsky 45). 재현의 장 밖에 위치한 단일 시점에 시각 주체의 위치를 고정하고 이를 중심으로 시각 장 속의 모든 대상을 통일적으로 구성한다. 시각 주체는 재현의 장 밖에 위치하기 때문에, 비가시화되며, 재현의 물적 조건에서 분리된 자율성을 얻게 되지만 동시에 탈체화를 겪게 된다. 관찰 대상은 이러한 시각 주체가 구성하는 허구적 통일성에 포섭된다. 이러한 재현 과정에서 시각 주체의 자율성과 관찰 대상의 통일성은 결국 상호의존적 관계를 맺으면서 서로를 산출하게 된다. 시각 주체와 관찰 대상의 분리는 워즈워스 당대에 유행했던 픽처레스크 관광에서 사용된 클로드 글래스에서도 일어나며, 풍경이 회화적 이미지로 치환됨과 동시에 관찰자의 신체도 시각 주체 위치로 사라지게 된다. 신체를 통해 지리를 현상적으로 체험할 기회가 관찰자에게 박탈된다는 것이다. 선 원근법이나 픽처레스크 미학은 모두 관찰자의 몸을 탈체화된 시각 주체 위치로 치환시키면서 청각을 비롯한 다른 감각을 소외시킨다. 탈체화된 시각 주체는 관찰 대상을 자신의 시각 프레임 속에 배열하면서, 물질세계에서 분리된 초연한 위치를 차지하며, 관찰 대상에 대해 특권적 위치를 누리게 된다. 배럴은 이러한 특권이 단순히 미학적 영역에서 벗어나 사회적, 정치적 함의를 가지게 된다는 사실을 설명한다(*The Dark Side* 16). 워즈워스는 픽처레스크 미학이 자신에게 미친 영향을 의식했고 이에 대한 반감을 표출하지만, 다른 한편으로는 이를 다른 인식 기제와 제휴시켜 계속 유지한다. 풍경 시에서 그가 취하는 복합 관점과 정교한 시적 기법은 풍경 묘사에서 그가 실제로 사용하는 데카르트적 원근법주의를 자연스럽게 받아들이게 하거나 혹은 그것에 대한 비판을 누그러뜨리게 했다.

자연 경험을 주제로 하는 워즈워스의 시는 대개 화자를 여행자로 설정한다. 「나는 구름처럼 한가롭게 거닐었네」(“I wandered lonely as a

Cloud")에서 갑자기 수선화 무리와 대면한 후 화자가 경험하게 되는 시적 비전, 『서시』(*The Prelude*)의 13권에서 스노우돈 정상에서 "장엄하고 숭고한"(76) 자연 세계를 대면하고 "거대한 마음"(69)의 영역과 힘을 인식하게 되는 경험, 『서시』 6권의 심플론 고갯길 에피소드에서 밀려드는 상상력에 압도되거나, 「퇴역 군인」("The Discharged Soldier")에서 예상치 못한 낯선 형체와 대면하게 되는 사건은 모두 픽처레스크 프레임으로 자연 세계를 이미지로 대면하고 자신은 프레임 밖에서 이미지로 치환된 세계를 전유하는 여행자 화자가 등장하는 대표적 사례이다. 특히, 「아름다운 그림을 보고」("Upon the Sight of a Beautiful Picture")는 주어진 장면을 한순간에 시각 이미지로 포착하는 화가의 능력을 감탄하면서, 화가의 이러한 능력을 시각 이미지로 치환된 세계를 전유하는 시인의 시적 자율성과 연관시킨다.

이들 시가 픽처레스크와 맺고 있는 관련성을 파악하려면, 우선 하트만이 워즈워스의 시적 특성으로 설명하는 "제지된 여행자"에 내포된 탈체화된 시각 주체의 자율성과 풍경 간의 상호의존 관계를 검토할 필요가 있다. 픽처레스크는 고정된 지점에서 풍경 감상을 통해 이루어진다. 하트만이 워즈워스의 이미지로 언급하는 "제지된 여행자"는, 즉 어느 한 시점에 자신의 상상력의 강력한 힘에 돌입하지만 또 한편으로는 이를 회피하는 여행자는, 여행자-화자의 고정된 시점을 설명할 수 있으며, 대상으로부터 분리와 시각 이미지를 원천으로 삼는 그의 특이한 상상력을 설명할 수 있다. 비평가들은 "제지된 여행자"를 통해 고정된 한 지점에서 관찰한 풍경이 숭고를 일으키는 "차단"의 순간을 가진다고 지적한다(Hertz, 44; Weiskel, 23-27). 이러한 숭고한 경험의 순간에, 여행자-화자가 관찰한 시각적(회화적) 장면은 초월적 상상력의 섬광 속에서 사라져 버린다. 『서시』 6권의 심플론 고갯길 에피소드에서 워즈워스는 사물이나 리얼리티를 치환시키는 상상력의 위압적 힘이 발휘되는 순간에는 "우리에게 / 비가시적 세계를 보여준 섬광 속에서 / 감각의 빛은 꺼진다"("when the light of sense / Goes out in flashes that have shown to us / The invisible world) (534-36)고 서술한다. 니콜라스 트롯(Nicola Trott)은 이를 "제거하는 빛의 어두움"(120)이라는 모순 어법으로 설명한다. 초월적 상상력의 경험은 가시적 풍경을 제거한다는 의미인데, 이와 관련하여, 하트만은 감각의 빛이 사라지면서 상상력은 "자연을 드러내기보다는 이해하기 어렵게 만들며," 상상력의 위대함은 "감각과 상황과는 무관"하다고 설명한다(33-34). 워즈워스의 상상력은 자체의 주권을 주장하면서 관찰한 풍경과 조화를 이루는 것이 아니라 오히려 이를 제거한다. 그러나 완전한 제거는 불가능하다. 가시적 풍경이 제거되면 상상력의 주권이 계속 자체의 안정성을 유지할 수 없기 때문이다. 달리 말해, 상상력의 자율성은 가시적 풍경과 상호의존적 관계를 맺기 때문에, 숭고는 단지 찰나의 섬광 속에서만 발생한다. "제지된 여행자"는 물적 조건과 환경, 심지어 감각과도 무관한 상상적 비전의 출현을 설명하면서, 또 한편으로는 이러한 자율적 비전이 결국은 가시적 자연 풍경과 상호의존적임을 제시한다. 초월적이며 탈체적 자아는 풍경과 관계를 맺으면서 동시에 거리를 유지하며, 이를 통해 자신의 정체성을 계속 주장하게 된다.

『서시』에서 반복적으로 표현되는 시간의 점 에피소드는 개인의 기억이라는 특별한 매체 속에 이미지로 저장된 치환된 자연 형태를 제시한다. 그렇다면, 이러한 치환된 이미지로서의 자연이 과연 오늘날 환경 재난 문제를 어떻게 해결할 수 있을 것인가? 삶의 물질적 현실과 열악한 환경 문제를 참여를 통해 실천적으로 해결해야 한다는 과제는 실제 자연을 치환된 이미지로 미학화 하는 것으로 해결될 수 없다. 티모시 모톤(Timothy Morton)은 『자연이 없는 생태』(*Ecology without Nature*)에서 현재의 생태 비평이 자연에 관해 전승된 이데올로기적 허상에 잡혀 있음을 지적하면서, 이를 헤겔(Georg Wilhelm Friedrich Hegel)에게서 가져온 "아름다운 영혼"("beautiful soul") 신드롬으로 설명하면서 비판한다(13). 그는 이데올로기를 "언어적 리얼리티와 자연적 리얼리티를 혼동"(*The Resistance* 11)하는 것이라고 비판하는 폴 드만(Paul de Man)의 논지와 유사하게, 이러한 허상을 제거할 "적절한 비판"이 필요하며, 이러한 비판은 생태 비평 자체에 대한 비판을 포함해야 하며, 이를 통해 자연이라는 개념이 "어떠한 방식으로 초월적, 통일적, 독립적 범주로 설정되는지를 철저하게 검토"해야 함을 역설한다(13).

『서시』 14권의 스노돈(Snowdon) 장면은 숭고와 로맨티시즘의 계시적 비전을 표현하는 대표적 사례로 언급되었다. 그러나 환경론의 관점에서는 조망하는 풍경에 대해 거리를 유지하는 관찰자-화자의 미학적 초연함과 자연 세계의 구체적 세목의 역사적 조건과 특이성을 검토하지 않고 오히려 이를 일반화하는 태도에 담긴 계급의식과 탈체화된 시각이 문제시된다. 배럴이 지적하듯이, 실용적 책무에서 벗어나 여가를 즐기면서 "파노라마로 펼쳐진 풍경을 재현하는 능력은 18세기에는 '인문적 지성'의 능력"("Public Prospect" 29)으로 간주되었다. 화자는 문화 엘리트 입장을 대변하여, 이러한 계급적 우위에 대한 의식은 세계에 관한 개인적, 탈체화적 명상을 전파하려는 의지를 뒷받침한다. 또 다른 문제는 등산 장면 서술에서 자아와 대상, 마음과 자연이 각각 자율성을 지닌 존재임을 인정하고 이들을 모두 통합시키는 힘에 대한 인식이다. 실체 간의 대립을 초월하면서, 각각의 다양성을 인정하지만 궁극적으로 이들 간의 통합을 이루는 존재에 대한 믿음이다.

그러나 이러한 힘이 생태계에 초래할 수 있는 잠재적 문제는 『서시』 2권에서도 표현된다(1805, 429-34).

> 모든 사물 속에서
> 나는 단일 생명을 보았고, 그것이 기쁨이라고 느꼈다.
> 사물은 하나의 노래를 불렀고, 들을 수 있었고,
> 신체의 귀가 그 곡조의 더 큰 서곡에 압도당해
> 그 기능을 잊어버리고, 조용히 잠들었을 때,
> 가장 잘 들을 수 있었다. (1805, 429-34)

> in all things
> I saw one life, and felt that it was joy.
> One song they sang, and it was audible,
> Most audible then when the fleshly ear;
> O'ercome by grosser prelude of that strain,
> Forgot its functions, and slept undisturb'd.

베이트는 "단일 생명"(one life)을 "지구는 위험을 각오하고 우리가 그 안정성을 해치는 단 하나의 거대한 생태계"라는 점과 관련시키면서, 로맨티시즘 생태는 인간이 물질세계, 역사, 사회를 회피하지 않고 "환경과 조화를 이루면서 살아갈 수 있게 해주는 시도"(*Romantic Ecology* 39)라고 설명한다. 그러나 워즈워스의 구절은 베이트가 간과한 것들이 있다. 단일 생명을 유추할 수 있는 능력과 "본다"는 시각 행위에 개입하는 추상적 능력은 워즈워스 당대에는, 앞서 배럴이 지적한 대로, 보편적 능력은 아니었고, 문화적 특권층에게만 그 정당성과 권위가 부여되었다. 또한, 자연 세계에서 "단일 생명"만을 보고 조화를 암시하는 "하나의 노래"만을 듣는다면, 정치적 차원에서뿐만 아니라 윤리적 차원에서도 많은 문제를 초래할 것이다. 통일성의 범주에 포섭되지 않거나 포섭되지 않으려는 차이와 타자성에 대한 전유와 강압의 가능성도 그렇겠지만, 더 큰 문제는 이러한 단일 생명을 한정하고 정의하는 특정한 관점이나 주체가 갖는 문제점이 간과될 수 있다는 점이다.

『서시』 2권에서 워즈워스는 "움직이는 모든 것에 퍼지는 존재에 관한 느낌"("sentiment of Being spread / O'er all that move") (1805, 420-21)을 느꼈다고 표현한다. 단일 생명 존재가 모든 것을 포괄한다는 의미가 다시 반복되는데, 인간과 비인간 존재 간의 상호 구성적 윤리에 초점을 두는 현대적 환경론의 관점에서는 가장 경계해야 할 요소들 중 하나가 바로 차이와 타자를 소멸하거나 위압하는 전체의 위험성이다.[2] "은유적 총체화의 실패"가 만드는 공간에서 작동하는 "헤게모니의 미결정적 논리"(111)를 옹호하는 에르네스토 라클라우(Ernesto Laclau)는 이러한 단점을 보완하는 정치적 생태 구성에 많은 시사점을 준다. 샹탈 무페(Chantal Mouffe)의 "갈등적 합의"(conflictual consensus)와 같은 용어 역시 유용한 단서를 담고 있다(Caraus 99). 인간, 비인간을 망라하면서, 유기체와 비유기체, 실체와 에너지, 대상과 이벤트 모

---

2) 이 점과 관련하여, 마누엘 드란다(Manuel DeLanda)의 "개별적"이라는 형용사에 대한 설명은 시사적이다. 그는 "개별적"임을 "일반적 범주를 구성하는 특정한 구성 단위가 아니라 부분과 전체의 관계를 통해 더 큰 개별적 실체들을 구성할 수도 있는 독특한 실체"로 설명한다(40). 최근 생태-환경 이론에서 베스 뎀스트(M. Beth Dempster)는 심포에시스(sympoiesis)라는 용어를 통해 "자체적으로 한정된 공간적 혹은 시간적 경계가 없는 집합적으로 산출하는 시스템들"을 설명하는데, 이러한 시스템들은 구성 요소 간에 "정보와 통제가 배분"되며, "진화하면서 놀라운 변화를 만들 수 있는 잠재성"을 지닌다(Haraway 61).

두를 연결하는 전체이지만, 이마저도 열림을 유지해야 한다는 점이 요체이다. 워즈워스의 경우 이러한 열림보다는 전체의 확장에 주력한다. 또한 숭고의 극점에서 내부의 이질성에 관한 언급은 찾을 수 없다.

워즈워스에게 '공동체'의 의미는 시기별로 다르게 나타난다. 『호수 지역 안내서』(*A Guide through the District of the Lakes*), 『신트라 협약』(*The Convention of Cintra*)와 같은 작품에서 개인과 공동체의 관계 설정은 1790년대와 1807년 이전의 초기 작품에서 설정한 것과는 확연히 구분되며 개인보다 점차 집단에 우선권을 둔다. 그러나 "자율적 개인이라는 전제를 받아들인다면 공동체 재현의 불가능함을 경험"(Danahay 54)하는 측면도 있다. 시인 자신의 고유한 능력에 대한 확신은 워즈워스의 경우, 「나는 구름처럼 한가롭게 거닐었네」에서처럼, 처음부터 대상과의 합일을 이루기보다는, 자신이 처한 물질적 조건과 다른 공동체와 단절을 경험한 후, 정서적 유대에 대한 불확실함을 넌지시 내비치거나 자아를 대상화시켜 관찰하는 과정을 거쳐, 마침내 외부 대상과의 소통을 내면적 경험으로 재현하게 된다. "시인은 즐거워할 수밖에 없었네"("A poet could not but be gay") (15)라는 구절은 주변 사물과 환경에 퍼져있는 즐거운 분위기와는 달리, 자아를 삼인칭으로, 직업적 정체성으로 식별하면서, 부정어를 사용하여 유보적 태도를 드러낸다.

「나는 구름처럼 한가롭게 거닐었네」는 이동하는 화자를 설정하지만, 대상의 기술은 정해진 시점으로 이루어진다. 첫 세연의 각 연에서 여행자-관찰자는 대상인 수선화를 시각 행위를 표현하는 동사인 "보았다"("saw"), "응시했다"("gazed")를 사용하여 자신의 시각장 내에 위치시키면서 일종의 픽처레스크 프레임을 설정한다. 그러나 여행자-화자는 수선화, 대기의 흐름, 호수의 물결이 구성하고 공유하는 네트워크에 직접적으로 참여하지 못하며, 실제로 자신이 구성하는 재현의 장 밖에 위치하면서 신체적으로 환경에 개입하지 않는다. 마지막 4연에서 수선화 무리는 실내에서 "고독의 완전한 즐거움"에 빠져 있는 화자의 "내면의 눈에 반짝인다"("They flash upon that inward eye") (21). 풍경 속에서 생동하는 수선화가 아니라, 신체적 눈으로 목격한 실제의 수선화가 아니라, 내면의 눈에 되비친 수선화의 이미지이다. 기억 속에 저장된 수선화의 이미지를 혹은 마치 여행 기념사진으로 보관된 수선화를 다시 펼쳐 보는 듯한 효과는 "전시"("show") (18)라는 낱말로 강조된다. 이처럼, 이미지로 치환된 수선화는 그 이미지를 소유한 주체의 사적인 욕망의 대상이 된다. 수선화를 외부 사물로 관찰하는 3연까지 관찰자는 시각의 대상과 거리를 유지한다. 4연에 이르러, 마침내 관찰 대상인 수선화와 관찰자가 합일을 이루지만 실제 사물과의 조화가 아니라, 탈체화되고 현실과 분리된 시각 주체의 상상 행위 속에서 이루어지는 미학적 경험이며, 이 속에서 그가 구성한 관찰 대상의 허구적 통일성과 시각 주체로서 그의 자율성은 서로 교환된다. 4연에서 대상과의 합일을 이루는 장면은 실제 풍경이 아니라, 탈체화한 시각으로 관찰한 대상을 상징적으로 소유한다는 의미에서 픽처레스크 프레임이 강화된다. 브로글리오는 워즈워스 시를 "현상적"으로 읽으면서 어느 특정한 시점에서 워즈워스의 환경 체험이 "인간 주체의 특권적 내면에서 솟아 나오는 것보다는, 의미는 표면, 접촉 지대, 그리고 연상에서 대두 한다"고 말한다(27). 그렇지만 환경과 상호 작용이 발생하는 이러한 특이한 순간에도 워즈워스는 환경과 거리를 유지하면서, 그러한 환경을 시각적으로 소유하려 한다.

「나는 구름처럼 한가롭게 거닐었네」에서 워즈워스가 자연 환경과의 관계를 픽처레스크 프레임에 따라 진행한다면, 창작 과정에서 워즈워스가 활용하고, 실제로 그와 함께 관찰한 수선화를 기록하는 도로시의 1802년 4월 15일 저녁은 환경과 소통하면서 신체적으로 참여하는 공동체 자아 "우리"를 위주로 글의 구성을 설정한다. 당일의 날씨 서술에서 시작하여 호수에 도착하기 이전 이미 걷는 도중에, 그리고 중간 중간 쉬면서 마주치는 사물인 보트 창고, 가시금작화, 들판에서 이루어지는 쟁기질, 바람의 세기를 서술한다. 여행자-화자는 소를 피하고자 들판을 가로질러 가기도 하고, 지역민이 사용하는 꽃 이름을 알려주기도 한다. 다시 말해, 수선화 서술에만 그치지 않고, 계속하여 주변 마을 사람들의 일상적인 생활 장면을 기술하여 마을 사람들과 자연 사물 간의, 개인과 공동체 간의, 사람과 사물 간의, 그리고 사물들 간의 네트워크 속에서 발생하는 소소한 일에 직접 참여하여 이를 세밀히 관찰하고 기록한다. 이 점은 풍경에서 인간의 노동 행위나 일상적 활동을 제거하는 워즈워스의 픽츠레스크 풍경시 시와 분명한 차이가 있다. 워즈워스의 경우에는 수선화는 군집을 이루지만 화자는 이들의 무리에 참여하지 못하고 시각적 거리를 유지하면서 그들에 대한 상징적 소유권을 행사하려 한다. 도로시의 저널은 비위계적이며 개별적 특성에 기반을 둔 특정한 관계 지향적 환경 네트워크 속에서 복합적 생활 방식을 갖는 수선화를 기술한다.

> 이 바람은 호수 위로 그들[수선화들]에게 곧장 불었다. 여기저기에 작게 무리 지어 있었고, 몇 야드 위로 따로 떨어져 있는 몇몇도 있었지만, 그들 수는 적었고, 그 하나의 분주한 공도의 소박함, 통일성, 생활을 방해하지는 않았다. 우리는 몇 번이고 쉬었다. (192-93)

> This wind blew directly over the lake to them. There was here and

> there a little knot, and a few stragglers a few yards higher up; but they were so few as not to disturb the simplicity, unity, and life of that one busy highway.

워즈워스의 시에서 동질화된 "그들"로서 집합적으로 지칭되는 수선화와는 달리, 도로시가 기술하는 수선화는 같은 무리에서 벗어나기도 하고, 소속되기도 하지만, 그들뿐만 아니라 바람, 호수, 주변의 물리적 지형, 그리고 지표면에서 무리가 점하는 면적의 크기, 그리고 이러한 요소들과 함께 그들이 화자의 인식에 참여하는 복합적 과정을 거치면서, 유형, 무형의 다른 에이전트와 함께 "분주한 공도의" 네트워크에 참여한다. 이러한 환경적 네트워크는 인간과 비인간 존재자, 생물과 비생물, 실체와 비실체 간에 진행되는 복합적, 유동적, 공동체적 관계 속에서 작동하며, 어느 한 특정한 에이전트가 이들 관계를 독점하거나 전유하지 않는다.[3] 해당 날짜의 저널에서 4차례 반복된 "쉬었다"는 구체적 신체 행위를 통해 풍경에 참여하는 현상학적 체험을 표현한다.

「외로운 추수꾼」("The Solitary Reaper")는 「나는 구름처럼 한가롭게 거닐었네」와 유사하게 시각적 경험의 순간을 고정된 시점으로 기술하고 시간이 지나간 후 개인의 기억 속에 저장된 감각적 자료를 상상력을 활용하여 전유한다. 추수꾼과 화자 간의 거리 설정은 명확하다. 청각적 경험이 서술되지만 이를 설정된 시각 구도 내에 배치함으로써 픽처레스크 구도를 가진다. 워즈워스의 환경 인식은 표현된 것보

3) 제인 베넷(Jane Bennett)은 질 들뢰즈(Gilles Deleuze)와 펠릭스 과타리(Felix Guattari)에게서 가져온 아쌍블라주(assemblage) 개념을 자신의 생동적 물질(vibrant matter)론의 핵심적 키워드로 발전시키면서 단일 에이전시가 아니라 인간-비인간이 함께 작동하는 "연맹"으로 설명한다(20-21). 헤겔의 총체성(totality)과 대비되는 아쌍블라주는 현대 생태-환경론과 사물론에서 중요 개념이다.

다 표현되지 않은 배경을 고려함으로써 그 문제점이 명확해진다. 성차, 노동 문제, 당대의 영국에서 진행한 식민주의 정책, 그리고 문명의 파급효과에서 벗어나 원시적 모습을 간직하고 있다고 간주하는 오지 탐험에 관한 당대의 사고와 그 배경을 고려한다면, 여행자-관찰자의 선별과 배제의 기준에 따라 감추어지거나 배제되는 당대의 실상은 픽처레스크 프레임의 문제점을 부각한다.

「아름다운 그림을 보고」("Upon the Sight of a Beautiful Picture")에서 워즈워스는 순간을 시각 인상으로 포착하고 고정해 "영광스러운 형상"("glorious shape") (2)을 만드는 화가의 능력에 찬사를 보낸다. 시각 이미지는 "지나가는 시간에서 붙잡은 짧은 한순간에 / 축복받은 영원성의 적절한 고요함"("one brief moment caught from fleeting time / The appropriate calm of blest eternity") (13-14)을 준다는 것이다. 사실상, 회화보다는 사진에 더 가까운 시각 이미지이다. "축복받은 영원성의 적절한 고요함"은 정지된, 이미지화된 대상의 고요함과, 이것을 바깥의 한 지점에서 바라보면서 명상하는 관찰자의 평온한 정서가 결합한 것이다. 관찰자의 자율성은 대상과 유지하는 거리에 의해, 그리고 자신의 정지된 상태에 의해, 이미지화된 대상을 관찰하는 행위에 의해 주장되고 유지된다. 대상과 맺는 관계의 안정성에서 자신의 안정성을 구하면서, 이미지화된 자연 세계와 자율적 시각 주체는 서로 산출한다. 좀 더 자세히 들여다보면, 워즈워스는 전통적인 회화적 시각 재현 기법에서 벗어나, 한순간에 고정된 이미지를 그 시점에서 영원히 정지시키고, 그러한 이미지를 바깥에서 바라보며 명상하는 사진의 의미를 떠올리게 한다. 근대적 인간 주체는 중심에서 세계를 관찰하면서 동시에 그 바깥에 서서, 관찰하는 세계를 이미지로 구성했다. 이러한 시각 형식을 하이데거는 "세계 그림의 시대" 혹은 "그림으로 생각되어지고 이해된 세계" ("Age of the World Picture" 129)라고 설명했다.

존 클레어의 「여름 저녁」("Summer Evening")을 워즈워스의 시들과 나란히 둔다면, 도로시 워즈워스의 저널과 마찬가지로 워즈워스의 픽츠레스크에 기반을 둔 자연 세계 인식의 문제점을 극명하게 드러낼 것이다. 저녁 무렵 노동 활동 중에, 혹은 노동 활동이 끝난 들판을 걷는 중에 체험하는 자연 세계를 기술하는 「여름 저녁」은 워즈워스의 픽처레스크 시각에서 나타나는 주체와 대상, 관찰자와 풍경, 미학적 여가와 생산적 노동, 그리고 인간과 다른 생명체들 간의 분리는 나타나지 않으며, 추상화 일반화 경향과도 대조된다. 클레어의 화자는 풍경 밖에서 이미지화된 풍경을 전유하는 탈체화된, 고정된 단일 시점의 화자가 아니라, 신체를 통해 환경과 소통하면서, 계속 이동하며 다양한 감각 기관을 통해 경험하는 존재들의 생활 방식과 행동을, 나아가 그들의 사고를 읽어 내려한다. 「여름 저녁」에는 들판에서 서식지를 정하고 생활하는 동물들의 카탈로그가 제시되며(개구리, 쥐, 귀뚜라미, 여치, 두더지, 산토끼, 노랑 촉새), 일인칭 시점이 아니라, 이들 동물의 시점에서 바라본 행동이 기술된다. 동물 각각의 행동 방식은 익숙한 환경에서 실제로 삶을 영위하면서 체득한 것이며, 인간과 비인간 존재자들이 함께 구성하는 환경 네트워크에서 고유한 의미를 지닌다. 동물들은 서식지를 공유하는 인간의 행동에 따라, 시시각각 변화하는 상황에 따라, 각자 다른 방식으로 행동한다.

> 나의 살랑거리는 발걸음은 잠시 그들의 즐거움을 속이며,
> 마침내 지나가면, 귀뚜라미는 더욱 크게 노래하고,
> 여치는 그들의 애타는 노래로 지친 짧은 밤을
> 여전히 즐거운 기분으로 보내고 있다. (4-7)

My rustling steps awhile their joys deceive,
Till past, and then the cricket sings more strong,
And grasshoppers in merry moods still wear
The short night weary with their fretting song.

종의 고유한 범주 자체보다는, 이들의 상호 교환에서 생성되는 역동성이 중시된다. 토끼는 두더지가 파놓은 흙 두둑 뒤에 잠자리를 숨기며, 풀섶에 둥지를 숨긴 노랑 촉새는 주변의 사소한 소음에 민감하게 반응하며 자신의 안전을 도모한다. 인간 관찰자는 다른 비인간 존재의 시점과 행위의 복합성을 전달하는 전달자 역할을 하며, 이들에 대해 우월하거나 지배적 특권을 갖는 것은 아니다. 그는 이러한 관찰 행위가 없다면 다른 비인간 에이전트의 경험 세계에 참여할 수 없을 것이다. 마지막 2행은 이러한 자연의 구성에서 자신의 특권을 가지려는 인간에 대한 경고와 반성이 표현된다. "자연의 인간적 유대와 끝없는 속박, / 교만한 인간은, 여전히 모두의 적으로 보인다" ("nature's human link and endless thrall, / Proud man, still seems the enemy of all") (13-14).

「꽃이 핀 콩」("Beans in Blossom")은 화자의 얼굴에 스치는 바람의 상쾌함을 기술하면서 시작한다. 그는 대지에 몸을 접촉하면서 "새로 쟁기질한 들판"(3)을 거닐면서 또 한편으로는 숲과 그곳에 서식하는 새들의 소리를 체험한다. 시각 위주의 픽처레스크가 아니라, 촉각, 청각을 중심으로 활용할 수 있는 모든 감각을 사용하여 자연 사물에 관한 체화된 체험을 생생하게 전달한다. 시각 주체를 중심으로 사물을 정해진 질서 속에 배열하는 것이 아니라, 사물 간의 "풍성한 무질서"(8)를 기술한다.

이제 감미로움이 꽃이 핀 콩 냄새에서 흘러나오는데,
그것은 풍성한 무질서로 길 너머로 몸을 구부리며,
그 사이로 벌들이 바쁜 노래와 노고로
노란 약탈물을 집안 가득 풍성하게 채운다.

Now luscious comes the scent of the blossomed beans
That o'er the path in rich disorder lean,
Mid which the bees in busy songs and toils
Load home luxuriantly their yellow spoils; (Bate 7-10)

종의 다양성이 위협받고, 멸종이 진행되고 있는 생태-환경 현실을 염두에 둔다면, "풍성한"에 암시된 잉여성은 지속가능한 세계를 만드는 중요한 수사학이 된다. 이러한 건강한 세계 속에서 존재들의 행위는 인간이 설정한 경계선이나, 혹은 좀 더 나아간다면, 도덕적 가치 판단 기준을 넘쳐흐른다. 소일거리 삼아 두더지가 파놓은 흙 두둑을 망치며, 사람을 난처하게 만드는 암소도(11-12) 마찬가지이다. 암소는 단순히 픽처레스크 미학의 소품이 아니며, 인간에 복속된 대상이 아니라, 자신의 의사와 욕망을 가진 존재자이며, 그가 맺고 있는 환경과의 관계에서 오히려 인간이 "낯선 사람"(12)이 된다. 비인간 존재자들 상호 간의 반응뿐만 아니라, 인간이 그들에게 주는 반응도 정서적이며 체화된 특성을 가진다. 이 같은 관계의 조밀한 네트워크에 몰입한 클레어의 화자는 대상화된 사물에 대해 미학적 거리를 유지하면서, 사물을 이미지로써 전유한다거나, 주어진 세계 밖에서 자신만의 미학적 자율성을 유지하려는 픽처레스크 여행자 화자와 현격히 구분된다.

클레어의 생태론이 픽처레스크 프레임을 적용할 수 있는 워즈워스의 시에서 도출할 수 있는 생태론에 비해 돋보이는 점은 장소의 존재론적 성격을 보다 명확히 제시한다는 점이다. 그의 시들은 자연 속에서 인간의 장소에 관한 완전히 "혼성적"(Franklin 132-79) 형식을 만들어 낸다. 거처를 정하고 생활하는 지역의 체험을 복합 감각으로 풍성하게 기록하면서, 시적 자아는 "동참의 미학"(Berleant 2)을 실현한다. 즉, 인간과 비인간 존재자들이 모두 동참하면서 함께 구성하는 환경적, 사회적 관계의 망에 자신의 몸을 매개로 참여하면서, 자아와 환경 간의 정해진 경계를 넘어선다는 것이다. 이 과정에서, 시의 구성은 인간 자아의 우월성과 함께 차별과 배제의 인지의 프레임을 깨뜨리면서 계속 열리고 진행되는 여러 관계와 접점을 맺는다. 이러한 클레어의 시적 특성은 스피노자에 의존하고 있는 로맨티시즘 단일 생명론의 문제점을 극복하고 인간과 비인간 존재자들의 관계를 생태론의 본질에 충실하면서 좀 더 우리 시대에 가깝게 하는 작업이 될 것이다. 즉, 사물을 하나의 자연 세계로 통일하고 총체화 하려는 욕망의 확장으로 간주하느냐 혹은 자연 세계를 구성하는 모든 개별 사물을 관계, 상호의존, 공존의 열린 네트워크의 한 접합점으로 간주하느냐의 문제이다. 전자가 스피노자-워즈워스라면, 후자는 클레어에 가까울 것이다. 클레어의 체험적 장소 시학은 도로우가 『월든』(*Walden*)에서 깨닫게 되는 세계를 잃고 나서야 알게 되고 찾게 되는 "무한한 범위의 우리들 관계"(166)를 구현한다.

로맨티시즘 생태-환경론에 내포된 문화적 배타성

자연 세계를 본격적 논의의 대상으로 삼은 로맨티시즘의 저자들은 현재의 자연관 형성에 많은 영향을 남겼다. 워즈워스와 클레어는 특히 각각 고유한 방식으로 자연을 구성하였고, 그들의 구성 방식은 인간과 그가 소속된 환경의 교섭 관계를 이해하는 데 유용한 참조점이 되고 있다. 그렇다면 이들이 어떻게 자연을 구성하고 재현했는지를 묻고, 이들의 자연관이 어떤 특색을 가지고 있으며, 이들이 유산이 각각 현재의 환경론에 어떠한 방식으로 존속하는지를 확인해 볼 필요가 있다. 자연은, 인간 주체와 같이, 문화적 구성체이다. 그렇다면, 오늘날 우리가 당면한 고유한 역사적, 물적 조건과 시대 담론에 합당하게 자연을 새롭게 구성하고 실천하는 방법의 모색은 당연지사이다.

1990년대의 로맨티시즘 생태-환경 비평은 환경 문제를 새로운 비평 분야로 확립하였고 문학 연구에서 생태-환경을 핵심 주제로 만들었지만, 문제점이 없는 것은 아니다. 베이트는 워즈워스를 "시를 장소와, 지구상의 우리 거주와 관련하여 생각한 창시자"(*The Song* 205)로 지칭하면서 그의 작품을 생태-환경의 관점으로 독해하는 방법론적 틀을 제시했지만, 아쉽게도 워즈워스의 자연관에 보편적, 초월적 성격을 부여했고, 자연을 사회적, 참여적 실천에 접목하여 설명하지는 않았다. 또한, 워즈워스의 자연 이데올로기 이면에 가려져 있는 계급, 성, 그리고 물질적 조건의 역할 분석을 소홀히 했다. 베이트는 워즈워스의 단일 생명론을 보편적 생태 이상을 표명한다는 관점에서 독해하지만, 생태-환경의 구체적 지역성과 이를 보존하기 위한 현실 참여적 활동을 경시하거나 배제한다. 또한, 자연 사물을 개인적 명상의 소재로 설정하고 창작에 활용하여 문학 시장에 유통함으로써 자연을 미학의 영역으로 편입시켰다. 이 점과 관련하여, 그는 "몽상, 고독, 걷기"와 같은 "경험을 언어로 변형시키는 것이 생태 시인이 되는 것"(*The Song* 42)이라고 언급한다. 미학화된 자연은 당대의 워즈워스의 독자층이 주로 도시에 거주하는 중산층 이상이었다는 사실을 감안하면 대중

미학이라기보다는 고급 미학에 속한다고 보아야 할 것이다.[4]

덧붙여, 1990년대 로맨티시즘 생태-환경 비평은 자연을 도시와 근대 산업 체제와 별도의 영역으로 대립 시켜 정의하며, 이로 인해 인류세(Anthropocene)에서 이미 전 지구적 범위로 확장된 인간 활동의 결과로 초래된 환경 위기의 원인과 분석을 왜곡하거나, 잘못된 해결책을 조장할 수 있는 문제점을 내포한다. 이러한 문제점은 워즈워스를 비롯하여, 그를 해석한 제임스 맥쿠식, 칼 크로이버(Karl Kroeber), 심지어 조나단 베이트에도 나타난다. 이들의 학문적 성과가 적지 않고, 로맨티시즘 작가들에 대한 해석이 정교하지만, 현재 당면하고 있는 생태-환경 위기 극복은 인간과 무관하게 별도로 존재하는 자연은 존재하지 않으며, 도시를 벗어나 안식을 구할 수 있는 순수한 장소인 자연은 더 찾을 수 없다는 인식에서 출발해야 할 것이다. 달리 말하면, 인간을 포함한 종의 지속성을 보장하는 새로운 생태-환경 질서 구축은 우리 시대의 사회 구성과 정치적 실천에 대한 근본적 반성과 무관하지 않다.

픽처레스크 미학의 영향 아래에서 도출된 자연관은 일상적 삶이나 경제적 조건과는 거리를 둔 여가나 미학적 양식의 자연에, 공동체의

---

4) 물론, 우리 시대의 워즈워스는 다양한 대중 매체(특히 유튜버)를 통해 상품화되어 글로벌 시장에서 소비되고 있다. 영국의 호수 지역이 관광 안내서에서 워즈워스의 고장으로 소개된다거나, 도버 코티지와 워즈워스 박물관(Dove Cottage & the Wordsworth Museum)과 같은 인터넷 도메인을 통해 일반 대중에게도 공개되며, 박물관에서는 실제로 여러 형태의 전시회를 기획하거나 관광 기념품을 만들어 판매하고 있다. 이를 통해 워즈워스의 생태관이나 자연은 시장 경제나 문화 체계에 편입된다. 이러한 사실은 이미 워즈워스 당대에도 적용되지만, 그의 작품 속의 자연은 이러한 사실을 표면 아래에 두면서 현실의 온갖 문제와는 대비되는 미학적이며 현실과 초연한 명상을 선호한다.

삶이나 사회적 양식보다는 개인의 정체성이나 명상이 중시되는 자연에 치중한다. 또한 문화적 소양을 갖춘 중상류 계층의 취향에 초점을 두면서 산업 혁명으로 급성장을 이룬 당대의 노동자 계급의 문화적 욕구를 상업적 소비문화로 폄하하면서 계층 간 문화적 차이를 표면화한다. 실제로 1844년에서 1845 초반 무렵까지 워즈워스는 호수 지역 중심부까지 기차 통행을 가능하게 하는 캔달-윈즈미어 호수 철도선 건설에 적극적으로 반대하는 입장을 표명한다. 1844년 런던 모닝 포스트(London Morning Post)에 실린 캔탈과 윈즈미어 철도에 관한 소네트("Sonnet on the Projected Kendal and Windermere Railway")는 철도 건설 계획을 "잘못된 실용적 미끼"(7)로 비판하면서, 호수 지역의 "바람"과 "급류"가 인간의 잘못에 항거하라고 호소한다(13-14).

그러나, 실상에서 워즈워스의 철도 건설 반대는 현대적 의미의 생태론 보다는 주로 문화적, 계급적, 미학적 이유에서 비롯된다. 소네트에서도 그는 젊은 시절부터 계획한 호수 지역에서 "한거 계획"이 철도의 "무모한 공격"으로 좌절될 것이라고 말하면서 이에 대해 강한 반감을 표출한다(1-5). 호수 지역의 자연과 그 지역 사람들의 삶의 양식을 시와 산문으로 표현하여 시인의 명성을 쌓은 워즈워스의 문학적 특색을 고려한다면, 철도 건설에 대한 그의 반감은 철도가 함의하는 산업화와 물질문명의 역기능에 대한 그의 인식만큼이나, 자신의 문학적 정체성을 수호하려는 의지의 발현이라고 할 수 있다. 이 점은 1844년에 철도 법안을 다루는 무역 위원회장이었던 윌리엄 글래드스톤(Wiliam Gladstone)에게 보낸 편지에서 호수 지역의 특성이, 따라서 철도 건설로 인한 최대 피해가, 자연 경관의 아름다움과 한적함임을 말하는 데서도 드러난다(*LY* 4, 615-16). 그는 철도와 산업 자본이 결탁하여 윈즈미어에 "수백 명을 쏟아 내는 값싼 열차의 침공"을 통해 호수 지역 전체를 대중 휴양지와 오락 장소로 전락시킬 것을 경고하면서 이러한 하급 문화와 구분되는 품격을 갖춘 고상한 문화를 계속해서 보존해야 함을 역설한다(*Prose* 3, 345-46). 워즈워스는 호수 지역을 산업화의 부산물인 노동자 계급의 무분별한 소비주의의 침략에서 보존되어야 할 전통적 영국성의 장소이며 세련된 풍경 미학의 박물관으로 간주한다. 문화적 차이보다는 위계에 기반을 둔 계층 의식의 발현일 수 있겠는데, 이 점에서 미학적 자율성이 문화적 배타성을 이면에 감추고 있다는 사실을 설명하는 피에르 부르디외(Pierre Bourdieu)가 새삼 설득력이 있다(491).

인용문헌

Bate, Jonathan. *The Song of the Earth*. Cambridge: Harvard UP, 2000. Print.

____. *Romantic Ecology: Wordsworth and the Environmental Tradition*. NY: Routledge, 2013. Print.

Barrell, John. *The Dark Side of the Landscape: The Rural Poor in English Painting, 1730-1840*. Cambridge: Cambridge UP, 1983. Print.

_____. "The Public Prospect and the Private View: The Politics of Taste in Eighteenth-Century Britain." *Reading Landscape: Country—City—Capital*. Ed. Simon Pugh. Manchester: Manchester UP, 1990: 19-40. Print.

Bennett, Jane. *Vibrant Matter: A Political Ecology of Things*. Durham: Duke UP, 2010. Print.

Berleant, Arnold. *The Aesthetics of Environment*. Philadelphia: Temple UP, 1992. Print.

Bourdieu, Pierre. *Distinction: A Social Critique of the Judgement of Taste*. Trans. Richard Nice. Cambridge: Harvard UP, 1984. Print.

Broglio, Ron. *Technologies of the Picturesque: British Art, Poetry, and Instruments 1750-1830*. Lewisburg: Bucknell UP, 2008. Print.

Caraus, Tamara. "Towards an Agonistic Cosmopolitanism: Exploring the Cosmopolitan Potential of Chantal Mouffe's Agonism." *Critical Horizons* 17.1 (2016): 94-109. Print.

Clare, John. *"I Am": The Selected Poetry of John Clare*. Ed. Jonathan Bate. NY: Farrap, Straus and Giroux, 2003. Print.

Crary, Jonathan. *Techniques of the Observer; On Vision and Modernity in the Nineteenth Century*. Cambridge: MIT P, 1992. Print.

Cronon, William, ed. *Uncommon Ground: Rethinking the Human Place in Nature*. NY: W. W. Norton, 1996. Print.

Danahay, Martin A. *Community of One, A: Masculine Autobiography in Nineteenth-Century Britain*. NY: SUNY P, 1997. Print.

De Man, Paul. *The Resistance to Theory*. Minneapolis: U of Minnesota P, 1986. Print.

Diederichsen, Diedrich, and Franke Anselm. *The Whole Earth: California and the Disappearance of the Outside*. Cambridge: Sternberg P, 2013. Print.

Dolphijn, Rick, and Iris van der Tuin. "Interview with Manuel DeLanda." *New Materialism: Interviews & Cartographies*. Ann Arbor: Open Humanities P, 2012. 28-47. Web. (2019. 10. 3).

Franklin, Adrian. *Nature and Social Theory*. London: Sage, 2002. Print.

Hartman, Geoffrey. *Wordsworth's Poetry, 1787-1814*. Cambridge: Harvard UP, 1964. Print.

Haraway, Donna J. *Staying with the Trouble: Making Kin in the Chthulucene*. Durham: Duke UP, 2016.

Heidegger, Martin. *Martin Heidegger in Conversation*. Ed. Richard Wisser. Trans. Srinirasa Murthy. New Delhi: Arnold-Heinemann Publisher, 1977. Print.

________. "The Age of the World Picture." *The Question concerning Technology and Other Essays*. Trans. William Lovitt. NY: Harper and Row, 1977. 113-54. Print.

Hertz, Neil. "The Notion of Blockage in the Literature of the Sublime." *The End of the Line: Essays on Psychoanalysis and the Sublime*. NY: Columbia UP, 1985. 40-60. Print.

Laclau, Ernesto. "The Politics of Rhetoric." *Material Events: Paul De Man and the Afterlife of Theory*. Ed. Tom Cohen, et al. Minneapolis: U of Minnesota P, 2001. Kindle.

Levinson, Marjorie. "Insight and oversight: reading 'Tintern Abbey.'" *Wordsworth's Great Period Poems: Four Essays*. Cambridge: Cambridge UP, 1980. 14-57. Print.

McKusick, James C. *Green Writing: Romanticism and Ecology*. NY: Palgrave, 2000. Print.

Merleau-Ponty, Maurice. *Sense and Non-sense*. Evanston: Northwestern UP, 1964. Print.

Morton, Timothy. *The Ecological Thought*. Cambridge: Harvard UP, 2010. Print.

Mitchell, W. J. T., ed. "Imperial Landscape." *Landscape and Power*. Chicago: U of Chicago P, 2002. Print.

Panofsky, Erwin. *Perspective as Symbolic Form*. NY: Zone Books, 1991. Print.

Rzepka, Charles J. "'Pictures of the Mind': Iron and Charcoal, 'Ouzy' Tides and 'Vagrant Dwellers' at Tintern, 1798." *SiR* 42.2 (2003): 155-85. Print.

Thoreau, Henry David. *Walden*. Ed. Jeffrey S. Cramer. New Haven: Yale UP, 2004.

Trott, Nicola. "Wordsworth and the Picturesque: A Strong Infection of the Age." *The Wordsworth Circle* 18.3 (1987): 114-21. Print.

Walton, J. K., and P. R. McGloin. "The Tourist Trade in Victorian Lakeland." *Northern History* 17 (1981): 15382. Print.

Weiskel, Thomas. *The Romantic Sublime: Studies in the Structure and Psychology of*

Transcendence. Baltimore: Johns Hopkins UP, 1976. Print.

Williams, Raymond. "Ideas of Nature." *Problems in Materialism and Culture*. London: NLB, 1980. 67-85. Print.

Wordsworth, Dorothy. *Home at Grasmere: Extracts from the Journal of Dorothy Wordsworth and from the Poems of William Wordsworth*. London: Penguin Books, 1986. Print.

Wordsworth, William. *The Poems of William Wordsworth. Collected Reading Texts from the Cornell Wordsworth*. Ed. Jared Curtis. 3 vols. Penrith: Humanities-Ebooks, 2009. Print.

_________. *The Prose Works of William Wordsworth*. Ed. W. J. B. Owen and J. W. Smyser. 3 vols. Oxford: Clarendon UP, 1974. Print.

Wordsworth, William, and Wordsworth, Dorothy. *The Letters of William Wordsworth and Dorothy Wordsworth*. Ed. Ernest de Selincourt. 8 vols. 2nd Ed. Oxford: Oxford UP, 1967-93. Print.

5

등산과 풍경 : 워즈워스의 숭고

등산과 풍경-워즈워스의 숭고

로맨티시즘과 등산의 성립

걷기와 윌리엄 워즈워스(William Wordsworth)의 창작 활동을 연관시키는 것은 새삼스럽지 않다. 그에게 다리는 가슴이나 머리 못지않게 중요한 창작 인자였다. 산으로 둘러싸인 호수 지역에서 태어나 산을 계속 오르면서 산 풍경과 상호교섭하면서 미학 이론을 강화하고 자아와 세계 성찰의 폭을 넓히는 과정이 그의 문학적 삶이었다. 그의 시학에서 중추적 원칙인 숭고(sublime)는 산에서 조망하는 풍경 묘사에서 발전하지만, 점차 확장되어 미학 범주뿐만 아니라 정치와 공동체 영역으로 확장된다는 점이 이 글에서 제시된다. 논의 과정에서 관련된 인물들의 주요 저술을 살피면서, 걸어서 산을 오른다는 행위에 함의된 역사적, 물적 조건과 높은 산에서 조망하는 관찰자의 문제점과 풍경이 지니는 미학적, 정치적 의미에 관한 설명도 곁들일 것이다. 로맨티시즘 작가인 블레이크(William Blake)는 "인간과 산이 만날 때 위대한 것들이 이루어졌다"(511)고 말한다. 19세기 영문학에서 특히 워즈워스에게 등산은 자아를 발견하고 그가 살던 세계를 예술로 담아내는 활동이었다. 그에게 산은 공포, 쾌락, 아름다움, 숭고함과 이들이 서로 복합적으로 작용하는 정서적 반응을 일으키는 미학적 대상이면서, 고통과 역경을 수반하지만 동시에 이를 자초해 즐기는 육체적 모험의 대상이었다. 이러한 자세는 산을 주로 미학적 대상으로만 인식한 당대의 픽처레스크 관광과는 구분되며, 미학을 여가나 스포츠 활동으로 대체한 다음 시대의 관점과도 구분된다.

로맨티시즘 시기에 등산은 변화된 물적 조건을 반영하는 새로운 활동이었고, 등산 가는 새로운 정체성이었다. 등산이 산업혁명과 철도를 비롯한 수송 혁명을 거치면서 19세기 중반 이후 대표적 스포츠이자 레저 활동으로 자리 잡는 과정은 인간과 산의 관계가 역사적 발전과 조건에 의해 결정된다는 점을 분명히 해준다. 산의 매력과 신비함을 창작의 소재로 자주 활용하면서 워즈워스는 숭고라는 미학적 개념을 풍경 감상에만 한정시키는 데서 벗어나 사회 구성과 정치적 인식의 기준으로 발전시킨다. 산을 소재로 하는 풍경 시에서 표현되는 그의 고유한 미학적 비전은 동시에 정치적 행위이며 당대의 삶을 규정한 물적 조건과 정치관을 담고 있다. 후기로 갈수록 이러한 경향은 더욱 강해진다. 위험을 무릅쓰고 높은 곳에 올라 탁 트인 풍경을 조망한다는 로맨티시즘 시기의 등산은 이전에는 일반화되지 않는 새로운 개념이며 활동이었다. 또한, 워즈워스는 등산을 개인과 국가의 정체성을 찾고 새로운 비전을 갖는 행위와 관련시켰고, 신체적 감각을 활성화해 더 풍요로운 창작으로 이끄는 과정으로 간주했다.[1] 워즈워스는 산 풍경이 인간의 내면에 불러일으키는 경이로움, 아름다움, 공포와 같은 정서 작용을 기술한 토마스 그레이(Thomas Gray), 에드먼드 버크(Edmund Burke)의 숭고를 나름대로 소화하면서 도덕적 성찰과 공동체 의미를 강조한다.

『옥스퍼드 사전』(*Oxford English Dictionary*)의 "mountaineer"에 대한 정의에는 "산지에서 태어나거나 사는 사람" 그리고 "등산을 하거나 등산에 능숙한 사람"이 있다. 『서시』(The Prelude)에서 워즈워스는 친구 로버트 존스(Robert Jones)와 함께 "등산가"(1805, 6, 340)로 소개

1) 워즈워스는 "경치 사냥꾼"이나 "픽처레스크 여행자"와는 자신을 구분하려 애썼다 (Bohls 247).

된다. 워즈워스가 산으로 둘러싸인 지역에서 태어나 평생 습관적으로 등산했다는 사실을 염두에 두면, 두 가지 정의는 모두 그에게 해당한다고 할 수 있다. 「1837년 4월 아콰펜덴테 근처에서 묵상」("Musings Near Aquapendente. April, 1837")에서 그는 자신을 "습성상 산사람"(4)이라고 말한다. 실제로, 자서전적 요소가 강한 「틴턴 사원」("Lines Written a Few Miles above Tintern Abbey")에서 워즈워스는 유년 시절에 "노루와 같이"(68) 자연이 이끄는 대 로 "산을 뛰어다녔다"(69)고 기록한다. 또한 『호수 지역 안내서』(*A Gide through the District of the Lakes*)에서는 자신은 "양치기와 농가로 이루어진 완벽한 공화국"인 호수 지역의 시인이며, 산 공화국으로 설정된 호수 지역은 "보호하는 산들이 헌법을 부과하고 조정하는" "순수한 코먼웰스"(*The Prose* 2, 206, 207)라고 설명한다.

워즈워스의 등산과 풍경, 그리고 숭고라는 주제는 그라스미어의 저우드 센터에서 볼 수 있는 워즈워스의 초상화에서 단서를 찾을 수 있다. 벤저민 헤이돈(Benjamin Robert Haydon)은 헬벨린(Helvellyn) 산을 배경으로 한 워즈워스의 초상화를 그렸다. 이 그림에서 72세 무렵의 워즈워스는 팔짱을 끼고 산 정상에 명상에 잠긴 채 서 있다. 인물 배경을 이루는 어둡게 채색된 하늘과 산 풍경은 명암 대조를 이루며 로맨티시즘 풍경화의 특색인 숭고를 인물화에서 구현하고 있다. 헤이돈은 워즈워스가 헨리 리드(Henry Reed)에게 보낸 편지에서 언급하듯이, "단순히 사실적 초상화가 아니라 시적 인물"(*Letters of the Wordsworth Family*, 217)을 그리려 했다. 이 그림에서 워즈워스는 등산복이 아니라 공식적 자리에나 어울리는 차림새를 갖추고 있으며, 시선은 산 아래를 조망하는 것이 아니라 자신의 눈동자를 스크린으로 삼아 내 면에서 투영된 이미지를 반사해 마음의 눈으로 이를 응시하는 효과를 연출한다. 신체적 눈으로 외부 사물을 보는 것이 아니라, 내면에 투영된 외부 사물의 이미지를 반추하면서 계시적 비전을 얻으려는 장면에 가깝다.[2] 워즈워스의 숭고는 이러한 계시적 비전의 현현과 관련되며, 단순히 미학적 범주에 한정되지 않고 정치와 생태의 영역으로 확장된다. 산 풍경을 소재로 하는 시와 산문에서 숭고는 물리적 풍경에 투영된 개인의 삶의 조건과 현실의 개별적 이미지를, 신체적 시각의 한계를 초월하여, 서로 연결하고 통합하여 생태적 공동체 비전을 제시한다.

영국에서 기록상으로 처음 등산(mountaineering)이라는 낱말을 사용한 사람은 워즈워스와 함께 창작 활동을 한 코울리지(Samuel Taylor Coleridge)이다.[3] 코울리지는 호수 지역 곳곳을 답사했고, 그 경험을

---

2) 저우드 센터 워즈워스 박물관(The Jerwood Centre Museum)에는 해당 초상화가 소장되 어있다. 워즈워스의 눈동자와 시선에 관해서는 파멜라 우프(Pamela Woof)와 대화에서 착상 을 얻었다. 그림 자료는 http://www.npg.org.uk/collections/search/portraitLarge/ mw06936/William-Wordsworth 참조할 것.

3) *OED*는 1802년에 코울리지가 최초로 동사 "mountaineer"를 사용했다고 기록하면서 그 예시를 코울리지가 1802년 8월 9일 로버트 사우디(Robert Southey)에게 보낸 편지에서 적고 있는 "다음 날은 주로 등산에 보냈다"("Spent the greater part of the next Day mountaineering") (*Collected Letters* 2, 846)에서 인용한다. 또한, 명사 "mountaineering"이 최초로 사용된 용례를 로버트 사우디(Robert Southey)의 1803년 편지에서 인용한다. "내 등산 기억이 다음 책에 실릴 것이다"("My mountaineering recollections are to come in the next book"). 미리엄 웹스터(Merriam-Webster) 사전에는 "mountaineering"이 1803 년에, 명사 "mountaineer"는 1610년에, 최초로 사용되었다고 기록한다. 시대 상황에 따른 언어의 변천을 기록한 *OED*를 토대로 요약하면, 영어권에서 산을 오르는 행위라는 동사적 의미 에서 "mountaineer"를 최초로 사용한 사람은 코울리지이다. 그러나 코울리지가 말하는 등산은 오늘날 스포츠나 레저 활동을 의미하는 등산을 함의하며, "경제적이거나 군사적 목적보다는 쾌락을 구하여 산을 오르는" "새로운 활동을 표시하는 새로운 낱말"(Bainbridge 1)이었다. 산과 관련하여, 셸리(Percy Bysshe Shelley)는 유럽에서 가장 높은 봉우리이면서 로

기록으로 남겼다. 그는 1802년 8월에 영 국에서 두 번째로 높은 스카펠(Scafell) 봉우리를 오르는 과정에서 겪은 어려움과 특히 하산 과정에서 넘어져 곤경을 처했던 상황을 사라 허친슨(Sara Hutchinson)에게 보낸 편지에서 적고 있다.

> 내 사지는 온통 떨렸다. 기운을 회복하려고 등을 대고 누워 습관대로 내가 정신 나간 사람이라고 자조하기 시작했을 때, 내 위쪽 양편의 바위들의 모습과, 바로 그 위 맹렬하게 움직이는 구름이, 북쪽으로 아주 기괴하고 황급히 이동하면서, 나를 위압했다. 거의 신들린 최면과 환희 상태로 누워서, 큰 소리로 신을 찬양하면서, 남아있으면 어떤 위험도 우리를 압도할 수 없는 이성의 힘과 의지력을 구했다.

> My Limbs were all in a tremble--I lay upon my Back to rest myself, and was beginning according to my Custom to laugh at myself for a Madman, when the sight of the Crags above me on each side, and the impetuous Clouds just over them, posting so luridly and so rapidly northward, overawed me. I lay in a state of almost prophetic Trance and Delight--and blessed God aloud, for the powers of Reason and the Will, which remaining no Danger can overpower us! (*CL* 2, 842)

"아드레날린이 솟구쳐 흐르는"(Craig 131) 암벽 등반이라고도 할 수 있는 활동을 기록하는 코울리지의 생생한 체험담은, 압도적 자연 광경에서 느끼는 공포감을 전달하며 숭고에 가까운 심리 드라마를 만든다. 스카펠 등산 과정을 편지로 남김으로써 그는 기록상 영국에서

맨티시즘 산 풍경의 문화 아이콘인 몽블랑을 소재로 여러 편의 시를 썼다. 등산 활동이 우리의 삶의 양식으로 확립된 시기는 낭만주의 초기이며, 워즈워스와 코울리지가 이를 선도했다는 의미가 된다.

두 번째로 높은 봉우리에 최초로 오른 사람이 되며, 로맨티시즘 시기에 산에 대한 인간의 새로운 태도를 입증하는 예시가 된다. 예상되는 위험을 자초하면서 군사적 필요성이나 종교적 목적과 무관하게 등산이라는 행위 자체를 목적으로 정상에 오른다는 점이다.

등산에는 많은 신체적 노력이 필요하다. 워즈워스는 문학적 창작을 신체 활동이나 노동과 구분하지 않았다. 산을 힘들게 오르는 행위, 양을 몰고 들판이나 산비탈을 따라 이동하는 활동, 경작하면서 쟁기질하는 농부의 힘든 노동은 애써 지면을 채워나가는 작가의 창작 활동과 종종 비교되었고, 들판을 터벅터벅 걷는 농부의 모습은 시인 자신과 겹쳐졌다. 이러한 그를 히니(Seamus Heaney)는 "걷는 시인"으로 설명한다(68).[4] 로맨티시즘 시기에 등산은 인간이 자연을 대하는 방식에 변화를 일으켰다. 18세기에는 자연을 대체로 풍경으로 상상했고, 예를 들어 정원을 감상하듯이, 적당한 거리를 두고 감상하는 것이 관행으로 굳어졌다. 그러나 코울리지의 기록에서 알 수 있듯이, 등산은 험한 지형을 헤쳐 나가야하고, 암벽을 타는 경우 그 표면이 감각 기관과 직접 접촉하여 전체 신경계에 자극을 주게 되어, 눈과 귀에 주로 한정된 경험의 폭을 훨씬 넘어서는 인지적 반응을 초래한다. 19세기 중반 이후 본격적으로 출간 되는 등산 체험 기록물은 촉각 경험을 실감나게 서술하면서 신체활동에서 비롯한 다양한 신경계 반응을 기록한다. 워즈워스의 경우에도, 1799년『서시』1부의 '새 둥지 훔치기' 일화에서

4) 로빈 자비스(Robin Jarvis)는 무운시의 양식과 걷기의 관련성을 워즈워스를 예시하면서 설명한다(109). 레베카 솔닛(Rebecca Solnit)은 코울리지를 예를 들면서, 걸어다닌 기록이 많이 있는 1794년에서 1804년 기간에는 무운시가 자주 사용되지만, 기록을 찾기 힘든 그 이후 시기에는 무운시가 사용되지 않았다는 사실을 지적한다(116).

"풀 묶음"(58)을 붙잡거나 "미끄러운 바위의 반 인치 틈새"(59) 에 몸을 의존하여 강한 바람을 맞으며 불안정하게 까마귀 둥지 위에 매달린 상황을 서술한다. 촉각 경험을 사용하고 돌발적 상황에서 신체 균형을 유지하려는 상세한 동작 설명이다. 절벽에 매달린 신체적 불안정 상태와 정서가 활성화된 상태에서 소년은 특이한 내면적 반응을 보여준다. 강하게 부는 바람은 "낯선 발언"(64)을 하며, "하늘은 지구의 하늘이 / 아닌 듯이 보인다"(65-66). 신체적 긴장과 위기감에서 물리적 풍경은 원래의 시각 이미지를 잃어버리고 혼동을 일으키고 상상적 비전을 불러일으킨다.

18세기 후반 이후 영국에서는 산에 대해 많은 인식의 변화가 생겼다. 숭고나 미와 같은 미학적 범주가 산 풍경이 관찰자의 심리에 일으키는 정서적 반응을 표현하기 위해 사용되기 시작했고, 이와 함께 도시화 산업화가 가속화됨에 따라 생겨난 피폐해 진 삶의 조건에서 잠시나마 벗어나는 탈출구로서 산의 존재가 영국인의 의식에 자리 잡게 되었다. 18세기 후반부터 로맨티시즘 시기에는 등산과 관련된 활동은 전통적 생활양식을 보존하고 있는 시골 지역의 산 풍경 속에서 걷거나 산에 올라 풍경을 감상하는 데서 정신적 위안을 찾으려는 목적이 있었고, 산은 주로 미학적 숭고의 대상이었다. 프랑스와의 전쟁 시기에 산은 풍경화나 풍경시에서 정치적 알레고리로 자주 쓰였고, 산에 올라서 발아래 펼쳐진 풍경을 감상한다는 것은 정치적 의미를 내포했다.[5]

---

5) 당대의 풍경화가 터너(Joseph Mallord Turner)는 "인간의 허영과 만용을 질책"(Schama 459)하는 산의 도덕적 의미를 화폭에 담아내었다. 그는 나폴레옹이 모스크바에서 퇴각하는 장면을 묘사하는 "눈 폭풍: 알프스를 넘는 한니발과 그의 군대"를 그렸다. 워즈워스는 나폴레옹의 워털루(Waterloo) 패전을 기념하기 위해 가

계속되는 도시로의 인구 이동과 도시의 팽창은 등산 활동의 형태와 개념을 더욱 변화시키는 요인이었다. 1815년 워털루(Waterloo) 승전 당시 런던의 인구는 2백만 에 도달했고, 영국에서는 남부 농업지대에서 산업화 중심지인 북부지대로 대규모 인구 이동이 이루어졌다. "매연 없는 대기"(8)에 놓인 이른 아침 런던 풍경을 언급하는 「1802년 9월 3일 웨스트민스트 다리 위에서 작성된」("Composed upon Westminster Bridge, September 3, 1802")은 석탄 소비로 인한 대기 오염 실태를 이미 전달한다. 덧붙여, 하수와 산업 폐기물로 인한 수질오염과 전염병의 발생은 런던으로 대표되는 당대의 도시 삶의 실태였다. 이러한 조건에서 자본과 소비 면에서 새로운 세력으로 점차 부상하는 도시 중류층은 관광 산업과 철도를 포함하는 수송 산업의 급격한 팽창에 편승하여 휴일이면 등산에서 신체적 활력을 찾았고, 등산은 스포츠 형태가 되었다. 1848년에는 등산의 황금기가 시작되었고, 상당수의 중하층 계급까지 알프스를 방문할 수 있게 되었다(Colley 22). 다시 말해, 19세기 중반 이후, 산을 주로 미학적 대상으로 삼는 낭만주의 등산과는 또 다른 개념과 형태의 등산 활동이 일반화되었고, 등산은 새로운 물적 조건을 반영하는 레저 활동이었고, 그 주 체인 도시 중류층 노동자들의 계급의식을 표현하는 수단이 되었다. 등산의 의미는 역사적 발전과 물적 조건에 따라 결정되며, 사회적 변화를 표시하는 지표가 된다는 것이다.

족과 친지와 함께 스키도(Skidaw) 산에 올라 파티를 했다(Turnbull 103).

워즈워스의 등산과 숭고

등산을 풍경과 관련지어 설명하고, 산을 오른다는 행위와 정상에서 즐기는 경치 자체가 목적인 행위로서 등산을 파악하는 로맨티시즘의 세속적인 미학 관점은 1335년 몽방뚜(Mount Ventoux)에 오른 개인적 경험을 기록한 페트라르카(Francesco Petrarch)의 사례에서 그 기원을 찾을 수 있다. 등산의 목적과 의미에 관한 그의 개인적 경험의 기록을 살펴봄으로써 등산에 관한 로맨티시즘 특유의 문화사적 의미를 파악할 수 있다. 페트라르카는 "그렇게 높은 고지대에서 무엇을 볼 수 있는지?"에 대 한 해답을 찾으려는 것이 유일한 등산의 동기임을 말한다.[6] 등산 도중 50년 전에 정상에 이미 오른 나이든 양치기와 마주치지만, 그에게서 고통의 대가로 "피로와 후회, 바위와 가시로 찢긴 옷과 몸을 제외하면 아무것도 얻지 못했다"는 경고를 듣는다. 그렇지만 여정을 계속하여, 계속 길을 잃고 헤맨 다음, "눈앞에 더 넓게 펼쳐지는 경치"를 마주하고서 "멍하게 서 있게" 되며 발아래 구름을 마음의 눈으로 바라보면서 형언할 수 없는 갈망으로 "조국과 친지"를 다시 보려 한다. 그가 말한 "물리적 형태를 가진 사물에 관한 생각에서 추상적 생각으로 전환"의 극적인 순간은 갑자기 스승 인 성 아우구스티누스(St. Augustine)의 『고백론』(*Confessions*)을 펼쳐 10권의 구절을 대하게 될 때이다.

> 인간은 경이로움을 느끼며 산 정상과 바다의 거대한 파도와 드넓게 흐르는 강들과 넓게 펼쳐진 대양 그리고 행로를 따르는 별들을 보려고 가지만,

6) 페트라르카 몽방뚜 등산에 관한 텍스트 인용은 포담 대학(Fordham University)의 전자판 텍스트를 사용한다.

자기 자신에 대해서는 생각하지 않는다.

Men go to look in amazement at mountain heights and the huge waves of the sea and the broad flow of rivers and the tracts of ocean and the stars in their courses, but for themselves they take no thought. (Fordham University Internet Medieval Source Book)

등산과 풍경을 관련짓고 미학적, 세속적 목적으로 등산하며, 그 과정에서 겪는 수고와 고통을 마다치 않는다는 측면에서 페트라르카는 로맨티시즘 등산의 기본 원칙을 충분히 예견한다. 또한, 풍경을 국가와 연관 지어 풍경에 내재한 정치적 속성을 말하고, 개인의 정신적 가치의 중요성과 산의 고독을 제시하고, 외적인 풍경의 아름다움 보다 기억을 통한 자기 인식과 인간 마음 작용의 위대함을 전달하는 점은 워즈워스와 흡사하다.

그러나 페트라르카의 입장은 종교적 알레고리의 범위를 벗어나지 못한다. 그는 종교적 자세를 고수하며, 결국 영적 영원함으로 귀환한다. 알란 힐(Alan Hill)이 설명 하듯이, 페트라르카는 "고독한 풍경과 성 아우구스티누스적 기억과 재생의 계시적 융합"(256)을 매개로 워즈워스와의 접합점을 제시하고 있지만, 워즈워스는 1850『서시』의 14권 스노돈 등산 장면 서술에서 볼 수 있듯이 자아와 대상, 마음과 자연이 각각 자율성을 지님을 인정하면서 한편으로는 모두를 통합시키는 힘에 대한 인식을 표현한다. 스노돈 등산 장면을 기술한 1850년 판을 1805년 판과 비교 분석하면 워즈워스의 숭고 개념의 핵심이 잘 드러난다.

무엇보다도, 그러한 마음의 한 기능을
자연은 그곳에 넌지시 비치어 두었네,
장엄하고 숭고한 환경에서

마음이 사물의 외관에 발휘하기 좋아하는
상호 지배를 하여,
상호 교환적 지배로
그처럼 형태를 정하고, 결합하고, 추출하여,
가장 둔감 사람도, 보고, 듣고, 인지하고 느낄 수밖에 없다.

One function, above all, of such a mind
Had Nature shadowed there, by putting forth,
'Mid circumstances awful and sublime,
That mutual domination which she loves
To exert upon the face of outward things,
So moulded, joined, abstracted, so endowed
With interchangeable supremacy,
That men, least sensitive, see, hear, perceive,
And cannot choose but feel. (78-86)

마음과 대상 간의 관계를 표현하는 "상호 지배"와 "상호 교환적 지배"는 1805년『서시』에서 사용되지 않았다. 1805 판에는 "상호 지배" 대신에 "지배"를 사용하고, "상호 교환적 지배"라는 구절은 아예 표시되지 않았다. 1850년 판에서는 대상 간의 통일성이 그들의 다양성을 억압하지 않음이 더욱 분명해진다. 사물의 다양성은 서로 간의 지배와 교환의 과정을 거치면서 동시에 통합된다. 대립을 초월하는 통합의 인식은『서시』6권 알프스 심플론 패스(Simplon Pass) 하산 과정에서 목격하는 곤도 협곡(Gondo Gorge)의 풍경 묘사에서도 드러난다.

소동과 평화, 어둠과 빛은-
모두 한 마음의 작용과 같았고, 같은 얼굴의
다른 면모들, 한 나무의 꽃들;

거대한 묵시록의 문자들,
영원의 활자들과 상징들,
처음이자 마지막, 그리고 중간, 그리고 끝없는.

Tumult and peace, the darkness and the light-
Were all like workings of one mind, the features
Of same face, blossoms upon one tree;
Characters of the great Apocalypse,
The types and symbols of Eternity,
Of first, and last, and midst, and without end. (1850, 635-40)

에드먼드 버크는『숭고와 미에 관한 우리 생각의 기원에 대한 철학적 질문』(*A Philo- sophical Enquiry into the Origin of Our Ideas of the Sublime and Beautiful*)에서 숭고와 미는 "서로 간에 영원한 구분"(102)이 있다고 정의하면서, 어둠은 숭고에, 빛은 미의 범주에 속하는 대표적 속성으로 분류한다.[7] 그러나 워즈워스는 이들을 결합하여 숭고를 산출한다. 또한, 산악 풍경에서 소재를 취한 서로 다른 메타포를 계속 나열하고 병치시키지만, 이들이 결국 같은 의미를 표현함을 보여주며, 다양성과 통일성이 모순됨이 없이, 통일성이 이질적 모습으로 표현되는 다양성을 파괴하지 않고, 심지어 상반된 현상들도, 양립될 수 있음

7) 숭고와 미, 픽처레스크에 관한 선행연구는 많다. 그중에서, 올브레히트(W. P. Albrecht)는 18세기 이후로 진행되는 숭고론을 애디슨(Addison), 데니스(Dennis)의 "enthusiasm," 베일리(Baillie), 버크(Burke), 제라드(Gerard), 블레어(Hugh Blair), 알리슨(Archibald Alison), 칸트(Immanuel Kant)를 비롯한 많은 이론가의 주장을 인용하면서 논의한다. 숭고 에 관한 코울리지와 워즈워스 간의 차이점도 비교적 상세히 주어진다. 키인(Patrick Keane) 은『서시』6권, 14권의 산과 관련된 숭고를 설명하면서 에머슨(Ralph Waldo Emerson), 예이츠(W. B. Yeats)에 대한 논의로 확장한다.

을 입증한다. 알프스 산 풍경이나 스노돈 정상에서 조망한 풍경은 서로 다른 감정, 상태, 특징, 모습, 소리, 그리고 색조를 지니지만 이러한 다양성은 동시에 통합된 복합성인 것이다.

등산 행위를 풍경 감상과 연결하면서 워즈워스는 숭고라는 용어를 통해 자연의 사물 간의 관계에서 다양성을 파괴하지 않는 초월적 통일성을 지각하고 이를 확장한 다. 이러한 다양성과 초월적 통일성을 파악하는 인간의 마음에 워즈워스 숭고의 특색이 놓여있다. 그는 숭고의 원천을 자연 사물 자체보다는 인간 내면에서 찾는다. 숭고를 경험하는 것은 인간의 상상력을 발휘하지 않고서는 불가능하다. 그러나 워즈워스가 자연을 대상화시켜 주체와 대상을 완전히 이분법적으로 대비시키는 것은 아니다. 『서정 민요집』의 「서문」("The Preface")에서도 이미 워즈워스는 시인의 특성을 "관계와 사랑을 항상 지닌다"(Halmi 88)는 점에서 찾고 있으며, "인간 마음의 어떤 내재적이고 파괴할 수 없는 성질과, 마찬가지로 내재적이고 파괴할 수 없는, 마음에 작용하는 위대하고 항구적인 대상 속에 있는 똑같은 어떤 힘에 대한 깊은 인상"(Halmi 81)을 통찰한다. 인간 마음의 위대함과 외부 대상의 위대함이 상호작용 하며, 대상의 힘은 마음의 힘과 마찬가지로 본래 갖추어져 있는 것이며 파괴할 수 없다. 도보 여행과 "가파르고 높은 절벽"(5)을 가진 풍경에 관한 명상을 주제로 갖는 「틴턴 사원」에서도 이점이 서술된다.

> 훨씬 더 깊게 융합된
> 어떤 것에 관한 숭고감,
> 그것의 거처는 석양의 빛이며,
> 둥근 대양이며, 활기찬 대기이며,
> 푸른 하늘이며, 인간의 마음 안에서이며,

A sense sublime
Of something far more deeply interfused,
Whose dwelling is the light of setting suns,
And the round ocean, and the living air,
And the blue sky, and in the mind of man, (96-100)

워즈워스의 풍경 시에서 흔히 서술되는 높은 산에서 조망하면서 얻게 되는 비전과 크게 다르지 않은 장면이 제시된다. 풍경 관찰과 경험에서 느끼는 숭고의 묘사이며, 이 경우 숭고는 드러난 시각적 현상만이 아니라, 그 현상을 통찰할 때 인식되는 "훨씬 더 깊게 융합된 어떤 것"에 대한 계시적 비전이다. 워즈워스는 숭고를 인식하는 인간의 마음의 내적 작용을 전치사 "in"을 갖는 문법적 구조를 통해 표현하여, 이러 한 문법적 비대칭은 병렬 나열해온 자연 현상과 인간 마음의 지위를 구분하여 특별한 의미를 부여한다. 그러나 자연 현상이나 사물이 대상화되어 주체-대상의 관계에서 주체의 주권을 보장하는 물질의 지위로 전락하는 것은 아니다. 숭고는 개별적 자연 현상을 융합시키는 통일성에서, 또한 이러한 통일성을 인식하는 인간의 내적 작용에서 생겨난다. 이어지는 구절에서 워즈워스는 사물을 대상과 구분하여, 사물에 에이전시를 부여한다. 또한, 모든 사물을 강물처럼 굽이쳐 흐르는 "운동과 기운"을 기술한다.

생각하는 모든 사물, 모든 생각의 모든 대상을
추진시키며, 모든 사물을 굽이쳐 통과하는
운동과 기운.

motion and a spirit, that impels
All thinking things, all objects of all thought,

And rolls through all things. (101-03)

사물과 대상은 구분되지만, "운동과 기운"은 이들 모두를 추진시키며 관통하여 흐르며, 연결한다. 사물과 사고의 대상은 구분되지만 결국 이러한 구분을 넘어서 사물로 포괄된다. 사고의 주체와 대상은 구분되지만 동시에 이러한 구분을 초월하여 통합된다. 숭고는 분리된 대상이나, 개별화된 대상의 한계를 극복하고 생동감 있고, 유기적 사물이라는 관점으로 자연을 관찰할 때 얻는 계시적 비전이다. 인간의 마음은 사물 관계의 네트워크에서 고립되어 인간이 아닌 존재와 별도로 자신만의 절대적 주권을 가지는 것이 아니다.[8] 1799년『서시』에 담긴 '시간의 점'을 담고 있는 일화에는 산과 관련된 유년 시절의 경험이 자주 나타난다. 그중에서 특히 '보트 훔치기'와 '새 둥지 훔치기' 일화는 산마을의 소년이 일탈 행위에서 쾌락을 느끼고 한편으로는 죄의식을 내재화하고, 행위 도중에 처벌의 원칙으로 등장하는 존재에 공포를 느끼게 된다는 플롯을 가진다. 이러한 경험을 서술하는 과정에서 숭고라는 당대의 미학 요소를 워즈워스가 어떻게 활용하고 있는지를 살펴볼 수 있다. 버크는 "고통과 위험에 관한 생각의 자극에 어떤 종류이건 적합한 것은, 다시 말해, 어떤 유형의 무서움이건, 혹은 무서운 대상과 상통하는 것이건, 혹은 공포와 유사한 방식으로 작동하는 것이건"(33) 그것은 숭고라고 주장한다. 버크는 두려움의 중요성을 강조한다. 대상에 대한 지식은 두려움을 약화시키지만, 숨겨진 암시는 두

8) 빌 브라운(Bill Brown)은 자신의 사물 이론(Thing theory)에서 사물과 대상을 구분하면 서 "사물의 대상에로의 의미론적 환원 불가능함"을 말하지만, 한편으로는 워즈워스와 유사하게 사물과 대상(objects) 간의 구분에 따르는 문제점을 지적한다. 우리가 생각하는 대상의 이면에는 항상 사물의 존재가 드리워져 있으며, 사물은 "대상으로 단순히 물질화되는 것을 초월하는 것"이라는 내용이다(3-7).

려움을 강화한다. 버크는 밀턴의 『실낙원』*(Paradise Lost)*의 등장인물인 죽음(Death)을 설명하면서 "온통 어둡고, 불확실하며, 혼란스럽고, 끔찍하며 최대한의 숭고"(49)가 있다고 논평한다. 드러난 것이 아니라, 임시적 가림막 구실을 하는 파편적 정보의 나열이 오히려 감추어진 것의 표출 가능성을 강화하고, 공포를 증강해, 숭고를 산출한다는 것이다. 워즈워스에게 두려움은 상상력을 자극하고 강화하는 측면이 있다. 『서시』의 '보트 훔치기' 일화나 '새 둥지 훔치기' 일화에서 쾌락과 고통, 매력과 공포라는 상반된 감정이 공존하고, 동시에 작용하는 숭고의 사례가 제시된다.

워즈워스는 1790년 알프스 여행에서 자신을 "다양한 모든 형태의 자연을 예찬하는 완벽한 열정주의자"(*EY* 35)로 설명하면서 심플론 고개에서는 숭고(sublime)를, 그리고 코모 호수에서는 픽처레스크(picturesque)를 강조한다. 그러나 그의 표현방식은 이러한 미적 범주를 정해진 관습으로 받아들여 그대로 답습하지 않는다. 워즈워스는 계몽주의 논리에 길든 논리적, 분석적 능력을 내세우는 신체적 눈이 가지는 전제적 폭력성을 벗어나 밀턴(John Milton)이 『실낙원』에서 보여주는 창조적 능력을 적용해, 픽처레스크의 한계를 제시하는 고유한 미학적 비전을 발전시킨다. 버크와 비교해볼 때, 워즈워스에게 숭고는 자연의 물리적 특성에 작용하여 이를 변형시키는 인간 마음의 작용을 중시한다. 또한, 버크와는 달리 숭고와 미라는 미적 범주에 도덕적 차원을 부과한다. 예를 들어, 1799년 『서시』의 보트 훔치기 일화에서 산은 소년의 일탈 행위에 처벌을 가하는 존재이며 그의 성장 과정에 계속 작용하여 인간의 직접적 경험의 범위를 넘어서는 존재를 의식하게 한다. 산으로 인해 소년의 마음이 활성화된 만큼이나, 도덕적 성장도 함께 이루어지는 것이다. 1799년 『서시』 1부의 "존재의 알 수 없는 양식에 관한 / 어렴풋하고 비결정적인 인식”(121-22)은 버크가 말하는 공포가 유발하는 숭고가 워즈워스의 도덕적 성장과 결합한 좋은 예시이다.

1971년 웨일스의 스노돈 등산 장면에서는 당대에 영향력 있던 버크의 주요 저술『숭고와 미에 관한 우리 생각의 기원에 대한 철학적 연구』에서 설명되는 주요 미학 범주인 “숭고”와 “미,” 그리고 “공포”와 “위험”이라는 낱말이 차용된다. 또한, 페트라르카의 몽방뚜 등산과 서로 연결되어 정상에서 바라본 파노라마를 다루며, 내적 상상력과 외적 자연 세계를 기억을 매개로 융합하는 시인의 상상력이 서술된다. 칸트가『순수 이성 비판』(*Critique of Pure Reason*)의「우주론적 변증법을 해결하는 열쇠로서 초월적 이상주의」(Transcendental Idealism as the key to solving the cosmological dialectic) 섹션에서 선언하고 있는 인식론의 새로운 방향 설정을 따르면서(511-14), 워즈워스는 인식한 외부 사물에 형태를 부여하는 조형력을 가진 인간 마음의 작용을 설명한다.

인간의 마음이 숭고에서 결정적 역할을 한다는 워즈워스의 생각은 그가 쓴「숭고와 미」(“The Sublime and the Beautiful”)에서도 확인된다. 숭고와 미의 감정은 “외적 대상들이나 그들의 힘, 성질, 특성에 의해” “본질에서” 결정되는 것이 아니라, “마음 자체에 의해, 마음이 작동되는 법칙에 의해” 결정된다(*The Prose* 2, 353). 마음의 작동을 중시함으로써, 워즈워스는 같은 시각 대상이 그것을 바라보는 사람의 마음이 특정한 순간에 일으키는 것에 따라, 숭고나 미로 효과를 발휘할 수 있다는 특이 한 주장을 펼친다.[9] 워즈워스는 이러한 범주들은 자연

9) 코울리지는 같은 대상이 동시에 숭고하면서 미적일 수 있음을 부정한다. 미는 통일성과 다양성을 서로 관련시키면서 마음이 비교하는 힘을 충족시키지만, 숭고는 이러한 비교를 하는 것을 “유보”한다고 생각하기 때문이다(Stokes 136).「호수 지역

을 관찰하거나 서술하는 유용한 방식의 차원을 벗어나 자연을 "정확하게 명상"(*The Prose* 2, 72)하려면 자연 관찰에 반드시 사용해야 할 기준으로 설명한다. "산의 존재는 / 영혼의 치수와 전망을 / 정엄하게 형성한다" (1850, 7, 723-25)라고 표현하여 숭고와 미의 관점에서 인식한 산의 영향을 받아 계속 성장하는 마음을 표현한다. 산과 상호작용을 통해 마음은 개별 시각이미지들을 초월적 통일성으로 융합시키는 비전을 만들며 상상력은 측정 불가한 힘을 의식하게 하여 초감각적인 존재를 인정하게 한다(*Prose* 2, 354-55). 마음은 이러한 "접근할 수는 있지만 얻을 수는 없는 어떤 것"을 사고하거나 어느 정도 공유하며, 이에 따라 확장된다(*Prose* 2, 356).

숭고는 인간의 자의식을 자연에 부여하여 얻는 것은 아니며, 인간의 상상력과 자연의 힘 간의 유사함이 표현될 때 얻어지는 정서적 반응이다. 『서시』 14권 스노돈 등산 장면은 다양한 모습 속에서, 그리고 이질적 외면을 초월하여, 작동하고 있는 통일성을 인식하는 워즈워스 시학의 기본적 자세를 보여준다. 자연의 통일성은 역설적으로 풍경의 복합성으로 표출되며, 숭고는 개별적 사물들에 선재하고 이들을 흘러넘치는 통일적 전체에 대한, 그리고 사물의 네트워크에 대한, 통찰에서 비롯된다.

> 이렇게 작동될 때 모두가 인정하고,
> 이렇게 자연이 신체 감각에 내보이는,
> 그 힘은 더 고귀한 존재들이 그들의 것으로

안내서』에서 워즈워스는 알프스의 "숭고하고 아름다운 지역"을 언급하면서, 숭고와 미를 구분한다. 숭고는 "자연이 지구를 처음 다룬 결과"이며 미는 "밀접하게 결합한 전체 속에서 통일되는 대칭적인 부분들의 다양성"에서 비롯된다고 기술한다 (*Prose* 2, 181).

그들에 지니는 저 영광스런 능력과 유사함의 표현이다.

> The power, which all
> Acknowledge when thus moved, which Nature thus
> To bodily sense exhibits, is the express
> Resemblance of that glorious faculty
> That higher minds bear with them as their own. (*The Prelude* 1850, 14, 86-90)

밀턴이 『실낙원』 5권에서 인간의 논증적 이성과 천사들의 직관적 이성을 구분하는 것을 따라(488-90), 워즈워스는 스노돈 등산 장면에서 논증적(discursive) 이성과 직관적(intuitive) 이성을 구분한다. "영광스런" 직관적 이성의 작용에서, 자연의 작용과 상상력은 서로 아날로지를 이룬다. 스노돈 등산 장면에서 안개는 산 풍경을 실제 바다로 변형시키고, 이와 유사한 방식으로, 상상력은 특정한 속성을 덧붙이거나 제거함으로써 개별적 이미지들을 변형시킨다. 자연의 이러한 변형 작용은, 상상력이 자연의 이미지에 작용하듯이, 인간의 신체적 감각에 의존한다. 자연과 인간의 마음은 절대적으로 구분되거나 대립하지 않는다. 주체와 대상, 마음과 자연을 서로 대립적 요소로 구분하는 것이 아니라, 상호 간의 화해와 통합을, 즉 주체에 대상을, 마음에 자연을 융합시키며, 더 나아가 「틴턴 사원」에서처럼 자연과 인간을 사물의 관점에 서 파악하고 이러한 모든 사물을 관통하여 흐르는 "운동과 기운"(101)이라는 초월적 존재를 인식하는 계시적 비전이 워즈워스가 말하는 숭고일 것이며, 이러한 인식은 산을 소재로 다루는 그의 시와 산문에서 두드러진다.

『서시』 6권의 알프스 도보 여행의 여정은 칼레(Calais)에서 출발하여 프랑스를 걸어 통과하고 몽블랑을 지나 이탈리아로 가는 것이다. 심플론 패스 장면에서 워즈워스는 알프스를 자기도 모르게 통과했다는 농부의 말을 듣고 실망하게 되며, 곧 자의식적 상태에서 둔감한 현실을 압도하는 상상력에 휩싸이게 된다. 물리적 자연형태를 내쫓고 대체하는 상상력의 강력한 힘이 작동하는 순간에는 "우리에게 보이지 않는 세계를 / 보여주었던 섬광 속에서 / 감각의 빛은 꺼져버린다"(the light of sense / Goes out in flashes that have shown to us / The invisible world) (1805, 6, 534)라는 구절은 물리적 시각 이미지에 작용하는 상상력의 힘을 표현한다.[10] 그러나 진정한 숭고의 순간은 감각 세계의 흔적을 완전히 지우고 이를 보이지 않은 세계에 대한 비전을 제시하는 상상력이 완전히 대체하는 것은 아니다. 숭고의 절정은 상상력의 완전한 지배가 아니라, 마음과 외부자연 간의 상호지배의 역설적 상태이다. 워즈워스는 인간의 마음이 "그가 거주하는 지상보다 / 수천 배나 더 아름답다"(1850, 14, 451-52)는 점을 선언한다. 그렇지만, 이러한 마음의 한 형태인 상상력마저도 신체 감각과 완전히 무관한 것은 아니다. 1850년『서시』에서는 1805년 구절을 수정하여 상상력의 "찬탈력"(6, 600)이 "마음의 심연"(6, 594)에서 유래했지만, 다시 자체의 심연에 갇히는 것이 아님을 감각적 형체의 사후 삶의 가능성을 전치사 "with"를 사용해 통사적으로 연결하고 있다. 즉, "감각의 빛은 사라지지만 비가시적 세계를 드러내 준 섬광을 지니고"("the light of sense

10) 이 장면은 사후적이다. 워즈워스와 존즈는 1790년 8월에 실제로 알프스를 넘으며, 그 당시에는 심플론 패스 통과는 실망감을 안겨준다. 그러나 시간이 지나 1804년 봄에 실제 경험을 시로 옮길 시점에 워즈워스는 상상력의 위대함을 인식하고 표현하게 된다. 1790년 당시에는 적어도 문자로 설명하지 못하던 알프스 통과라는 실제 사건은 1804년 창작 당시의 글쓰기 행위를 통해 그 계시적 의미가 드러난다. 과거의 알프스 경험은 이제 창작을 통해 더 강렬한 의미를 가지게 된다.

/ Goes out, but with a flash that has revealed / The invisible world") (6, 600-02)라는 구절로 수정된다. 계시적 비전에서 인간 마음은 분명히 특권을 가지지만, 외부 자연 세계와 무관하게 작동하는 것은 아니며, 이들은 단순한 대립과 대체관계로 전락할 수 없다. 수정 전후를 검토하면, 복수형 "flashes"와 "have shown to us"를 사용하는 1805년 판은 좀 더 직접적이며 감각적이지만 1850년 판은 좀 더 계시적, 극적이며, 초감각적 경험의 폭을 더 넓힌다. 토마스 와이스켈(Thomas Weiskel)은 워즈워스가 사용한 메타포는 "칸트의 이론보다 더 섬세한데, 미학적 위대함을 뒤따르는 결과로 생겨나는 인식 상태에 두는 것이 아니라 더 분명하게 감각의 무의식적 최고점에 두기 때문이다"(43)고 평가한다. 『판단력 비판』(*Critique of Judgement*)에서 칸트는 "숭고는"("숭고를 생각하는 능력은") "모든 감각 기준을 넘어서는 심적 능력을 표시"한다고 언급한다(66, 69). 또한 숭고의 감정은 내면에서 "우리의 초감각적 목적지에 관한 감정"(72)을 일깨운다고 설명한다. 워즈워스가 신체 감각을 포기하지 않는다는 사실은 칸트와 구분되는 점이다.

『서시』 6권의 심플론 패스 장면 구성은 산 풍경의 숭고를 서술하는 과정에서 단계적 절차를 따른다. "두 명의 형제 순례자"(1805, 481)로 소개된 화자와 그 친구 로버트 존즈(Robert Jones)가 처음 실제 몽블랑을 대면했을 때 신체의 눈에 비친 "생기 없는 모습"(1805, 455)이 마음속에 상상했던 산 이미지를 치환시키는 장면이다. 그런 다음, 가파른 산길을 오르다 일행과 헤어져 길을 잃게 되고, 도중에 만난 "농부"(1805, 516)에게서 길을 찾아 "아래로 내려가야"(1805, 518)한다는 말을 듣고, 곧이 믿을 수 없어 재차 물었지만 같은 답을 얻게 되고 "이미 알프스를 넘었다"(1805, 527)는 것을 알게 된다. 이후, 사후적 기법으로 "인간 언어의 가엾은 불완전"(1850, 593)으로 어쩔 수 없이 "상상력"(1805, 592)이라 불리는 것에 관한 수사적 향연이 펼쳐진다. 이 장면에서는 시작 부분과는 정반대로 상상력의 찬탈력이 단조로운 현실을 위압하고 그 한계를 극복하는 것으로 기술된다. 그렇지만, 기대와는 다르게 이미 알프스를 넘었다는 사실에 대한 화자 자신의 실망감에 대한 약간의 보상적 심리가 가미되고 특히 1805년 판에서는 자의식적 성향이 가미된다고 할 수 있다. 계속 하산하여, 곤도 협곡에 이르러 그 풍경 묘사에서 마음과 자연이, 여러 대립체가 계시적으로 조화, 융합되는 숭고한 장면이 극적으로 기술된다.[11]

숭고와 풍경의 정치학

워즈워스 숭고 미학의 특징을 이루는 이러한 조화와 융합의 비전은 그의 시작 활동에서 일관되게 유지되고 추구된다. 1815년 『시』(*Poems*)의 「서문의 보충문」("Essays Supplementary to the Preface")에서 워즈워스는 제임스 맥퍼슨(James Macpherson)을 비판하면서 "자연에서, 모든 것은 구분되지만, 어떤 것도 절대적으로 독립된 단일함으로 정의되지 않는다"(*The Prose* 3, 77)고 진술한다. 존재의 완결성은 개별적 존재의 인정과 함께 개별성을 넘어서는 통일에 대한 통찰에 있음

---

11) 코울리지와 만난 이후 적어도 1800년 초반까지 워즈워스의 작품에는 스피노자(Baruch Spinoza)의 영향이 짙게 드리워진다. 코울리지는 『노트북』(*Notebooks*) 기록에서도 나타나듯이, "어떻게 하나가 다수가 될 수 있는지"는 자신에게도 "영원한 수수께끼"이고 "불가능한 듯하지만," "실재하며, 곳곳에 존재한다" 수긍하면서 스피노자를 언급한다. 하나와 다수 간의 양립 불가능은 "용어상의 모순" 따름이고 실재한다는 이러한 사고는 이전에 그가 스피노자에 관해 "단일성"과 "절대적 동일성"을 언급하던 것과는 구분된다(*Notebooks* 37, 16).

을 시사한다. 또한 「비문에 관한 에세이」("Essays upon Epitaph")에서는 "상반된 것처럼 보일지라도 대조보다는 더 섬세한 다른 관계를 지니는 감정"(*The Prose* 2, 53)을 설명하면서 "자연 세계와 도덕 세계에는 특성들이 알지 못하게 그들과 상반되는 것들로 넘어가고, 사물들은 서로를 중심으로 전개된다"(*The Prose* 2, 53)고 진술한다. 그의 숭고론은 이러한 관점을 재확인해주며, 숭고의 원칙이 미학에만 국한되지 않고, 인간의 조건을 구성하는 여러 차원에 적용된다는 점을 입증한다.

등산을 풍경 관찰 행위와 관련시킬 때, 본다는 행위는 결코 중립적이지 않으며, 여기에는 시각의 권력, 주체의 역사, 과학기술의 발전, 그리고 관찰자의 탈중심화라는 모더니즘 이후 본격적으로 부상하는 주제가 당연히 개입된다. 이러한 주제를 본격적으로 논하기는 지면상의 제약이 따르겠지만, 크래리(Jonathan Crary)가 말하듯, 보는 사람은 "규정된 가능성 내에서 보는 사람이며, 관습과 제약 체제 속에 포섭된 사람"(6)이다. 이러한 관점에서 시각을 역사적 구성물로 파악하고, 이를 토대로 풍경과 자연에 대한 인식을 새롭게 점검하여 이들이 사회적, 문화적 구성물이라는 관점을 가질 필요가 있다. 관찰자와 관찰 대상은 관습적으로 구성된다는 점을 생각하는 데서 그치는 것이 아니라, 다양한 배경과 장소에 위치된 사건의 분포로서 관찰자와 관찰 대상을 분석해야 하며, 따라서 로맨티시즘의 등산과 풍경, 그 미학적 비전에 관한 연구가 별도로 필요하다는 당위성도 성립된다. 특히 워즈워스의 경우에는 시각 경험이 조직하고 통제하려는 관찰자를 교란하는 에이전트로 작용한다는 측면이 있다. 한 예로, 「가시나무」("The Thorn")에서 화자는 "산 정상에 올라서"(185) "망원경으로 / 넓고 환한 대양을 조망"(181-82)하려 한다. 그러나 그는 갑작스러운 기상 변화로 계획을 달성하지 못한다. 또한, 마사 레이의 얼굴을 직접 대면하지만, 그 얼굴의 의미를 파악하지 못한다.

존 배럴(John Barrell)은 "풍경의 어두운 면"을 설명하면서 풍경 재현에 개입하는 도덕적, 정치적 요소들을 지적하고 있다(24-25). 문제는 이러한 요소들이 표면적 이상주의 아래에서 숨겨져 잘 드러나지 않는다는 점이다. 풍경 재현은 정치 담론과 유사한 성격을 가지며, 이면의 잘 드러나지 않는 다양한 입장을 끌어내고, 그것이 제도화되고 정당화되는 과정에서, 그리고 제도화와 정당화를 수행하는 과정에서, 침묵되거나 침묵시키는 요소를 고려해야 한다. 다시 말해, 자체의 가독성을 와해시키는 문화적 실천 양식이 풍경의 한 측면일 것이다. 워즈워스의 풍경 미학도 마찬가지로 그것을 픽처레스크, 숭고, 혹은 미와 같이 정해진 장르로만 파악하는 대신에, 그것이 시각적 전유의 장이며, 개인과 공동체의 정체성 형성과 불가분의 관련을 맺고 있으며, 또한 교환 매체로서 유통되는 방식을 검토하는 과정을 거쳐야 할 것이다.

이와 같은 맥락에서, 풍경은 문화로 매개된 자연이며, 자연 자체가 아니라 사회적 자연이라는 점을 생각해볼 수 있다.[12] 풍경은 자신의 이러한 관습성을 관찰자가 자연스러운 것으로 받아들이도록 재현하며, 관찰자의 정체성을 자신과의 관계에서 형성 시킨다. 라깡(Jacques Lacan)이 거울 단계에서 설명하는 오인 구조가 풍경과 관찰자 간에 작동한다는 내용인데, 미첼(W. J. T. Michell)은 이러한 풍경의 속성을 설명하기 위해 마르크스(Karl Marx)가 사용한 "사회적 상형문자" (*Landscape and Power*, 15)라는 용어를 사용한다. 자신의 실제적 가치

12) 자연을 사회나 자아가 투영된 것으로 보는 시각은 17, 18세기 정원 예술의 분석에서 많은 동력을 얻었다. 레이먼드 윌리엄스도 자연을 이 같은 시각으로 파악한다. 스캇 헤스(Scott Hess)는 이를 계승한 환경론을 제시한다.

의 토대를 숨기고 있는 사회적 관계의 표상이 풍경이며, 동시에 상품이 갖는 주물의 속성을 가진다는 것이다. 앤 버밍햄(Ann Bermingham)은 『풍경과 이데올로기』(*Landscape and Ideology*)에서 배럴과 마찬가지로 풍경 이해에 당대의 물질적 조건의 변화나 경제적 관심사를 반영하며, 풍경의 미학적 이상화에 따르는 문제점을 지적한다(11, 168).[13] 실제로, 워즈워스의 풍경 서술은 공유지의 인클로저와 산업 혁명의 여파로 인한 당대 농부들의 가난한 실상을 자칫 당연시하는 결과를 낳을 수 있다.

워즈워스의 풍경시는 풍경을 단순히 회화의 한 장르가 아니라, 문화 코드의 네트워크로 파악해야 함을 제시한다. 풍경과 마찬가지로, 풍경을 관찰하는 시각도 정치적 속성에서 벗어날 수 없다. 나폴레옹 전쟁이 한창이던 1811년과 1813년 시기에 창작되고 수정되어 1815년에 출간된 블랙 콤브(Black Comb) 산을 소재로 한 두 편의 시 「블랙 콤브 정상에서 조망」("View from the Top of Black Comb"), 「블랙 콤브 산허리 돌에 석필로 적은 시」("Written with a Slate-pencil, on a Stone, on the Side of the Mountain of Black Comb")는 발아래 펼쳐지는 풍경을 조망하면서 개인과 국가의 정체성에 관한 비전을 탐색하는 대표적 시들이다. 앞 시에서 워즈워스는 웨일스, 스코틀랜드, 모나 섬, 아일랜드, 영국 본토의 풍경을 각각 기술하면서 이러한 개별적 풍경과 정치적 단위를 "한 시선을 따라 이어지는"(8) 파노라마로 구성한다. 지역적으로 분리되고 이질적 개별 단위 간의 형제적, 수평적 동지 관계를 강

13) 레이먼드 윌리엄스(Raymond Williams)는 "노동을 하는 지역은 풍경이 되기 힘들다"(120)는 표현으로 이상화된 풍경의 문제점을 지적한다. 존 배럴도 영국 풍경에서 노동자들 의 노동이 자연의 아름다움을 철학적으로 명상하는 것을 방해하기 때문에 풍경의 "어두운 면" 에 감추어진다고 언급한다(13-16).

조하면서 이를 통합하여 "영국의 평온한 행복과 권위를"(34) 드러내는 "무한한 계시"(32) 로 만들어 낸다.

워즈워스가 계시적 비전으로 바라본 영국은 에드워드 사이드(Edward Said)가 제안하는 특정한 텍스트나 담론 혹은 이미지로 만들어지는 "상상된 지리"(194)와 관련 되며, 유토피아적 요소가 있다. 또한, 당대의 현실을 고려하면 제국주의적 속성을 숨기는 측면도 있다. 그러나 워즈워스의 통합을 지향하는 계시적 비전이 이질적 지리, 다채로운 형태, 다양한 문화적-역사적 배경을 지닌 국토 구성요소의 개별성을 완전히 부인하거나 말살하는 것은 아니다. 오히려, 워즈워스는 국가라는 보편적 추상성의 토대를 지역적 특수성과의 관계에, 그리고 서로 해결 불가능 상태를 인정하고 이를 유지하는 개별적 특성의 아카이브에 둔다.

앨리슨 힉키(Alison Hickey)는 "통합하고 체계화하려는 충동과 이러한 충동에 대한 저항"(131)이 워즈워스의 특성이라고 언급한다. 워즈워스의 숭고는 이러한 충동과 저항을 통합시킨다. 또한, 영국이라는 국가와 호수 지역이라는 지역적 특성 간의 관계도 숭고의 원칙을 따라 설정한다. 이들 간의 "상호 지배"나 "상호 교환적 지배"의 관계는 서로 간의 절충이나 조율의 문제가 아니라, 영국이라는 국가는 호수 지역 삶의 일반화이며, 호수 지역은 영국의 삶과 물적, 정신적 조건의 축도가 된다. 시인 워즈워스의 자아와 영국과의 관계도, 그가 상정하는 이상적 국가와 그것을 구성하는 개인 주권과의 관계도 이러한 관점에서 파악할 필요가 있다.

블랙 콤브 산의 풍경을 소재로 한 두 번째 시 「블랙 콤브 산 경사면의 돌에 석필로 쓴」("Written with a Slate-pencil, on a Stone, on the Side of the Mountain of Black Comb")에서 산 정상에 오른 육지 측량부(The

Ordnance Survey)의 국가 지도 사업을 수행하는 "지리 작업자"(14)는 산 아래 일반인들이 갖지 못하는 특권을 누린다.

> 그에게는
> 높은 산에서 (소심한 사람에게는
> 잘 허용되지 않는) 자연의 진행을
> 얼핏 보는 것이 최대한 주어졌다.

> To him was given
> Full many a glimpse (but sparingly bestowed
> On timid man) of Nature's processes
> Upon the exalted hills. (17-20)

시야가 트인 광활한 전망을 하는 블랙 콤브 산 정상에서 삼각 측량을 하면서, 발아래 풍경을 내려다보는 "지리 작업자"에게는 점유한 위치상의 혜택에 덧붙여 18세기 시적 전통에 따라 우월한 정치적, 도덕적 의미가 부여된다(Barrell 35). 그는 아래에 보이는 풍경과 사람, 사물을 논평하는 자격을 암묵적으로 인정받는다. 굳이 "작업자" 를 붙였다는 이유를 대면서, 그가 이러한 특권을 완전히 누리지 못한다고 비판할 수 있겠지만, 다른 한편으로는, 산 아래에 있는 "소란스러운 방문자들"(7)과 대비됨으로 써 일정 부분 특권이 묵인된다. 또한, 삼각측량과 경위의(theodolite) 사용에 필요한 "도표와 장비"(15)를 언급함으로써, 적합한 풍경 서술과 관찰 행위는 특별한 기술이 훈련을 통해 습득되어야 하며, 산 위에서 "고독한 작업"(16)을 수행하는데 갖추어야 하는 의지와 지적 능력을 암시한다. 올바른 관찰 행위는 후천적으로 학습되어야 하는 특별한 능력이라는 것이다. 윌리엄 길핀(William Gilpin)은 『와이 강 관찰기』(*Observations on the River Wye*)에서 적합한 시각은 엄격한 교육을 통해 "추구해야 하는 대상"(1)이며, 적합하게 보는 능력은 세련된 미적 취향을 얻으려는 노력처럼 자연적으로 공유되는 것이 아님을 기술한다.[14]14 이러한 길핀의 시각은 워즈워스의 경우와 다르지 않다.

워즈워스가 "지리 작업자"를 자신의 동일시 대상으로 실제로 설정하고 있는지는 명확하지 않다. 그러나 작업자의 고독을 강조함으로써 그의 행위와 인물 자체를 추상화하고, 그에게 "자연의 진행 과정"(19)을 엿볼 수 있는 특권을 부여하며, 산 아래 현실과 구분하여 이것에 직접 구애받지 않는 관찰자라는 지위를 부여하는 점은 1809년에 출간한 그의 저서『신트라 협약에 관하여』(*Concerning the Convention of Cintra*)에서 "대중이 기준에 관여하지 않으며, 국가와 인류의 가장 소중한 것에 영향을 주는 경우를 제외하면 사태의 변화에 관심을 주지 않는"(180) 사람을 적합한 정치 논평의 대상으로 설정하고 있는 것과도 상통한다. 워즈워스는 대중에 대한 전폭적 신뢰를 유보하면서 합당한 취향 습득을 엄격한 훈련을 거친 소수 특권으로 한정시킨다. 이러한 행위는 자신의 계급의식과 무관하지 않다. 이러한 계급적 특권에서 비롯된 미적 취향을 가지며 현실의 이해관계에서 초연한 개인이 워즈워스의 이상적 공동체에 합당한 구성원이 되며, 숭고의 정치학은 바로 이러한 개인 주권이 공동체와의 관계에서 상호 교환적 지배를 형성하는 경우이다.

---

14) 조지 버클리(George Berkeley)의 1709년에 출간한「새로운 시각 이론을 위한 에세이」("An Essay Towards a New Theory of Vision"), 길핀의 1792년 픽처레스크에 관한 세 편의 에세이도 마찬가지로 학습에 의한 적합한 풍경 취향과 바르게 보는 방법에 관해 언급한다. 길핀의『와이 강 관찰기』는 *Observations on the River Wye, and Several Parts of South Wales, etc. Relative Chiefly to Picturesque; made in the Summer of the Year, 1770*이 원래 제목이다.

산에 대한 본격적 관심은 19세기 창작품이다. 등산은 로맨티시즘 시기에 새롭게 본격적으로 등장한 활동이며 당대의 역사적 조건과 함께 등산가라는 새로운 정체성을 산출한다. 로맨티시즘 시기의 작가들은 등산 행위를 시 창작 활동과, 등산가를 자신들의 정체성과 결부시켜 새로운 문학적 활력을 모색한다. 버크 미학에서는 숭고와 미로 뚜렷하게 구분되는 것들을 결합하면서, 워즈워스는 다양성을 파괴하지 않고 초월하는 통일성을 지각함으로써 단일한 포괄적 비전속에서 자연 사물의 다양성을 인정하는 독특한 숭고를 설정한다. 그의 숭고는 미학적 기준에서 벗어나 자연 사물의 윤리와 공동체 구성원리로 확대된다. 인간의 마음과 대상과의 상호주권, 상호작용은 산을 소재로 하는 워즈워스의 숭고 미학에서 중요한 주제이다.

인용문헌

Albrecht, W. P. "Tragedy and Wordsworth's Sublime." *The Wordsworth Circle* 8.1 (1977): 83-94. Print.

Bainbridge, Simon. "Romantic Writers and Mountaineering." *Romanticism* 18.1 (2012): 1-15. Print.

Barell, John. *The Dark Side of the Landscape: the Rural Poor in English Painting, 1730-1840.* Cambridge: Cambridge UP, 1980. Print.

Bermingham, Ann. *Landscape and Ideology: The English Rustic Tradition, 1740—1860.* Berkeley: U of California P, 1989. Print.

Blake, William. *The Complete Poetry & Prose of William Blake.* Ed. David V. Erdman. New York: Anchor Books, 1988. Print.

Bohls, Elizabeth A. "Picturesque Travel: The Aesthetics and Politics of Landscape." *The Routledge Companion to Travel Writing.* Ed. Carl Thompson. London: Routledge, 2016. 246-57. Print.

Brown, Bill. "Thing Theory." *Critical Inquiry* 21 (2001): 1-22. Print.

Burke, Edmund. *A Philosophical Enquiry into the Origin of Our Ideas of the Sublime and Beautiful.* Ed, Paul Guyer. Oxford: Clarendon P, 2015. Print.

Coleridge, Samuel Taylor. *Collected Letters of Samuel Taylor Coleridge.* Vol 2. Ed. Earl Leslie Griggs. Oxford: Clarendon P, 1971. Print.

________. *Coleridge's Notebooks: A Selection.* Ed. Seamus Perry. Oxford: Oxford UP, 2002. Print.

Colley, Ann C. *Victorians in the Mountains: Sinking the Sublime.* New York: Routledge, 2016. Print.

Crary, Jonathan. *Techniques of the Observer: On Vision and Modernist Century.* Cambridge: MIT P, 1990. Print.

Craig, David. *Native Stones: A Book about Climbing.* London: Martin Secker & Warburg, 1987. Print.

Gilpin, William. *Observations on the River Wye.* 2nd Edition. London: Blamire, 1789. Print.

Halmi, Nicholas, ed. *Wordsworth's Poetry and Prose.* New York: W. W. Norton, 2014. Print.

Heaney, Seamus. *Preoccupations; Selected Prose 1968-1978.* New York: Farrar, Straus and Giroux, 1980. Print.

Hess, Scott. *William Wordsworth and the Ecology of Authorship: The Root of Environmentalism in Nineteenth-Century (Under the Sign of Nature)*. Charlottesville: U of Virginia P, 2012. Print.

Hickey, Alison. *Impure Conceits: Rhetoric and Ideology in Wordsworth's Excursion*. Stanford: Stanford UP, 1996. Print.

Hill, Alan G. "The Triumphs of Memory: Petrarch, Augustine, and Wordsworth's Ascent of Snowdon." *The Review of English Studies, New Series* 57.299 (2006): 247-58. Print.

Jarvis, Robin. *Romantic Writing and Pedestrian Travel*. London: Macmillan, 1997. Print.

Keane, Patrick J. "Mountain Visions and Imaginative Usurpations: Essay." *Num ro Cinq* 10 (2012).

http://numerocinqmagazine.com/2012/10/19/mountain-visions-and-imaginative-usurpations-essay-patrick-j-keane/

Kant, Immanuel. *Critique of Pure Reason*. Trans and Ed. Paul Guyer and Allen W. Wood. Cambridge: Cambridge UP, 1998. Print.

_____. *Critique of Judgement*. Trans. J. H. Bernard. New York: Dover, 2005. Print.

Milton, John. *Paradise Lost*. Ed. Stephen Orgel. Oxford: Oxford UP, 2004. Print.

Mitchell, W. J. T., ed. *Landscape and Power*. 2nd ed. Chicago: U of Chicago P, 2002. Print.

Petrarch, Francesco. "The Ascent of Mount Ventoux. Fordham University Internet Medieval Source Book. http://sourcebooks.fordham.edu/source/petrarch-ventoux.asp.

Potkay, Adam. "Wordsworth and the Ethics of Things." *PMLA* 123 (2008): 390-404. Print.

Said, Edward W. "Culture and Imperialism." *Power, Politics, and Culture: Interview with Edward W. Said*. Ed. Gauri Viswanathan. New York: Pantheon, 2001. Print.

Solnit, Rebecca. *Wanderlust: A History of Walking*. New York: Penguin Books, 2001. Print.

Schama, Simon. *Landscape and Memory*. New York: Alfred A. Knopf, 1995. Print.

Stokes, Christopher. *Coleridge, Language and the Sublime*. New York: Palgrave Macmillan, 2011. Print.

Turnbull, Ronald. *The Book of the Bivvy*. Milnthorpe: Cicerone, 2007. Print.

Weiskel, Thomas. *The Romantic Sublime: Studies in the Structure and Psychology of*

Transcendence. Baltimore: Johns Hopkins UP, 1976. Print.

Williams, Raymond. *The Country and the City*. London: Chatto & Windus, 1973. Print.

Wordsworth, William. *Concerning the Convention of Cintra.* Eds. Richard Gravil and W. J. B. Owen. Penrith: Humanities-Ebooks, 2009.

_________. *Letters of the Wordsworth Family from 1797 to 1855.* Ed. William Knight. Vol 3. New York: Haskell House Publishers, 1969. 3 vols. Print.

_________. *The Letters of William and Dorothy Wordsworth.* Eds. Ernest De Selincourt and Chester L. Shaver. Vol 1. Oxford: Oxford UP, 1967. Print.

_________. *The Prelude 1799, 1805, 1850.* Eds. Jonathan Wordsworth, M. H. Abrams, and Stephen Gill. New York: W. W. Norton, 1979. Print.

_________. *The Prose Works of William Wordsworth.* Vol. 2. Eds. W. J. B. Owen and Jane Worthington Smyser. Oxford: Oxford UP, 1974. 3 vols. Print.

6

시각 기술과 체험된 지리

시각 기술과 체험된 지리

I

워즈워스의 풍경 시와 산문에 표현되는 지리 인식과 그 재현 방식은 관심을 끄는 주제이다. 여러 가지 이유가 있겠지만, 무엇보다도, 로맨티시즘 시기의 지도 제작법, 시각 미학, 생태 비평의 교차점이 되면서, 과학과 미학의 상호교섭 사례가 되기 때문이다. 이를 설명하려면, 당대에 국가사업으로 육지 측량부(The Ordnance Survey)가 진행하던 영국 전역의 지도 제작에 내포된 정치-지리관과 시각 기제의 문제점, 그리고 광학과 기술 발달이 주체를 산출하는 방식에 관한 논의가 필요하다. 로맨티시즘 초기 풍경 미학은 픽처레스크의 지배적 영향 아래에 놓여 있었고, 워즈워스의 풍경 시 역시 이러한 조류를 반영하고 있다. 이러한 사실을 인정한다면, 먼저 해결해야 할 한 가지 문제점이 있다. 과학적 지리 측정 기법(삼각 측량에 기반을 둔 지도 제작법)과 픽처레스크 미학은 어떻게 서로 관련되며, 워즈워스의 시학은 이러한 관련성을 어떻게 서술하고 있는가? 이러한 관련성 파악 과정에서 풍경을 조망하거나 사물을 관찰하는 시각에 당대의 과학 기술이 개입하는 방식과 일으키는 효과가 논의될 것이며, 더 나아가 18세기 이후로 급속하게 발달한 과학 기술이 대상을 바라보는 주체 형성에 주는 영향이 설명될 것이다.

이러한 논의와 설명 과정에서 당대의 픽처레스크 관찰자와 지도 제작자의 보는 눈에 관한 이론적 배경과 이들이 공유하는 시각의 특징에 관한 분석이 우선시되겠지만, 이와 함께 과연 워즈워스가 어느 정도까지 이들의 시각적 가정을 따르고 있는지도 논점이 될 것이다. 이 글은 워즈워스의 풍경 시에 등장하는 여행자-화자의 특성 파악에 중점을 두면서, 그가 지리 측량자나 지도 제작자의 눈으로 지리와 풍경을 관찰하지만, 시각의 전제적 권력에 매몰되지 않고, 체험적이며 다층적 재현양식을 산출하는 점을 이끌어 내려한다. 또한, 이를 토대로 워즈워스의 현상학적, 체험적 생태-지리관을 설명하려 한다. 이 글에서 입증하려는 논점을 제시하면, 첫째, 지도 제작자(워즈워스의 경우 "지리 노동자")와 픽처레스크 시각 체계는 현상에 질서를 부여하고 풍경과 풍경이 구현하는 국가를 읽을 수 있는 대상으로 만들지만, 이러한 과정은 관찰자와 대상 간의, 인간과 자연 간의, 인식과 물질 간의, 눈과 육체 간의 구분을 당연시함으로써 대상화된 풍경을 추상화시키고, 소유화하며, 관찰자의 직접적 감각 경험과 분리한다. 둘째, 워즈워스는 눈의 전제적 힘을 인식하고, 시각과 복합 감각을 대비시켜, 시각의 전유적 힘을 효과적으로 상쇄하면서, 지리와 복합 감각적, 체험적, 직접적 관계를 지향한다. 셋째, 여기에서 상쇄한다는 의미는 시각과 청각을 대조하여, 시각을 전복시키고 대체하는 청각의 특권을 내세우는 것이 아니다. 워즈워스에게 시각의 중요성은 결코 부정되지 않으며, 시각은 다른 감각과 상호 교섭을 통해 특이한 효과를 산출하고, 세계 체험을 더욱 풍성하게 만든다. 넷째, 워즈워스 시에는 육체가 지리와 직접적 대면에서 활성화되는 촉각적 경험이 중시된다.

이러한 연구 주제와 방식은 생태-지리관(자연 사물에 중점을 두지만, 지리, 풍경, 풍경에 구현된 국가관을 포함하는 포괄적 개념)을 이해하는 단서를 가진다. 워즈워스는 시각 헤게모니를 강조하는 지도 제작법과 픽처레스크에 내포된 인간 중심적 모델과 구분되는 대안적 낭만주의 생태-지리 모델을 제시한다. 이러한 모델에서는 인간을 중심에 두고 사물을 지배하는 시각이나, 자연과 직접적이며 체험적 대면 이전에 이미 확립된 주체를 가정하는 환경론은 의미가 없다. 인간과 환경 간의 관계를 새롭게 정립하는 과정에서, 워즈워스는 환경을 구성하는 개별적 사물에 에이전시를 부여하며 이들 간의 네트워크를 중시한다. 이제 이를 구체화하는 단계로 넘어가겠다.

Ⅱ

워즈워스 시와 산문에는 지도 제작법, 삼각측량, 기하학과 관련된 메타포를 찾는 것은 어렵지 않다. 이러한 메타포는 18세기 중반 이후 영국에서 급속도로 발전한 과학 기술이 자연 사물과 사회 현상을 새롭게 인식하고 재현하는 방식에 끼친 영향을 반영한다. 특히 지도 제작법과 관련된 기술의 발전과 미학, 국가 간의 교섭 관계를 분석함은 당대의 공간 인식과 그 재현 방식을 설명하는 데 필수적 과정이다. 지리 인식과 지도 제작법에 관해, 로맨티시즘 시기는 그 이전의 계몽주의와는 분명히 구분되는 다양한 관점이 공존했다. 지도 제작과 워즈워스의 풍경 재현 간의 관계가 결코 자의적이지 않다면, 지도 제작과 관련된 당대의 과학 기술과(경위의, 사분의, 삼각측량, 기하학 등) 당대의 시각 예술(픽처레스크, 클로드 글래스, 데카르트적 원근법주의, 카메라 옵스큐라) 간의 상관관계를 설명하고, 이것이 어떠한 방식으로 워즈워스의 작품에 구현되는지를 규명하는 것이 당면한 과제일 것이다.

지도와 관련된 현재의 연구 추세는 지도를 단순히 길을 찾는 수단으로 생각하지 않는다. 지도는 수사적 장치이며 차별과 배제의 도구이자, 자신을 토대로 수립되는 계획을 약속하거나 거부하는 문화적, 정치적 기호이다. 지도가 표현하는 공간에는 제작자의 욕망이 투영되며, 지도는 정치적이며 수사적 장치가 된다. 워즈워스 당대의 영국에는 국토의 지도화가 국가적 사업으로 공개적으로 진행되었다. 1791년 대영 제국 육지 측량부(The Ordnance Survey)가 설립된 후 더욱 체계화된 지도 사업은 프랑스 혁명 이후 전쟁 시기에 군사적 필요성 때문에 가속화되었고, 국가 권력의 중앙 집권화, 경계 설정, 상업의 활성화, 행정 편의, 조세 징수, 인구 통계 작성과 맞물려 대중의 관심사가 되었다.

베네딕트 앤더슨(Benedict Anderson)은 『상상의 공동체』(*Imagined Communities*) 개정판에서 「인구 조사, 지도, 박물관」("Census, Map, Museum") 장을 새롭게 추가한다. 앤더슨은 이들 세 개 항목은 각각은 "권력 제도"(167)로 파악하면서 그들이 근대 국민주의 국가 형성에 기여한 담론적 성격을 설명한다. 또한, 근대 국민주의 국가의 특성을 "상상의 공동체"로 설정하면서, 이것의 형성에 인구 조사는 사람을 추상적으로 수량화하고 연속적으로 배열하고, 지도는 정치 공간을 로고화하며, 박물관은 세속적 계보화를 수행하면서 서로 관련되어 기여한다고 기술한다(xvi). 이러한 분류 체계는 "총체화"를 토대로 상상의 공동체를 이룩하는 데 결정적 인자가 되며, 관료제도와 결합하여 다양한 정책을 수립하고 혁명적 결과를 산출하게 된다(177). 실제로 영국에서는 1759년 1월 15일 대영 박물관을 최초로 대중에게 개방하며, 1791년 육지 측량부를 설립하여 군사 측량과 지도 작업을 본격적으로 체계화하기 시작하며, 1801년 인구 조사를 시행한다. 수집되고 기록된 각 지역의 개별적 특성은 추상화, 표준화를 거쳐 국가주의를 굳히는 데 이바지한다. 본질에서, 리얼리티를 기술적, 과학적으로 추상화한 것이 지도이다. 지도는 통차이(Thongchai)가 지적하듯이 이미 존재하는 것의 객관적 재현에만 그치지 않고 "공간적 리얼리티를 예상한다는"(130) 측면을 함께 가진다. 이를 통해, 지도는 의도한 행정이나 군사 목적을 구체화하는 필수적 도구가 된다. 지도에 개입하는 이러한 권력과 담론의 속성은 로맨티시즘 시기 나폴레옹 전쟁과 식민지 확장 과정에서 그것이 갖는 중요한 이데올로기적 기능을 이해하는 데 도움이 된다.

지도의 본질은 "통제된 추상"(Muehrcke 317)에 있으며, 공간의 통제와 감시를 목적으로 인구 조사가 구성원을 통제하는 것과 같은 기능을 한다. 지도에서 가시화되는 것은 개별적 대상이 아니라, 개별적 대상을 설명하려는 구조이다. 삼각 측량으로 산출된 지도는 워즈워스가 「블랙 콤브 산허리 돌에 석필로 적은 시」("Written with a Slate-pencil, on a Stone, on the Side of the Mountain of Black Comb")에서 표현하듯이, 개별 지점 간의 "높이와 거리"(16)를 측정한 결과물이지만, 개별 지점의 특성은 삭제된다. 지도 표면의 "색채"나 높이와 거리를 표시하는 선은 추상적 기호이며, 이러한 기호는 해당 지점이나 지역의 물리적 특성을 설명하기보다는 오히려 그 자체의 상징성에 관한 질문을 유발한다. 지도로는 설명되지 않는 구체적 특성은 지도상의 기호가 아니라 지도를 읽는 사람의 경험과 이를 보충하는 마음의 능력으로 주어진다. 워즈워스는 이미 「가시나무」("The Thorn")의 주해에서 물리적 시각을 보충하는 "단순한 요소에서 인상적 효과를 산출하는 능력"(Halmi, 38)으로 정의하는 상상력을 언급한다.

워즈워스 시에서 직접 언급되거나 암시되는 측량에 사용되는 삼각 측량기나 망원경을 비롯한 시각 장치는 모더니즘 이후 특히 논쟁이 대상이 되는 보는 주체와 보는 대상 간의 관계에 관한 질문을 촉발한다. 당대의 픽처레스크 이론이나 픽처레스크 풍경을 감상하기 위해 사용된 일종의 보조 장치인 클로드 글래스(Claude glass)는 보는 사람의 시각은 그가 속해있는 시대적, 문화적 조건과 이데올로기에 의해 많은 영향을 받으며, 물리적 풍경에는 정신적 구성이 매개되며, 정해진 보는 방식에 따라 풍경과 대상이 재배치되고 조직된다는 점에 대한 예시가 된다. 다시 말해, 시각 장에서 대상이나 풍경에 개입하는 문화적 조건과 관찰자의 이데올로기는 시각을 구성하는 요소이며, 관찰 대상의 물리적 형태는 관찰자의 정신적 구성에 매개되며, 관찰 대상은 관찰 방식과 사용하는 과학 기술에 따라 재조직된다는 점을 암시한다.

워즈워스는 육지 측량부가 주관한 당대의 국가사업이었던 지도 제작과 풍경 시학이 교차하는 구체적 사례를 서술한다. 『호수 지역 안내서』(A *Guide through the District of the Lake*)에는 호수 지역 남단 블랙 콤브 산에서 지도 제작 업무를 수행한 "노련한 측량자"(*Prose Works* 2, 161)가 언급되며, 「블랙 콤브 산허리 돌에 석필로 적은 시」에 직접 각주를 달아 블랙 콤브 산이 "영국의 어떤 지점보다도 더 광활한 조망을"(*Collected Reading Text* 3, 42) 할 수 있는 지점임을 명시하면서, 산 정상에서 지도 제작을 위해 측량 업무를 담당하는 "지리 노동자"(14)라는 인물을 설정한다. 짝을 이루는 「블랙 콤브 산 정상에서 조망」("View from the Top of Black Comb")에서는 산 정상 오른 화자가 스코틀랜드, 아일랜드, 웨일스를 조망하면서 "한 시선을 따라 이어지는"(8) 파노라마를 구성하고, 마지막에는 영국 본토까지 통합한다. 워즈워스가 설정한 화자는 동시에 풍경을 관찰하는 여행자이기도 하다. 그는 지역적, 역사적 특이성을 가진 서로 구분되는 광대한 풍경을 파노라마로 구성하고 이를 동일한 시적 공간에 통합한다. 이러한 그의 행위는 이질적 지리와 풍경을 동일한 도면에 선과 수치로 추상화하는 지도 제작자의 그것과, 높은 곳에서 아래에 펼쳐지는 풍경을 조망하고 통합하는 그의 시각은 높은 지점에서 대지를 관찰하는 측량인의 그것과 비교될 수 있다. 측량자와 픽처레스크 여행자-화자 모두에게 풍경은 독해의 대상이며, 가치중립적 리얼리티를 구현하는 것이 아니라, 자신의 욕망의 투사체이기도 하다. 이들이 공통으로 가정하는 추상적 공간은 당대의 국가주의 정치관을 반영한다는 측면도 있다. 육지 측량부의 지도 사업이나 상상된 파노라마를 통한 통합된 국가관 제시는 이를 암시한다.[1]

문제는 지도 제작을 위한 측량자와 풍경 관찰을 위한 여행자 시각의 이러한 병렬 구조가 「돌에 석필로 적은」 시의 종결부에서 극적으로 와해한다는 점이다. 산 정상에서 지도 제작 업무를 수행하던 "지리 노동자"가 갑자기 내린 어둠으로 완전히 어둠에 싸여 눈앞의 "지도의 색깔, 선"(23)조차 보지 못하게 되고, "완전한 어둠"(27) 속에서 혼자서 "눈을 감지 않은 채 / 보이지 않게 된 산의 고요한 정상에"(28-29) 앉아 있게 되는 극적 상황이 제시된다.

　　　　한번은, 천막 거처에서
진지한 작업에 애쓰고 있었을 때, 색깔, 선,
그리고 활짝 펼친 지도의 전 표면이,
보이지 않게 되었다고 했다. 사방에—
조짐도 없이, 알림도 없이—어둠이 내려
황금빛 낮 자체가 한순간에

---

1) 마이클 윌리(Michael Wiley)는 측량과 지도 제작을 통해서 영국은 정치-지리적 권력을 확장했고, 워즈워스와 같이 지리 측량과 지도 제작을 작품의 소재로 삼아 픽처레스크 관점과 통사로 기술하는 시인의 문화적 권력은 측량과 지도 제작을 더욱 활성화했다고 설명한다(160-64).

소멸한 것 같았기 때문이었다. 완전한 어둠,
그 속에 그는 눈을 감지 않은 채,
보이지 않게 된 산의 고요한 정상에서
홀로 앉아있었다!

He made report
That once, while there he plied his studious work
Within that canvass Dwelling, suddenly
The many-coloured map before his eyes
Became invisible: for all around
Had darkness fallen—unthreatened, unproclaimed—
As if the golden day itself had been
Extinguished in a moment; total gloom,
In which he sate alone with unclosed eyes,
Upon the blinded mountain's silent top! (20-29)

워즈워스는 "지리 노동자"를 예시로 삼아 측정된 "높이와 거리"(16) 그리고 "색깔"(23)을 통해 개별 사물의 구체적 특색을 추상화, 동일화하는 지도의 한계를 극적으로 제시한다. "장엄한 바다와 육지의 장관"(10)은 힘들여 산의 정상에 올라 정확한 관찰을 위해 장시간 노고를 마다하지 않는 사람에게는 허락될 수 있겠지만, 엄밀한 측량을 토대로 작성된 정확한 지도일지라도 그 장관을 이루는 실제 지형의 상세한 특색과 다채로운 색채와 형태, 그리고 입체적 공간 배열은 여실히 담아내지는 못할 것이다. 지도는 수치나 약속된 기호와 색깔로 지형을 구분하는 데 주목적이 있다. 다시 말해, 삼각 측량은 본질에서 측정할 수 있는 것을 바탕으로 거리나 각도를 산출하여 측정할 수 없는 거리나 높이를 산출하는 과정을 따른다. 이러한 단계를 거쳐 제작된 지도는 정치적 군사운용, 행정 통치를 염두에 두고 공간을 수량화하고, 통계 수치화를 통해 분류, 기술하는 담론의 성격을 가지게 된다. 이러한 지도의 본질적 문제점은 「블랙 콤브 산 정상에서 조망」에서 파노라마로 개별 풍경과 정치 단위를 엮어서 통합하고 이를 시각의 주권으로 지배하려는 풍경 관찰자의 문제점이기도 하다.

지도 제작자와 풍경 관찰자의 이러한 상호 교차한 역할은 육지 측량부의 지도 제작법과 당대의 지배적 풍경 관찰 기법이었던 픽처레스크 미학의 상호관련성을 검토하는 단서가 된다. 이들의 교차점은 과학과 예술의, 기술 도구와 시각 예술이 서로 접합하는 사례가 되며, 지리와 공간 인식에 관한 워즈워스의 시적 성과를 가늠하는 계기가 된다. 보다 구체적으로, 이러한 교차점에서 당대의 과학 기술에 대한 예술의 의존과, 그리고 삼각 측량에는 망원경이 사용되었다는 점을 고려한다면, 당대의 광학 기술에도 픽처레스크 원리가 작용한다는 사실을 발견할 수 있다. 이를 「블랙 콤브 산 정상에서 조망」과 「돌에 석필로 적은」과 「블랙 콤브 산 정상에서 조망」에 적용한다면, 풍경을 조망하는 픽처레스크 여행자와 지도 제작자의 시각 체계는 현상에 질서를 부여하고 자연을 인간이 읽을 수 있는 대상으로 만들지만, 이러한 과정에서 주체와 대상 간의, 인간과 자연 간의, 인식과 물질 간의, 눈과 육체 간의 구분이 당연시되면서 인간의 몸이 그가 생활하는 환경과 유리되는 현상을 초래한다고 설명할 수 있다.

이러한 시각의 문제를 관찰자가 사회적, 역사적으로 구성되는 방식을 통해 진단하는 조나단 크레이리(Jonathan Crary)는 카메라 옵스큐라의 시각 원리에 초점을 두면서, 19세기 초반에 이르러 당대의 새로운 시각 기술이 관찰 행위를 관찰자의 신체와 분리해, 관찰자를 고립되고 자율적 존재로 만들면서, 탈체화된(disembodied) 시각을 산출하는 과정을 설명한다(39). 또한, 그는 관찰자의 자율성이 새로운 형태의 통제와 시각의 표준화와 동시에 발전한다는 점을 주장한다(39-40). 크레이리의 주장은 측량자가 사용하는 삼각측량기의 분석에도 적용될 수 있다. 카메라 옵스큐라와 마찬가지로, 삼각측량기라는 시각 장치와 관련된 관찰 메커니즘을 활용함에 따라, 측량자의 시각은 개별화되고 물질성을 박탈당하게 된다. 측량자는 관측대상에 객관적 거리를 유지하려 하며, 과학적 데이터를 얻기 위해 대상과 자신을 구분하여 자신을 개별화시키지만 결국 시각의 탈체화를 초래한다. 삼각 측량기를 사용하여 풍경을 관측한 경우, 크레이리의 설명대로 측량자의 "신체적 감각적 경험은 기계 장치와 이미 주어진 세계의 객관적 진리 간의 관계로 대체된다"(40-41). 개별화되고 탈체화된 시각은 관찰 장면에서 관찰자가 추상화되거나 제거된다는 점과 상통한다.

이러한 시각의 문제점은 픽처레스크 미학에도 적용된다. 카메라 옵스큐라나 삼각측량기와 같은 기술적 시각과 마찬가지로 픽처레스크 미학에는 시각 중심주의에 기반을 둔 데카르트적 원근법주의와 자아 모델이 관여하며, 실제와 가상 간의 구분이 모호하게 된다는 문제점이 있다. 육지 측량부의 지도나 픽처레스크 관광 안내서는 모두 추상적 공간을 산출하며, 관찰자나 관광객은 객관적 리얼리티와 유리되며 그들의 주체성은 대치 가능한 잉여적 속성을 가지게 된다.

워즈워스는 호크세드(Hawkshead)에서 고전 언어와 수학 교육을 받았으면 『서시』에서도 "시와 기하학적 진리"(1805, 5, 65)의 상호 의존을 강조한다. 실제로 기하학에 대한 그의 관심은 각별하다. 『호수 지역 안내서』에서 "바퀴통에서 분기하는 바큇살"(*Prose* 2, 171)처럼 수많은 계곡이 펼쳐지는 장면에 관한 서술은 풍경을 기하학적 메타포로 설명하는 사례가 된다. 『소풍』(*The Excursion*)에서 방랑자는 "아직 과학의

/ 기초원리"(1805, 1, 291-92)에 머문 상태에서도 하늘의 별을 삼각측량의 기점으로 삼아 높은 "바위의 높이를 재는데 / 기쁨을 얻었다"(1805, 1, 294-95)고 기술하는데, 기하학에 기반을 둔 삼각 측량이 시적 메타포로 사용된 예시가 된다. 1850년 판 『서시』 6권에서도 기하학적 "추상"(179)은 "명확한 종합"(182)을 이루며, "이미지로 갇혀있는 / 마음"(179-80)에 매력을 주며, "순수 지성"에서 만들어진 "독립 세계"를 구축한다(186-87)고 표현하여 기하학에 대한 관심을 표명한다.

그러나, 다른 한편으로는, 워즈워스는 기하학적 틀이 가둘 수 없는 풍경의 자연스러운 구성을 존중한다. 『호수 지역 안내서』에서 풍경 묘사는 데카르트적 원근법을 토대로 관찰자와 멀리 떨어진 경치를 정해진 시각으로 관찰하지만, 이러한 제약에서 벗어나는 순간을 기술한다. 코니스톤(Coniston) 계곡과 그 주변 풍경 배치를 기하학적 메타포로 서술하는 장면은 눈여겨볼 필요가 있다. 서두에서 워즈워스는 "숭고와 미"(170)를 동시에 갖춘 호수 지역 자연 풍경을 독자들이 여태껏 알려진 것 보다 "더 정확하고 사려 깊게 관찰"(171)하도록 하겠다는 서술 목표를 분명하게 제시한다. 전체 호수 지역의 지형적 개요를 설명하면서 제시하는 "수레바퀴 통에서 분기하는 바큇살"(171)의 메타포는 그 지역을 구성하는 호수와 폭포 그리고 계곡과 같은 다양한 지형적 특성을 통합하면서, 다른 한편으로는 설정된 경계를 통해 외부 지역과 호수 지역을 분리한다. 이러한 메타포에서 중심에서 원주로 분기하면서 만들어지는 개별적 삼각형의 총합이 전체 지역을 이룬다는 생각이 바탕을 이룬다면, 이것은 삼각 측량법을 통한 지도 제작법과 크게 다르지 않다. 또한, 워즈워스가 제시하는 풍경 관찰 지점은 픽처레스크 미학에서 제시하는 풍경 관찰 지점이면서 지도 제작에서 설정하는 측량 지점과 다르지 않다.

> 그렇다면, 이 지역의 주요 윤곽으로 시작하자. 독자에게 나와 함께, 상상 속에서, 어떤 주어진 지점 위에 자신을 위치시키도록 요청하는 것 보다, 이러한 윤곽의 뚜렷한 이미지를 더 쉽게 제시할 방법은 나는 알지 못한다. 그 지점이 그레이트 게이블이나 스카펠 산의 정상이거나, 아니면, 우리 지점이 이들 두 산 사이의 중간에서, 각각의 정상에서 반마일 거리가 되지 않는 지점에서, 떠있는 구름이라 해보자.
>
> To begin, then, with the main outlines of the country;--I know not how to give the reader a distinct image of these more readily, than by requesting him to place himself with me, in imagination, upon some given point; let it be the top of either of the mountains, Great Gavel, or Scawfell; or, rather, let us suppose our station to be a cloud hanging midway between those two mountains, at not more than half a mile's distance from the summit of each, (*Prose* 2, 172)

워즈워스-관찰자는 데카르트적 원근법에 따라 공간을 지도화하려 한다. 그는 자신의 위치를 높은 지점에 정하고, 특정한 시각의 틀이나 인식의 틀을 풍경에 덧씌운다. 설정된 관찰 지점은 풍경 속에 있지 않고 대상에 대한 시각의 우월성을 확보하는 높은 지점이거나 관찰자를 대상과 분리하는 구름 위의 가상적 지점이다. 관찰자의 시선은 한 번에 한 방향으로만 투사되며, 관찰된 풍경은 그 자체로 존재하는 것이 아니라, 관찰자의 욕망이 투사된, 관찰자의 시각 장에서 구성되고 질서를 부여받는 어떤 구성체가 된다. 이러한 구성체는 자체의 동질성을 가정하면서 실제의 삶이나 물질적 교환에서 떨어진 추상적 공간일 것이며, 이에 따라 물리적 대지는 추상적 대상으로 전환된다. 보는 주체를 가정하며, 보는 행위를 통해 풍경에 대한 소유권을 확립하는 이러한 재현 방식은 픽처레스크 관광객이 정형화된 인식의 틀에 따라 풍경을 대하는 방식과 다르지 않다.[2] 또한, 이러한 관점에 의해 대지는 인식과 통제의 대상이 된다는 점에서 측량사의 시각과도 다르지 않다. 문제는 독자가 이러한 관찰 방식으로 유도될 때, 그는 픽처레스크 관광객이나 지도 제작사의 시각 체제에 따라 구성되는 주체가 된다. 이 점은 관찰 주체 형성에 개입하는 이데올로기 효과를 시사하며, 이러한 이데올로기적 시각 장에서 주체는 자신의 신체의 물질성을 상실하며, 관찰 대상은 추상화된다. 결국, 픽처레스크 미학과 지도 제작법은 동일한 재현 공간의 논리를 구성하게 된다는 것인데, 각각의 재현 방식상의 차이는 종류보다는 정도의 문제일 것이다. 그들은 공간 재현에서 공유된 가정으로 서로를 보충한다.

그러나 대상으로부터 자신을 분리하고 거리를 유지하면서 시각적 우월성을 토대로 정해진 인식이나 관찰의 틀을 대상에 부과하여 개별적 특수성을 균질화시키는 이러한 픽처레스크나 지도 제작법의 가정이 끝까지 호수 지역 풍경 서술에 적용되는 것은 아니다. 워즈워스는 시각과 시각에 의존하는 재현 방식이나 도구가 주체의 사고방식을 구조화하며, 사물의 생생한 삶을 이데올로기의 관행에 매몰시키는 인식적 함정을 극적으로 탈피하는 장면을 동시에 제시한다. 코니스톤 계곡 묘사는 풍경을 구성하는 요소의 다양함과 특이함을 제시하면서, 데카르트적 평면이나 정형화된 미학적 인식에 포획되기를 거부하는 생동하는 개별적 풍경을 서술한다.

---

2) 팀 펄포드(Tim Fulford)는 18세기 영국 사회에서 토지 소유가 국가의 권력과 안정성의 원천이 된다고 간주했고, 지주 계급은 "조망을 통해서" "자연 풍경에 의해서 보장된 것으로서 자신들의 정치적 권력"을 표시하였고 언급한다(2-3). 관찰 지점을 높은 곳에 정해 조망하는 행위는 관찰 대상인 풍경에 대해 소유권을 주장한다는 의미가 픽처레스크 이면에 놓여있다.

> [L]et us trace it in a direction from the south-east towards the south, and we shall next fix our eyes upon the vale of Coniston, running up likewise from the sea, but not (as all the other vallies do) to the nave of the wheel, and therefore it may be not inaptly represented as a broken spoke sticking in the rim. (*Prose* 2, 171-72).
>
> 바큇살을 남동쪽에서 남쪽으로 향해 추적해보면, 바다로부터 마찬가지로 쭉 뻗어 나가면서 우리의 시선을 코니스톤 계곡에 고정하게 될 것이지만, (다른 모든 계곡과는 것과는 달리) 바퀴통을 향하지는 않을 것이며, 따라서 바큇살이 테두리에 끼워져 있는 부서진 대못으로서 부적합하지 않게 재현될 것이다.

코니스톤 계곡은 기하학적 바퀴살 메타포의 통제를 벗어나, 부서진 대못으로서 관찰자 특권적 시각의 지배와 조화를 이루지 않지만, 특권적 시각이 구성하는 질서와는 별개로 존재하면서 그 정당성을 인정받는다.

워즈워스의 지리 인식은 시각에 특권을 부여하면서 일방적으로 인간 주체를 중심으로 설정하는 것이 아니라, 시각 중심주의의 효과를 상쇄시키면서 인간 주체의 탈중심화를 꾀하는 대안적 방법론을 제시한다. 풍경과 풍경이 구현하는 국가관을 다루는 워즈워스의 시와 산문은 신체적 눈의 관찰행위에 중점을 두고 지식과 감정을 다루는 픽처레스크 관행뿐만 아니라 주체 내면적 특성에 특권을 부여하면서 환경과 별도로 존재하는 낭만주의 주체의 개념에 문제를 제기한다. 픽처레스크 관광과 육지 측량부의 지도 제작법이 이성적 공간 내에서 탈체화된 시각을 구축하면서, 대상을 추상화 수량화하고, 관찰자를 외부 세계와 분리한다면, 워즈워스는 환경에 직접 몸으로 참여하여 감각적이며 체험적 관계를 맺는 도보 여행자를 설정함으로써, 세계와 분리되어 내재성에 한정되는 관찰자와 그의 시각에 지배되고 전유되는 대상화된 세계라는 인식의 틀을 넘어선다. 이 경우, 대지는 들뢰즈와 과타리(Gilles Deleuze and Felix Guattari)의 설명대로 정동과 효과를 야기하는 자체의 에이전시를 가지며, 걷기를 통해 시인은 대지와 관련을 맺게 되며, 이들은 각각 그리고 모두 어셈블라지(assemblage)를 구성하며, 이러한 "개별화된 집합체 상태의 전체 어셈블라지인 이것성(haecceity)"(263)으로서 존재 방식을 유지한다. 이러한 체험적, 감각적, 육체적 여행자-관찰자는 그가 속한 지리와 상호관계 속에서 설정되며, 인간 존재와 지리 개념은 그 자체만의 특성에 의해 결정되는 것이 아니라, 상호교섭에서, 그리고 인간과 비인간을 망라하며 다른 몸들이 서로 반응하고 자신의 울림을 뒤섞으면서 생동하는 생활적, 경제적, 정치적 네트워크 속에서 형성된다.

"시간의 점"(11. 258)과 관련된 『서시』의 에피소드 중에서 1805년 11권에 실린 팬리스 감시대 장면에서 여행 중에 길을 잃은 어린 소년은 풍경과 완전히 새로운 관계를 인식하게 되고, 직접 체험한 강렬한 시각적 경험을 담아낼 수 있는 새로운 공간 재현 문법을, 즉 "인간에게 알려지지 않은 색깔과 낱말"(312)의 필요성을 토로한다. 18세기 초반에 스코틀랜드의 침입을 감시하기 위해 지어진 팬리스 감시대는 워즈워스 당대에는 이미 감시와 방어 기능보다는 삼각 측량의 기점이면서 풍경 관찰에 유리한 관광지로 사용되고 있었다는 사실을 고려하면, 지도 제작법과 풍경 미학이 교차하는 또 다른 예시가 된다. "안내자"(285)도 없이, 길 잃은 소년은 말에서 내려 발로 걸으면서 공간을 체험한다. 그는 높은 곳에 있는 감시탑에 올라 아래에 펼쳐지는 대지를 통해 길을 찾는 대신에, 가장 낮은 지형으로 걸어 내려와 "비틀대면서, 어디인지도 모른 채"(301), 데카르트적 기하학이 아니라, 신체와 감각으로 공간을 재형상하여, 풍경과의 관계를 재정립한다.

또한, 이 장면에서는 시선의 역전이 표시된다. 높은 곳에 있는 감시대는 길 잃은 소년의 시각 대상이다. 시각의 헤게모니에서 벗어난 주체를 암시하면서, 시각적 질서화와 감각의 범주화를 경험하기 이전 단계 소년의 인식을 서술한다. 소년과 사물 간의 관계 지형학은 체험의 순간에 결정된다. "물웅덩이"(305), "감시대"(306), "물주전자를 머리에 이고"(307) "바람을 맞으며 / 힘들게"(308-9) 걸어가는 소녀는 각각 풍경을 구성하는 인자이지만, 그들의 차지하는 공간은 순서에 따라 배열되고 정해지는 것이 아니라 어느 시점의 생생한 체험 때문에, 활성화된 감각의 동시 다발성에 의해, 확산적 경험을 담아낸다. 이 장면은 메를로퐁티(Merleau-Ponty)가 『보이는 것과 보이지 않는 것』(*The Visible and the Invisible*)에서 설명하는, 주체와 대상, 경험과 본질을 모두 뒤섞어 동시에 제공하는 "아직 철저하게 조사해본 적이 없는 경험"(130)의 풍성함을 제시하면서, 눈과 신체, 감각과 체험이 함께 작용하여 주체의 경험과 세계의 풍성함을 전달한다.

워즈워스는『소풍』(*The Excursion*)에서 전유적, 추상적 시각과 사변적 이성에 의존하기보다는, 그 이전 단계의, 신체의 체험과 감각을 통한 자연스러운 공간의 구조화를 통해 새로운 방식으로 "사물의 지도를 꿈꾸는"(Book 3, 218) 유년기 시절의 자신을 회상한다. 픽처레스크 관광객처럼, 정지된 지점에서 풍경을 조망하는 것이 아니라, 앤 윌리스(Anne Wallace)가 설명하는 시각 구성과는 별개로 도보로 이동하면서 대상과의 직접 대면을 통해 자연을 재현하는 방식(127)이며, 따라서 발로 걷고 대지와 접촉하면서 체험하는 풍경이다.

Ⅲ

계몽주의 지도 제작법과 로맨티시즘 픽처레스크 미학에서 설정하는 시각은 자체의 인위적 특성을 감추면서 시각적 명징함이라는 효과를 산출하지만, 이러한 효과는 인위적이며, 이로 인해 주체가 환경에 직접 참여하여 감각으로 체험하는 공간의 의미를 약화한다는 점이 암시된다. 존 배럴(John Barrell)의 *The Idea of Landscape and Sense of Place, 1730-1840*, 크레이리의 *Techniques of the Observer*와 같은 저술은 풍경 관찰에 암묵적으로 개입하는 마틴 제이(Martin Jay)가 "데카르트적 원근법주의"(5)로 이름 붙인 시각 중심주의를 각기 특색 있게 설명한다. 어윈 패놉스키(Erwin Panofsky)는『상징 형식으로서의 관점』(*Perspective as Symbolic Form*)에서 공간 재현에서 예술가들이 삼차원적 풍경을 이차원적 캔버스로 변환하는 과정에서 사용되는 원근법과 데카르트적 시각을 당연시하는 점을 지적하면서, 이러한 시각 체제에서 눈과 마음은 세계를 이성적 형태로 보고, 재현하도록 조장된다는 점을 분석한다(12-13). 로맨티시즘 시기의 지도 제작자나 픽처레스크 관광객은 이러한 이성적 공간에서 인식 주체에게 부여되는 통일성과 권력을 자연적이며, 당연한 것으로 인식하게 된다. 다시 말해, 지도 제작자나 픽처레스크 관광객의 시각은 재현 기법의 존재를 감추거나 망각함으로써, 본다는 행위의 인위적 속성과 그것이 행하는 공간 분할과 배치를 당연시하면서 자연스럽게 받아들인다고 할 수 있다. 미첼(W. J. T. Mitchell)은 픽처레스크가 숨기는 이러한 인위성을 지적한다(16-17). 이러한 망각 때문에, 그리고 시각 중심주의에 일방적으로 의존함으로써, 사물과 직접 체험을 통한 촉지적 인지 경험과 세계의 충만함은 축소되고 배제된다.

워즈워스의 풍경 시나 산문은 공간 구성의 복합성을 제시하면서 환경을 직접 체험하고 몸을 통해, 감각적 경험을 통해 구성되는 주체의 의미를 제시한다. 워즈워스는 풍경 인식에서 데카르트적 원근법이라는 지배적 담론의 구속을 당하지만, 다른 한편으로는, 그것이 초래하는 공간 인식의 제약을 벗어나는 사례를 또한 표현한다는 사실은 이미 살펴보았다.

스콧 헤스(Scott Hess)는 「틴턴 사원」에 나타나는 "마음의 그림"(62)이라는 구절은 "프레임을 씌운 풍경 비전의 인지적 구조"(22)를 따른다고 지적한다. 다시 말해, 워즈워스는 실제 풍경이 아닌 심적 풍경을 기술하고 있으며, 따라서 픽처레스크 관점을 따르고 있다는 주장이다. 그러나 이러한 주장을 평가하기에 앞서 고려해야 할 점은 워즈워스는 실제로 대지나 풍경 관찰에서 시골길을 걸어서 이동하면서 대지와 접촉하는 여행자-관찰자의 특성을 중시한다는 사실이다. 이러한 특성은 고정된 삼각 측량점이나 조망 지점을 설정하는 지도 제작법과 픽처레스크 관행과는 구분된다. 걸어서 이동하면서 대지와 접촉하는 몸의 감각적 체험은 풍경과 일정한 거리를 유지하면서 분리되고, 탈체화되고, 주체의 특권적 내면으로 물러선 픽처레스크 관찰자의 시각적 지배력에서 기술할 수 없는 생생한 풍경과 감각적 소통에 기반을 둔 지리를 제시한다.

그러나 이러한 설명이 워즈워스가 픽처레스크 미학과 그 토대를 이루는 시각의 우월성을 전적으로 부정한다는 것은 아니다. 풍경 감상에 관한 그의 인식은 당대의 지배적 담론이었던 윌리엄 길핀(William Gilpin)의 픽처레스크에서 많은 영향을 받은 것이 사실이고, 마찬가지로 당대의 비평가 존 스콧(John Scott)이나 전 시대 시인 제임스 톰슨(James Thomson)의 픽처레스크 서술법에서도 큰 영향을 받았겠지만,

워즈워스는 물려받은 당대의 시각적 관행을 발전적으로 새롭게 재구성한다. 앞서 언급한 헤스의 관점과는 사뭇 다르게, 「틴턴 사원」의 "마음의 그림"(62)은 사원을 방문한 당시 자연 풍경 자체를 전통적 픽처레스크 관행을 따라 풍경화의 전형적 특징과 연관 지어 파악한 이미지라기보다는, 그 이전에 실제로 방문했던 같은 장소에 대한 기억이며, 시에서 워즈워스가 실토하듯이, "그가 그릴 수 없는" (75) 속성이 내재한 사실적 풍경의 생생함에 대한 체험의 표명으로 설명할 수 있다. 그렇다면, 워즈워스는 풍경화라는 정해진 시각 예술의 특색에 따라 사원 주변의 풍경을 감상하는 것이 아니라, 사실적 풍경에 대한 픽처레스크의 한계를 표현하는 셈이 된다. 풍경은 고정된 시각 프레임으로는 담아낼 수 없는 사실적, 생동적 특색을 가진다는 사실에 대한, 그리고 시각 인식에 저항하는 사물의 가능성에 대한 인정이다.

또한, 워즈워스는 「틴턴 사원」은 허물어진 사원이라는 대표적 픽처레스크 소재를 의도적으로 서술하지 않는다. 오히려, 특정한 장소에 관한 개인사와 과거의 기억 그리고 미래의 바람을 풍경과 결부시킴으로써, 풍경은 시각적 풍경 이상의 풍경이 되며, 이러한 풍경의 재현 가능성과 불가능성을 동시에 제시함으로써, 당대의 풍경 시 관행에 새로운 영역을 부가한다. 픽처레스크 미학에 대한 재구성은 워즈워스에게 신체적 눈에 대한 지나친 의존이 초래하는 위험성을 인식하는 계기가 된다. 『서시』 11권(1805)에서 그는 "우리 감각 중에서 가장 전제적인" 눈은 가슴을 정복했고 마음을 절대적 지배하에 두었다고 표현한다(171-75). 또한, "가짜 예술의 규칙"(154)이 "시대의 지독한 전염병" (156)이 되어 예술적 상상력에 가하는 위험을 서술한다.

피상적 사물에 지나치게 쏠려,
색깔과 비율이라는
허울 좋은 신기함에 탐닉하여,
장면과 장면의 비교,

a comparison of scene with scene,
Bent overmuch on superficial things,
Pampering myself with meagre novelties
Of colour and propotion, (158-61)

당대의 픽처레스크라는 인위적 규칙은 정형화된 "색깔과 비율"(161)을 사물 감상의 기준으로 정하고, 겉치레에 불과한 것에 이끌려, 사물 자체의 리얼리티를 보기보다는, 예를 들어, 풍경화의 인위적 기법을 기준으로 실제 풍경을 비교, 관찰하는 관행에 빠져있다는 점이 표현되고 있다. 제임스 헤프난(James Heffernan)은 이러한 표현에서 시각중심주의과 픽처레스크의 관습성에 대한 워즈워스의 비판적 인식을 끌어낸다(623). 그러나 워즈워스는 자신도 한때 자연을 시각 미학의 틀로 인식하면서 "새로운 형태, / 새로운 쾌락, 시각의 더 광대한 제국의 조합"을 갈망했다는 점을 실토한다(*The Prelude* 1805, 11, 191-92).

워즈워스에게 이러한 신체적 눈의 지배력에 벗어나게 해준 것은 자연이었으며, 그 방법은 "모든 감각 각각을 소환하여"(179) "그들 모두가" "자유와 힘의 위대한 목표"(182-83)에 순응하도록 조장하는 것이었다.『서시』11권은 이 과정에서 "자연의 더 섬세한 유입"(2.298)을 향해 열리는 마음을 추구하고 사물을 관찰하는 대신 사물과 대면을 통해 공유되는 "계시적 힘을 다 마시기 위해"(2.330) 청각을 위시한 모든 감각이 활성화되어야 함을 언급한다(2.321-29). 자연 사물과 생생한 대면을 위해서는 추상적 인식에만 의존하기 보다는, 촉각을 비롯한 여러 감각적 경험을 중시해야함을 말하는 것이다.

지도 제작법의 핵심적 요소인 삼각 측량법은 16세기 중엽 등장하여 18세기 말 무렵에 이르러 영국에서 가치를 확고히 인정받게 된다. 삼각측량 메타포는 로맨티시즘 저자들에게 공통으로 나타난다. 에드먼드 버크(Edmund Burke)는 혁명기의 프랑스를 비판하면서 "기하학적이고 수학적 구조를 선호하여 국토의 모든 경계를 없어져야만 하는가?"(144)라고 묻고 있다. 루소(J. J. Rousseau)는 『에밀』(*Emile*) 3권에서 삼각측량은 인간의 타고난 능력을 퇴보시키는 계몽주의 도구의 한 사례로 언급한다(316). 수평각과 연직각을 측정하는 경위의, 거리를 측정하는 체인 등은 각도를 추정하는 인간의 타고난 능력과 거리를 추산하는 인간의 눈의 기능을 사장한다는 것이다. 로맨티시즘 시기 삼각측량에는 이성론, 사실주의 계몽주의 평등사상(프랑스 혁명 시기에 미터법에 의한 치수 단위의 표준화를 반영)과 같은 당대의 지배적 이데올로기가 반영되어 있다.

지도 제작법에 따른 공간 인식과 로맨티시즘 시기 점차 보편화하는 여행문화와 더불어 유행했던 픽처레스크 미학은 서로 영향을 주고받으며 발전했다. 이들은 본질에서 탈체화된 시각에 따라 공간을 수치화, 추상화하는 시각 중심의 데카르트적 원근법주의를 따른다고 할 수 있다. 삼각 측량법은 기본적으로 대지나 풍경 위에 기하학적 도형을 투사하여 거리와 각도를 측정하는 방식을 따르면서, 세계는 정확하게 지도로 이미지화되고 인식될 수 있다는 과학주의와 계몽주의 경험론을 뒷받침하는 "기술적 해법"(Edney 21)으로 간주되었다. 기하학을 활용하는 지도 제작법은 로맨티시즘 이전에도 이미 미학 분야에서 영향력을 발휘했다. 특히 사실주의 풍경화 분야에서 프리스틀리

(Joseph Priestley)는 1780년에 출간한 『시점 이론과 실천에 대한 친근한 소개』(*A Familiar Introduction to the Theory and Practice of Perspective*)에서 높은 곳에 있는 대상을 그리기 위해 독자들이 경위의나 삼각측량법을 사용하도록 권장했다(58). 또한, 수학적 도구는 18세기 텍스트에서 이미 많이 언급되었고, 로맨티시즘 시기에 이르러 기하학을 활용한 측량 기법에 관한 정보를 제공하는 안내서, 팸플릿이 지식과 정치 분야에 순환되었다. 18세기 중엽 이후로, 그리고 워즈워스 시에도 자주 나타나는 "view," "scene," "prospect"와 같은 개념은 자연을 시각적 대상으로 설정하면서, 관찰자와 거리를 유지하고, 특정한 관점과 시선이 투영된 것으로 가정한다. 워즈워스는 이러한 시각 중심주의의 영향을 받았지만, 다른 한편으로는, 이것에 토대를 둔 계몽주의 지도화의 이데올로기와 데카르트적 원근법주의 미학에 순응하기를 거부하면서 지리 재현과 지리 속의 인간에 관해 고유한 방식을 제시한다.

워즈워스의 체험된 지리라는 주제는 지리, 인간, 시각 간의 복합적 관계를 다루면서 내포된 생태-지리의 관점으로 이들을 포괄한다. 지리와 생태를 접목하는 최근의 추세를 반영하며 지도를 담론으로 접근하여 공간을 배열하고 만들어내는 권력의 작용을 분석할 수 있다. 또한, 현재의 문화 현상 분석에서 화두가 되는 시각과 예술을 그 본격적 성장기인 19세기 관점에서 고찰하면서, 과학과 미학의 상호교섭 관계에 관한 구체적 사례를 제시하며, 이들이 어떠한 방식으로 서로를 보충하는지를 살펴볼 수 있게 한다. 다시 말해, 18세기말 이후로 급속도로 발전하는 공간 인식 기술(삼각측량, 경위의, 사분의, 기하학)과 픽처레스크 미학은 서로에게 영향을 주면서 발달했다는 사실을 설명할 수 있다. 픽처레스크와 지도는 시각에서 비슷한 가정을 공유하면서 로맨티시즘 시기 지리와 풍경을 이해하는 특이한 방식을 구성한다. 지리 연구는 풍경이 국가를 구현하는 방식을 분석하여 풍경에 개입한 권력과 이데올로기 작용을 들추어낸다. 워즈워스의 체험된 지리는 몸과 환경이 서로를 구성하는 생태론을 제시하면서, 지리와 현상학적 체험에 관한 현대 비평이론을 로맨티시즘 연구에 접목하는 길을 열어 준다. 이러한 사실은 생태-지리라는 관점에서 지리 속의 인간 존재와 그 존재의 의미를 자리매김해야 하는 필요성을 제시하며, 워즈워스의 많은 작품이 장소의 특이성이 개인의 삶과 공동체의 특성에 미치는 영향을, 그리고 지리와 인간이 서로를 산출하는 사회적 생태를 주제로 삼은 이유가 된다.

인용문헌

Anderson, Benedict. *Imagined Communities: Reflections on the Origin and Spread of Nationalism*. Rev. ed. London: Verso, 1996. Print.

Barrell, John. *The Idea of Landscape and the Sense of Place 1730-1840: An Approach of John Clare*. Cambridge: Cambridge UP, 1972. Print.

Burke, Edmund. *Reflections on the Revolution in France*. Ed. Conor Cruise O'Brien. London: Penguin Books, 1986. Print.

Crary, Jonathan. *Techniques of the Observer: On Vision and Modernity in the Nineteenth Century.* Cambridge: MIT Press, 1992. Print.

Deleuze, Gilles, Guattari, Felix. *A Thousand Plateaus: Capitalism and Schizophrenia.* Trans. Brian Massumi. Minneapolis: U of Minnesota P, 1987. Print.

Edney, Matthew H. *Mapping an Empire: The Geographical Construction of British India, 1765-1843*. Chicago: U of Chicago P, 1998. Print.

Fulford, Tim. *Landscape, Liberty and Authority: Poetry, Criticism and Politics from Thomson to Wordsworth*. Cambridge: Cambridge UP, 1996. Print.

Halmi, Nicholas, ed. *Wordsworth's Poetry and Prose*. NY: W.W. Norton, 2014. Print.

Heffernan, James A. W. "Wordsworth and Landscape." *The Oxford Handbook of William Wordsworth*. Oxford: Oxford UP, 2015. 614-28. Print.

Hess, Scott. *William Wordsworth and the Ecology of Authorship: The Roots of Environmentalism in Nineteenth-Century Culture*. Charlottesville: U of Virginia P, 2012. Print.

Jay, Martin. "Scopic Regimes of Modernity." *Vision and Visuality*. Ed. Hal Foster. NY: Bay Press, 1988. 3-28. Print.

Merleau-Ponty, Maurice. *The Visible and the Invisible*. Evanston: Northwestern UP, 1968. Print.

Mitchell, W.J.T. "Imperial Landscape." *Landscape and Power*. Ed. W. J. T Michell. Chicago: U of Chicago P, 2002. Print.

Muehrcke, Phillip C, Muehrcke, Juliana. "Maps in Literature." *Geographical Review* 64.3 (1974): 317-38.

Panofsky, Erwin. *Perspective as Symbolic Form*. NY: Zone Books, 1991. Print.

Priestley, Joseph. *A Familiar Introduction to the Theory and Practice of Perspective.* London: J. Johnson and J. Payne, 1780. Print.

Rousseau, Jean-Jacques. *Emile; or on Education. Collected Writings of Rousseau.*

Vol. 13. Trans. Christopher Kelly and Allan Bloom. Hanover: Dartmouth College P, 2010. Print.

Thongchai, Winichakul. *Siam Mapped: A History of the Geo-Body of a Nation*. Honolulu: U of Hawaii P, 1994. Print.

Wallace, Anne D. *Walking, Literature, and English Culture*. Oxford: Clarendon P, 1993. Print.

Wiley, Michael. *Romantic Geography: Wordsworth and Anglo-European Spaces*. NY: St. Martin's Press, 1998. Print.

Wordsworth, William. *The Poems of William Wordsworth: Collected Reading Texts from Cornell Wordsworth*. Ed. Jared Curtis. 3 vols. Penrith: Humanities-Ebooks, 2009. Print.

_________. *The Prose Works of William Wordsworth*. Ed. W. J. B. Owen and Jane Worthington. 3 vols. Oxford: Oxford UP, 1974. Print.

_________. *The Prelude 1799, 1805, 1850*. Ed. Jonathan Wordsworth, M. H. Abrams, and Stephen Gill. NY: Norton, 1979. Print.

7

블랙 콤브 산 정상에서 눈멂과 통찰

블랙 콤브 산 정상에서 눈멂과 통찰

지리와 정치

윌리엄 워즈워스(William Wordsworth)는 1811년 해안 지대 여행에서 얻은 경험을 소재로 삼아 두 편의 시를 창작한다. 「블랙 콤브 정상에서 조망」("View from the Top of Black Comb"), 「블랙 콤브 산허리 돌에 석필로 적은 시」("Written with a Slate-pencil, on a Stone, on the Side of the Mountain of Black Comb")가 그것인데, 영국 호수 지역 남단 아이리시 해(the Irish Sea)에 가깝게 위치한 블랙 콤브(Black Comb) 산 정상에서 바라본 풍경과 그에 따른 명상을 다룬다.[1] 두 편의 시는 나폴레옹 전쟁 직후 1815년 전집에 실려 출간된다. 여행 문학에 속하며, 그중에서 특히 등산과 관련된 모티프를 가진다. 창작 무렵 워즈워스는 자녀들의 건강 문제로 어려움을 겪고 있었고, 영국은 나폴레옹 전쟁으로 인해 정치적 혼란을 거듭하고 있었다. 창작을 통해 개인과 국가 차원의 혼란을 극복하려는 기본적 동기가 있겠지만, 더 나아가 국가에 대한 헌신을 시인의 사명으로 설정하면서 통합된 국가의 비전을 제시한다.

같은 시기에 같은 장소를 배경으로 하지만 적어도 표면상으로는 내용면에서 분명하게 구분된다. 「조망」은 전쟁 시기에 전략상 유리한 고지에서 발아래 펼쳐지는 개별 풍경을 관찰하면서 통합된 영국의 국

---

1) 두 편의 시 인용은 『코넬 워즈워스 전집 읽기 텍스트』(*Collected Reading Texts from the Cornell Wordsworth*)를 따른다. 각각 「조망」과 「석필로 적은」으로 약칭한다.

가 권위와 그 영속성의 비전을 제시하지만, 「석필로 적은」은 산 정상에 오른 "지리 노동자"(14)가 갑자기 내린 어둠 때문에 지도 제작 작업을 진행할 수 없게 되고, "완전한 어둠"(27)속에 갇히게 된다는 내용을 기술한다. 이 글은 이처럼 서로 다른 내용을 가진 시들을 공통 주제로 엮어보려 한다. 이를 위해, 먼저 풍경과 그 재현에 함의된 정치적 성격을 설명할 것이다. 두 편의 시에 서술된 풍경에는 당대의 정치 현실과 공동체 의미에 관한 워즈워스의 생각이 투영되어 있다. 또한, 지리 관찰에서 시각의 문제에 대한 워즈워스의 관점이 서술된다. 그는 지리 관찰에서 신체적 눈과 마음의 작용이 결합해야 함을 암시하면서, 신체적 시각에만 의존하는 방식이나 개별 사물의 특색을 전유하고 총체화하여 지배하는 시각, 혹은 색깔이나 거리 그리고 높이와 같은 수치로 대상을 추상화하는 시각의 문제점과 한계를 제시한다.

이러한 논제를 입증하려면 분석 순서를 설정해야 할 것이다. 이 글의 구성이 「조망」에서 「석필로 적은」 순서를 따르는 것은 「조망」에서 풍경을 추상화시켜 전유하는 관찰자의 시각이 「석필로 적은」에서 어떻게 부정되고 그 한계점이 노출되는지를 보여주기 위해서이다. 문학 기법 면에서, 워즈워스는 「석필로 적은」에서 저자와 구분되는 화자를 설정하여 「조망」에서 설정한 일인칭 화자의 풍경 관찰 방식의 문제점을 극적 형식으로 제시한다. 「석필로 적은」에서는 갑자기 내린 어둠으로 인해 지도상의 기호나 상징조차 볼 수 없는 지도 제작자의 상황을 극화하여 신체적 눈의 한계와 함께 사물의 추상화에 내재한 문제점을 드러내면서 이를 극복하는 대안적 시각의 필요성을 암시한다. 사물의 특수함과 복합적 성질을 평면적 지도 표면에 추상적 기호와 상징으로 축소해서는 풍경에 관한 올바른 인식의 지도를 얻을 수 없다는 것이다. 두 편의 시를 통해, 워즈워스는 풍경 관찰에서 올바른 시각의 본질을 탐색한다. 그는 개별 사물의 특성을 경시하는 추상적 총체화 시각이나 풍경을 기호화 상징화시키는 시각의 한계를 드러냄으로써 개별적 특수성과 추상적 일반성을 동시에 통합하는 시각의 필요성을 제시하며, 이를 이상적 공동체 구성방식으로 확장한다.

높은 지대에서 조망하는 풍경이 문제시되는 이유는 풍경에 내재한, 그리고 풍경을 구성한 사회적, 정치적 속성 때문이다. 두 편의 시는 개인의 경험을 공동체와 관련시키고 블랙 콤브 산이 위치한 웨스트무어랜드의 향토성을 영국의 문화, 정치, 그리고 영속적 비전과 관련시키는 워즈워스의 창작 특성을 보여준다.[2] 굳이 블랙 콤브 산을 소재로 설정하는 까닭은 그 지리적 위치와 조망의 장점 때문이다. 워즈워스는「석필로 적은」에 각주를 달아 블랙 콤브 산은 호수 지역 남단 해안가에 위치하여 "영국의 어떤 지점보다도 광활한 조망을"(*Collected Reading Texts* 3, 42) 할 수 있는 혜택을 준다고 안내한다. 그러나 그의 진술은 윌리엄 머지(William Mudge)라는 인물이 블랙 콤브 산의 지리적 중요성을 평가한 내용을 그대로 옮긴 것이며,『호수 지역 안내서』(*A Guide through the District of the Lake*)에는 머지의 이러한 평가와 함께 블랙 콤브 산에서 측량 업무를 수행한 "노련한 측량자들"(*Prose Works* 2, 161)도 언급된다.「석필로 적은」에서 산 정상에서 지도 제작 업무를 수행하는 "지리 노동자"(14)가 등장하는 점을 고려한다면, 블랙 콤브 산 정상은 드넓게 펼쳐진 영국의 여러 지역을 구조화할 수 있는 장소이면서 지도 제작에 필수적인 삼각측량의 한 지점이 된다. 다시 말해, 두 편의 시를 함께 읽으면 풍경 조망과 지도 제작이라

2) 등산을 통해 공동체의 의미를 되묻는 창작 양식은 페트라르카(Francsco Petrarch)가「몽방뚜 등정」("The Ascent of Mont Ventoux")에서 이미 사용한 것이기도 하다(Hill 247-58).

는 요소를 통합할 수 있다는 장점이 있다. 실제로 「조망」의 독자들은 광활한 대지를 한눈에 이어지는 파노라마로 구성하는 시의 관찰자-화자의 시선을 통해 조감도와 같은 형식으로 풍경을 감상하게 된다. 「석필로 적은」은 지도 제작자가 산 정상에서 겪은 경험이 담화를 구성하는 요소이다.

「조망」

「조망」은 일인칭 관찰자-화자가 산 정상에서 바라본 영국 국토의 풍경 묘사가 주를 이룬다. 풍경에 관한 사실적 묘사와 추상적 사변을 결합하고, 신체적 눈의 움직임이 포착하는 장면을 이미지화하여 조합하고 배열하는 관찰자의 존재가 강조된다. 풍경을 이미지화하여 전유하는 방식이 드러난다는 것이다. 또한, 「조망」에서는 풍경 인식이 풍경 자체와 명확하게 구분되지 않으며, 관찰자의 이데올로기나 문화적 가치가 풍경의 구성 요소가 된다. 이와 같은 사실은 관찰 시점과 대상 간의 거리를 유지해 관찰 주체를 대상의 사회적, 정치적 속성과 분리하는 태도와 구분된다. 또한, 산 정상에 선 관찰자는 풍경을 파노라마로 구성하면서 동시에 그 파노라마의 불연속적 속성을 드러낸다. 시의 결말부에는 영속적인 국가 비전이 풍경에 투영된다. 관찰자는 풍경에 구현되고 풍경이 약속하는 국가의 비전을 읽어냄으로써 풍경이 단순히 토지나 자연물로 구성되지 않음을 제시한다. 이렇게 풍경과 국가를 연관시키는 인식 태도는 나폴레옹 전쟁 시기의 영국인에게 '우리'의 개념을 각인시키며, 나아가 국가주의와 제국주의 이념에 따른 식민 통치에서 지배와 피지배 민족이라는 범주를 공고히 하는 데

이바지 한다(Anderson 189).

「조망」의 화자는 여행자나 등산객 역할을 하는 일인칭 화자이며, 눈앞에 펼쳐지는 구체적 풍경 기술로 시작하여 결말에 이르러 추상적 비전으로 나아간다.

> 이 산꼭대기는 구원의 천사가 골랐을 것이다.
> 이 블랙 콤브(구름과 폭풍우에서
> 유래된 무서운 명칭!) 정상에서
> 영국 대지의 탁 트인 조망이
> 드넓게 펼쳐져 보일 수 있으니:
>
> This Height a ministering Angel might select:
> For from the summit of BLACK COMB (dread name
> Derived from clouds and storms!) the amplest range
> Of unobstructed prospect may be seen
> That British ground commands: (1-5)

화자의 진술은 블랙 콤브라는 특정한 지점이 광활한 영국 국토를 조망하기에 가장 적합한 장소라는 이미 알려진 평가를 따르는 것이기 때문에, 산 정상에서 "드넓게 펼쳐"지는 "탁 트인 조망"을 하겠다는 그의 바람은 풍경과의 관계에서 이미 설정된 내용을 반복하는 것이 된다. 이 점에서, 알튀세르(Louis Althusser)가 말하는 "호명"(175)이 풍경과 관찰자 간의 관계에 작용하는 점을 고려할 수 있다.[3] 풍경은 자

---

3) 미첼(W. J. T. Michell)은 『풍경과 권력』(*Landscape and Power*)에서 알튀세르의 호명(interpellation)에서 이론적 틀을 가져와 풍경은 사회적 정치적 이데올로기를 구현하며 관찰자와 상호작용을 통해서 관찰자의 정체성을 형성한다는 논지를 펼친다(1-3). 알튀세르의 이데올로기 호명은 바르트(Roland Barthes), 푸코(Michel Fou-

신이 구현하는 사회적, 정치적 담론과 권력관계로 관찰자를 호명하여, 관찰자의 정체성을 형성한다. 자연적으로 주어진 것처럼 보이는 풍경이지만, 이미 사회적, 문화적으로 구성된 것이기도 하며, 문화실천의 한 형태로서 관찰자의 인식을 형성한다. 그러나 풍경이 관찰자와 맺는 이러한 이데올로기적 관계(혹은 권력관계)는 관찰자가 처한 특정한 역사 조건에 따라 그 효과가 결정된다. 또한, 관찰자가 풍경과의 관계에서 어느 한 시점에서 어느 정도 결정된 관계로 도출하는 정체성은 자크 라깡(Jacques Lacan)이 거울 단계에서 말하는 "자아의 구성적 오인 구조"(80)를 벗어나기 어려울 것이다, 풍경은 제도화와 정당화 과정을 수행하면서 여러 사회적 권력관계를 선별하고 침묵시키며 때로는 자체의 가독성을 와해시키는 측면이 있기 때문이다.

「조망」에서 관찰자의 눈앞에 펼쳐지는 풍경은 측량인이 바라보는 지도 도면과 같다. 관찰자는 호수 지역 남단의 산 정상에서 남쪽과 남서쪽으로 펼쳐지는 강과 산을 조망하면서 시선을 돌려 스코틀랜드의 강과 산을 바라보고 이들을 "한 시선을 따라 이어지는"(8) 파노라마

---

cault), 데리다(Jacques Derrida), 크리스테바(Julia Kristeva), 들레즈(Gilles Deleuze), 버틀러(Judith Butler)에게 영향을 주었다. 주체를 독립적 에이전트가 아니라 사회적 힘으로 산출되는 것으로 설명하는 이러한 알뛰세르의 관점은 라캉의 거울 단계에서 가져온 것이기도 하다. 그러나 거울 단계에서 라캉이 "I"와 "subject"를 구분하는 것과는 달리 알뛰세르는 두 개념을 하나로 병합하여 주체로 단일화한다(Callari 79). 이들에 앞서, 아도르노(Theodor Adorno)와 호르크하이머(Max Horkheimer)는 『계몽의 변증법』(*Dialectic of Enlightenment*)에서 자본주의 생산체제 하에서 대중매체의 동질성이 소비자의 "영혼과 육체를 감금하여" 무기력한 수동적 상태로 전락시키는 과정을 기술한다(133). 아도르노의 사례에서는 대중 매체가 알뛰세르가 말하는 호명효과를 대행한다고 할 수 있다. 블랙 콤브 시들이 창작되는 당시에는 이미 풍경이 대중매체를 통해 이미지로 소화되고 있었고, 워즈워스는 풍경시를 통해 국가의식을 형성하는 데 기여한다.

로 구성한다. 계속해서 모나의 섬, 아일랜드, 주변의 대양, 그리고 영국 본토가 이러한 시선에 편입되어 통합된 영국의 파노라마가 구성된다. 개별 풍경과 정치 단위를 엮어서 하나의 영국으로 구성하려는 의도이다. 고지대에 올라 시각의 주권을 가지려는 욕망은 등산에 함의된 정치적 속성이기도 한데, 워즈워스는 「아콰펜덴테 근처에서 명상, 1837년 3월」("Musings near Aquapendente. April, 1837")에서 이를 표현한다. 이 시에서 그는 헬벨린(Helvellyn) 등산 경험을 "발걸음마다 시각적 주권이라는 / 더 큰 혜택을 얻는"(39-40) 과정으로 서술하면서, 산의 존재를 국가와 연관시킨다. 「조망」에서도 등산은 국가의 정체성을 확인하려는 의도가 숨겨져 있으며, 정상에서 바라보는 풍경에는 국가의 정치가 반영된다.

모나의 섬은
우리가 평원을 떠날 때, 눈앞에
높다란 산처럼 서 있었는데, 서서히 분명하게
(물에 젖은 볼록한 구체 위로)
사람이 사는 해안을 줄무늬로 표시하는
경작된 들판을 드러낸다; 그러나 이제
작아진 물체로 보이며, 관찰자의 발아래
온순하게 굴복한다.

Mona's Isle
That, as we left the Plain, before our sight
Stood like a lofty Mount, uplifting slowly
(Above the convex of the watery globe)
Into clear view the cultured fields that streak
Her habitable shores; but now appears

A dwindled object, and submits to lie
At the Spectator's feet. (16-23)

모나의 섬에 관한 서술은 풍경이 물리적 시선만으로 관찰되는 것이 아니라 문화 기억으로 매개된 역사적 텍스트이며 관찰자의 정치적 관점이 투영된 것임을 입증한다. 모나의 섬은 로마 지배 시기의 명칭이며 현재는 앵글시 섬(The Isle of Anglesey)을 지칭한다(Garrett 73). 웨일스의 섬 중에서 가장 크며, 영국 전체에서 다섯 번째 크기의 이 섬에 대한 로마의 침략과 지배는 타기투스의 연대기(*Tacitus Annals*)에서 기록된다(157). 현재의 "경작된 들판"은 한때 모나의 섬이 켈트족과 드루이드(Druids) 사제들이 로마의 침략에 대항하는 최후의 항거지 이었고 드루이드들이 신성시하던 숲으로 뒤덮인 지역이었다는 역사적 흔적을 간직하고 있다. 로마는 드루이드가 관장하던 황금 무역 사업과 종교 시설, 그리고 숭배하던 자연물(특히, 오크나무 숲과 호수)을 불태우고 관련된 시설을 완전히 파괴했다. 이러한 과거 상황이 다시 "경작된 들판"으로 변화되었다는 점은 식민지 지배와 약탈, 파괴에 뒤이은 문화 과정의 역사를 암시한다.[4] 또한, 평원에서는 "높다란 산"으로 시야를 가로막았지만, 이제 산 정상에서 바라볼 때 "작아진 물체"가 되어 관찰자의 발아래 "굴복한다"는 구절에서는 모나의 섬 문화와 정치 변천 과정을 높은 곳에서 조망하는 화자의 현재 시선이 과거 로마의 식민지 지배와 병치 되면서, 풍경을 조망하는 화자의 시선과 제국주

4) 로마는 여러 차례 모나의 섬을 침략하려 계획을 세웠다. 로마의 장군 Gaius Suetonius Paulinus가 모나의 섬에 기습적으로 해안 상륙을 했다는 사실은(Tacitus, *Agricola* 15) 프랑스가 영국 해안에 기습 상륙할 것이라는 불안이 팽배했던 당시의 역사적 사실과 연관된다. 실제로 이러한 가능성에 대비하여 1791년 육지 측량부(The Ordnance Survey)가 설립되었고 해안 지역부터 체계적 측량과 지도 제작을 시행하였다.

의적 지배 시각 간의 관련성이 시사된다.

아일랜드에 관한 구절은 초기 수서본에는 나타나지 않지만 대략 1811년과 1813년 기간에 첨가된다(*Shorter Poems*, 99). 통합된 영속적 왕국의 비전을 보려는 관찰자의 의식적 노력에도 불구하고 아일랜드는 "또 다른 세상"(27)이라는 인식을 쉽게 불식하지 못한다.

> 저기 푸른 봉우리,
> 소멸할 구름인가? 아니면 저곳에서
> 아일랜드 해안선 형태를 보는가?
> 대지는 때로는 정처 없는 젊은 목동에 의해
> 또 다른 세상의 환한 경계처럼
> 미심쩍지 않게 인식된다.

> Yon azure ridge,
> Is it a perishable cloud? Or there
> Do we behold the frame of Erin's Coast?
> Land sometimes by the roving shepherd swain,
> Like the bright confines of another world
> Not doubtfully perceived. (23-28)

특이한 점은 아일랜드에 관해서는 풍경을 상세하게 직접 서술하던 이전의 태도에서 비켜난다. 저 멀리에서 보이는 육지는 구름과 구분이 모호하다. 바다 건너 구름에 가려지고 먼 거리 탓도 있겠지만, 풍경 관찰의 주체마저 "정처 없는 젊은 목동"으로 전환하는 측면도 있다. 목동의 눈에 비친 땅은 구체성을 잃고 현실의 모습이라기보다는 목가시의 이상적 풍경에 가깝다. 이중 부정형인 "미심쩍지 않게"에는 관찰자의 부정적 인식이 내포된다. 경계에 구애되지 않고 이곳저곳을 자유롭게 옮기는 목동의 목가적 시각은 풍경에 투영된 국가 이데올로기를 확인하려는 시각이나 과학적 도구를 사용하여 대지를 기하학적으로 구분하고 거리와 각도를 측정하는 지도 제작자의 시각과는 분명 구분된다.

"한 시선을 따라 이어지는"(8) 파노라마로 영국을 재현하기 위해 그것을 구성하는 주변부의 개별적 장소와 각 지역의 특이한 풍경 간의 수평적, 형제적 관계를 카탈로그 기법으로 열거하던 서술과정은 점차 중심부로 향한다.

이제 조국을 바라보자!
깊이와, 높이, 둘레 상으로, 이 광경은
얼마나 고요한지, 얼마나 순수한지! --그것은,
지상, 대기, 그리고 지상을 감싸는 바다에 있는,
자연 작품들의 무한한 계시처럼 여겨졌다;
영국의 평온한 지복과 권위를
인간이 상속한 당당한 전시.

Look homeward now!
In depth, in height, in circuit, how serene
The spectacle, how pure!--Of Nature's works,
In earth, and air, and earth-embracing sea,
A Revelation infinite it seems;
Display august of man's inheritance,
Of Britain's calm felicity and power! (28-34)

"homeward"에 함의된 중심, 안정, 친숙함, 통제에 관한 인식은 앞서 아일랜드 서술에서 겪은 타자성으로 인한 불안을 극복하려는 의도와 관련되며, 지금까지 열거해온 개별적 항목을 동질화하여 통합하려는 의지를 내포한다. 이로 인해 시선 전환이 갑자기 유발되고 풍경의 추상화가 심화한다. 물리적, 시각적 풍경 서술은 풍경을 통합 국가에 대한 계시적 비전으로 파악하려는 태도로 전이한다. 풍경은 박물관의 전시품과 같이 국가의 비전을 보존하고 전시하여 국가 이데올로기를 한 세대에서 다음 세대로 전승하는 문화 권력 기제이다. 그러나 "여겨졌다"에는 이러한 추상화로 전이하는 데서 유발되는 불확실함과 차이가 표현된다. "깊이와, 높이, 둘레"로 영국의 우월함을 제시하는 점은 영국의 전통에 대한 버크(Edmund Burke)와 같은 보수주의적 태도이며, 「석필로 적은」에서 측량자의 지도에서 수치로 측정된 "높이와 거리"와 대비된다. 이전의 풍경 서술의 주안점이 개별 지리의 이질성, 다채로운 형상, 그리고 지역 풍경에 내재한 고유한 문화적, 역사적 배경 제시에 놓였다는 점을 고려한다면, 추상적 가치 평가로 갑작스러운 전이는 비약에 가깝다.

인용문의 시작은 밀턴(John Milton)의 「리시더스」("Lycidas")의 구절인 "Look homeward Angel now"(163)를 연상시킨다. 밀턴이 아이리시해에서 익사한 친구 에드워드 킹(Edward King)을 추모할 당시 영국은 스페인의 위협을 받고 있었지만, 워즈워스의 영국은 프랑스의 위협을 당면하고 있었다. "영국의 평온한 지복과 권위"는 시인 워즈워스의 계시적 비전이면서 당대의 영국 정부가 전시에 분열을 딛고 통합된 모습으로 선전하려는 국가 이미지이다. 지리의 정치적 측면인데, 잉글랜드, 웨일스, 스코틀랜드, 아일랜드를 통합시켜 한 지면에, 마치 지도처럼, 한 눈으로 볼 수 있도록 옮겨놓은 것이다. 단일 국가를 구성하는 지리 간의 수평적 동지 관계를 통합한 국가 이미지는 에드워드 사이드(Edward Said)가 제안하는 특정한 텍스트나 담론 혹은 이미지로 만들어지는 "상상된 지리"(194)의 속성을 가지는 점을 부인하기 어려우며, 유토피아적 요소를 가지면서 제국주의적 속성을 숨긴다.

「조망」은 영국인을 대변하고 국가를 옹호하는 시인이 되려는 워즈워스의 야심을 표현한다. 로마 식민지 피지배 시기부터 자신의 당대까지, 밀턴부터 자신까지 영국을 구성하는 개별적 풍경에 내재한 역사적 사건과 문화적 기억을 중첩해 단일 공간에서 동시간 현재로 기술한다. 영국성이라는 추상적 동질화를 만들어내기 위해 하위 구성 단위를 분류하고 재구성하는 과정을 거친다. 결말부에 이르러 개별적 풍경은 영국의 국가주의라는 전체적 비전에 모두 통합되지만, 다른 한편으로는, 지역적으로 분리되고 이질적인 영국은 부인될 수 없는 현실이었다. 그러나 워즈워스는 이러한 추상적 동질화를 국가를 위한 시인의 사명으로 간주한다. 계시적 비전속의 통합된 영국은 그것을 구성하는 풍경의 과거와 현재 그리고 미래, 육지, 바다, 창공을 모두 포괄하는 지리적 공간이 되며, 그 속에서 시인의 소명과 국가의 운명은 결속된다. 그러나 워즈워스의 원대한 포부와 포괄적 시각에도 불구하고, 결말부에서 담화의 갑작스러운 전이는 잠재된 불안감을 노정하며, 이러한 문제는 같은 장소를 소재로 같은 시기에 작성된 다른 한 편의 시에서 본격적으로 다루어진다.

「석필로 적은」

「석필로 적은」은 인물의 설정과 구성 방식에서 단순하지 않다. "대담한 모험가"(1)와 "지리 노동자"(14)라는 인물이 차례로 소개되고, 이들을 기술하는 화자는 시인 워즈워스와 명확히 구분된다. 화자의 구성에서 그가 지속적인 관심을 가졌고 「가시나무」("The Thorn") 등에서 사용한 극적 기법의 한 예시이다. 모험가는 나폴레옹 보나파르트(Napoleon Bonaparte)이라는 당대의 실존 인물과 관련되지만, 높은 곳에서 굽어보는 대상을 시각적으로 전유하여 지배하는 인물의 전형을 표상하는 측면도 있다. 이런 점에서 그는 「조망」의 화자와 아주 다르지 않다. 시는 "멈추시게, 대담한 모험가여"(1)를 말하는 목소리로 갑작스럽게 시작한다. 등산하는 사람을 멈추고, 경고나 당부를 하며, 오르려는 지형에 대한 설명을 덧붙이고, 기원하는 내용이 시의 전반부를 구성한다. 이 과정에서 "지리 노동자"(14)의 경험이 소개되는데, 그의 경험에 내포된 의미가 문제시된다. 시의 내용에서, 노동자는 모험가에 앞서 산 정상에 도달했고 그곳에서 특이한 경험을 했다. 따라서 화자가 모험가에게 전달하는 지리 노동자의 경험은 모험가가 정상에 도달하여 수행하려는 일에 대한 경고의 내용을 담고 있다. 이러한 담화 구성이 시의 묘미이며, 화자의 경고는 시인 워즈워스 자신에게도 해당된다. 그렇다면, 화자가 전달하려는 지리 노동자의 체험에 내포된 의미를 당대의 배경을 염두에 두면서 설명할 필요가 있을 것이다.

「석필로 적은」은 18세기나 그 이전 문학 전통을 따라 장소 수호신(the spirit of place)이 지나가는 사람을 잠시 멈추고 말을 건네는 형식을 취한다.[5] 장소를 개인과 국가의 정체성과 연결하는 블랙 콤브 산에 관한 시와는 어울리는 기법이다. 그는 "대담한 모험가"에게 높은 지대에서 풍경의 파노라마를 볼 수 있기를 기원한다.

---

5) 장소 수호신은 18세기 문학 양식에서 주로 정원에 있는 사물을 소재로 하는 시에 등장하여 여성이나신사를 멈춰 세운다. 워즈워스 시에서는 정원을 감상하는 사람이 아니라 힘들게 산을 올라 정상에서 조망하려는 사람을 멈춘다. 또한, 지나가는 사람을 멈추고 말을 건네는 형식을 워즈워스는 묘비명(epitaph)의 특색으로 설명한다.

그리고 장엄한 바다와 육지의 장관을
구름이 가리지도 않고, 안개 낀 대기가 흐리게 하지도 않고,
중심에서 주변까지, 장막이 들추어지길!

And neither cloud conceal, nor misty air
Bedim, the grand terraqueous spectacle,
From centre to circumference, unveiled! (9-11)

「조망」에서처럼, 풍경을 본다는 행위는 풍경을 대상화하여 소유하려는 정신 기제와 관련이 있다. "장엄한 바다와 육지의" 전경을 속속들이 분명하게 전체적으로 관찰한다는 내용은 『서시』(*The Prelude*) 13권에서 안개와 구름으로 인한 제한된 시야를 무릅쓰고 스노돈 정상에서 조망한 풍경과 대조된다. 1791년 당시 그는 인식을 형성하고 대상을 변형시키는 마음의 힘을 작동하는 시적 상상력을 통해 제한된 물리적 시각을 초월하는 숭고를 경험한다. 낭만주의 시각 이론에서 짝을 이루는 미와 비교할 때, 숭고는 눈앞에 있는 물리적 광경 자체에 의해 상대적으로 구속을 덜 받는다. 특히 워즈워스의 숭고론은 외적 대상보다 마음 자체의 활동을 강조한다. 그러나 「석필로 적은」의 화자는 관찰자가 풍경에 대한 세세한 특색이나 정보를 명확히 파악할 수 있기를 바란다. 시각과 그 대상 간에 작용하는 권력관계를 고려한다면, 관찰 대상인 풍경의 속성을 상세하게 분석하려는 시선에는 풍경에 대한 지배를 그만큼 강화하려는 욕망이 담겨 있다.

워즈워스는 1811년 부틀에 도착했고, 도착 3년 전에 육지 측량부 소속 측량인들이 블랙 콤브 산에서 활동했다는 사실이 기록된다(Hewitt, Ch 8). 와이엇(John Wyatt)은 워즈워스가 1811년 부틀의 축제 기간에 이러한 사실을 전해 듣고 창작 배경으로 삼았을 것이라고 추

측한다(5).[6] 그러나 측량은 여러 사람이 함께 참여하는 팀워크였고, 머지를 측량인으로 확정할 수는 없는 면이 있다.[7] 그러나 사실적 관계를 벗어나, 국가의 비전을 말하는 시의 소재가 이처럼 시골 마을에서 경험한 특색 있는 일화라는 또 다른 사실은 의미 있다.

휴식을 늘이지 않아 불평을 한다면
그대가 가려하는 정상에
한 지리 노동자가 도표와 장비를 갖추고,
높이와 거리를 재려,
텐트를 쳤다는 것을 알아주길. 몇 주간이나 계속된,
고독한 작업! 그에게는 높은 산 위에서
(소심한 자에게는 잘 허락되지 않는)
자연의 진행을 언뜻 보는 것이
충분히 여러 차례 주어졌다.

Know, if thou grudge not to prolong thy rest,
That on the summit whither thou art bound,
A geographic Labourer pitched his tent,

---

6) 워즈워스는 『팬윅 노트』(*The Fenwick Notes of William Wordsworth*)에서 블랙 콤브산 근처 마을 부틀(Bootle)에서 한 거주민이 "그 지역을 삼각 측량"했던 "기술자들 가운데 한 사람"에게서 얻은 내용을 전해 듣고, 이를 시 창작에 활용했다는 점을 밝힌다(95-96). 『호수 지역 안내서』에서도 블랙 콤브 산에서 측량이 이루어졌다는 사실이 기록되고, 윌리엄 머지라는 실명이 거론된다는 점을 고려하면(*The Prose Works* 2, 161), 시에서 표기되는 지리 노동자가 머지를 지칭할 것이라는 개연성이 있다. 그러나 워즈워스는 윌리엄 머지라고 직접 지정하지는 않았다. 두 인물의 동일시는 셀린코트(Ernest de Selincourt)가 편집한 『호수 지역 안내서』에서 시작했고 이후의 연구자들은 대체로 이를 따랐다.

7) 측량이 끝나면 산 위에서 함께 파티했다는 사실의 기록(Hewitt, Ch 9)은 측량의 팀워크 속성을 보강한다.

With books supplied and instruments of art,
To measure height and distance; lonely task,
Week after week pursued!--To him was given
Full many a glimpse (but sparingly bestowed
On timid man) of Nature's processes
Upon the exalted hills. (12-20)

"지리 노동자"는 몇 주 동안 홀로 산 위에서 측정 도구와 필요한 책자를 가지고 삼각 측량을 통해 지도 제작에 종사한다. 삼각 측량은 영국 전역을 상상적 삼각형의 네트워크로 연결하여 통합하는 과정을 거친다. 기본적으로 기하학에 토대를 두며, 이를 활용한 환산표를 비롯하여 "도표와 장비"가 필요하다. 일반적으로 삼각 측량의 각 지점은 가시거리가 확보되는 산 정상이며, 측량의 필수적 측정 도구인 경위의(theodolite)에는 수평각과 연직각을 측정하는 데 필요한 망원경과 기계장비가 장착되어 있었다.[8] 당시 육지 측량부의 지도 제작에 관여한 사람들은 영국 전역을 답사하고 높은 지대에 무거운 경위의를 포함한 장비를 옮겨야 했다. 대상의 높이와 대상 간의 거리를 수치화하는 삼각 측량에서는 대상이 수치화 단위로 분해된다. 이렇게 분해된 대상을 다시 연결하고 통합하여 지도로 만드는 과정에서 대상의 추상화는 필연적이다. 이 점을 두고, 브로글리오(Ron Broglio)는 측량은 "물리적 대지를 추상적 대상으로 변형"(71)한다고 언급한다.

측량된 사물의 높이와 거리를 지도라는 재현 체계에 일정한 비율로 배치한다는 것은 그 사물에 이름을 부여하는 것이며, "분류와 집

8) 지도 제작에서 경위의는 핵심적 장비였다. 원래 동인도 회사에서 인도를 측량하기 위해 제시 렘즈덴(Jesse Ramsden)이 제작한 경위의를 육지 측량부가 사용하게 된 후 정확성이 크게 개선되었다(McConnell 212-15).

합, 비교와 대조"(Berthoff 110)의 과정을 거쳐 규율의 체제에 포섭하는 것이 된다. 몇 주 동안 이러한 업무를 수행하면서 지리 노동자는 "자연의 진행"을 한순간이나마 엿보는 기회를 여러 차례 갖게 된다. "소심한" 사람에게는 주어지지 않는, 다시 말해 "대담한 모험가"에게 선택적으로 주어지는 특권이다. 이러한 특권은 지리 노동자가 경위의와 망원경, 그리고 환산표와 같은 일반인들이 갖지 못하는 특별한 "도표와 장비"를 활용할 수 있는 전문 능력을 수련 받았고, 높은 곳에서 상당한 기간 다른 사람들과 떨어져 끈기 있게 목적을 달성할 수 있는 의지력을 지닌 개인적 특성에서 비롯된다. 이러한 기술 장비를 갖추지 못하고 합당한 개인적 특성이 없고, "소심한" 사람들은 굳이 조망이나 측량을 목적으로 등산하지 않을 것이며, 등산하는 경우에도 물리적 시각에만 의존하거나 전문적 관찰 도구를 사용할 수 없게 되어 대상을 그만큼 정확하게 파악할 수 없게 될 것이다.

지리 노동자는 지도 제작 작업 중에 아주 특이한 체험을 한다. 산 정상에서 그는 지도의 선이나 색채 같은 기호와 상징체계가 무용지물이 되는 상황을 대면하게 된다. "대담한 모험가"가 누리도록 기대되는 "중심에서 주변까지" 모든 것을 명확하고 세세하게 드러내는 "장엄한 바다와 육지의 장관"을 경험하는 것이 아니라 아무것도 볼 수 없는 상황에 부닥치게 된 것이다. 「전망」에서 그리고 「석필로 적은」의 전반부에서 예상되던 포괄적 조망은 이제 완전한 어둠으로 역전된다.

갑자기
여러 색채를 칠한 지도가 그의 눈앞에서
보이지 않게 되었다. 온 사방에
어둠이 내려—조짐도 없이, 알리지도 않고—
마치 황금빛 낮 자체가 한순간에

소멸하여버린 것 같았기 때문이었다. 칠흑 같은 어둠,
그 속에서 그는 홀로 눈을 감지 않은 채
장님이 된 산의 고요한 정상에 앉아 있었다!

suddenly
The many-coloured map before his eyes
Became invisible: for all around
Had darkness fallen—unthreatened, unproclaimed—
As if the golden day itself had been
Extinguished in a moment; total gloom,
In which he sate alone with unclosed eyes
Upon the blinded mountain's silent top! (22-29)

작업 중 갑자기 내린 어둠으로 지도를 볼 수 없는 상황에서 지리 노동자는 눈을 감지 않은 채 홀로 완전한 어둠에 싸여 산 정상에 앉아 있다. 볼 수 있음과 없음, 어둠과 빛, 물리적 시각과 정신적 비전이 교차한 상황에서 여태껏 수행해온 작업의 의미가 급진적으로 유보되는 순간을 대면하는 것이다. 높이와 거리를 표시하는 선과 수치, 그리고 색채로 사물을 표현한 과학적 지도이지만, 자연적 조건(햇빛)이 수반되지 않으면 무용지물로 전락한다. 그렇다면, 지도의 수치와 색채의 본질적 의미는 어떻게 평가해야 하는가? 그리고 이것들에 의존하는 지도의 본질적 한계는 무엇인가? 예기치 않은 어둠에서 그가 얻는 깨달음은 무엇인가?

지도는 인식론적 명확성, 통계를 목적으로 한다. 그러나 아무리 정확한 지도라도 재현 체계에 불과하다. 앞서 그는 과학적 도구와 장비의 도움을 받아 사물을 수치화함으로써 자연의 진행을 들여다보는 특권을 누렸다. 그러나 이러한 특권은 자연의 과정에 대한 완벽한 인식은 아니다. "언뜻 봄"(18)이라는 제한된 시각은 과학적 도구와 수학의 엄밀함에 기반을 둔 측량마저도 실제의 변화무쌍한 모습과 생생한 경험에 내포된 불규칙성을 정확하고 안정된 형태로 담아내지 못한다는 암시이다. 지도에 표기된 추상적 선, 숫자, 거리, 색채는 대상을 원래의 컨텍스트에서 분리하며, 대상의 상세한 지리적 특성이 주 관심사가 아님을 표시한다. 지도상의 색채는 거리와 높이로만 표시되는 극단적으로 추상화된 지도에 특정한 색채로 해당 지역의 특색을 대략적으로나 반영하려는 재현 도구이며 상징이지만, 사용된 색채는 작도법의 관행을 따르는 것이며, 실제 사물과의 관계는 자의적이며 대상의 특색을 추상화 한다. 색채 선택은 지도 제작 주체의 "문상 논리, 시각 인식, 그리고 문화적 선호도"(Monmonier 163)에 따라 다르다. 대상의 구분과 분류를 목적으로 시각적 편의성이나 효과를 중시한다는 측면이 있기 때문이다.[9] 이러한 점은 지도라는 재현 체계가 갖는 정치적 속성과 함께 그 재현의 한계를 본질에서 검토하게 한다.

지리 노동자가 어둠 속에서 "홀로 눈을 감지 않은"(28) 상태를 지속하는 것은 신체적 시각 능력의 한계를 제시하면서, 볼 수 없는 상황에서 계속 보려는 행위를 서술한다. 또한 측량과 지도 제작이 여러 사람이 함께 참여하는 일이라는 사실을 왜곡하면서까지 지리 노동자의 고독을 강조하는 이유는 물리적 시각과는 구분되는 형태의 보는 방식을 제시하려는 의도일 것이다. 이러한 방식은 지도 자체의 본질적 불안정함을 지시하면서 이와 함께 지도에 통합되지 않고 포획되지 않는 저항 요소를 담아내는 시각으로 리얼리티를 재현하는 인식의 지도를

9) 지리 노동자의 지도는 삼각 측량으로 계산된 거리와 높이를 표시하면서 여러 삼각형이 연결되어있는 아주 추상화된 형태였을 것이다. 따라서 워즈워스가 "여러 색채"(23)를 언급한 것은 정확하지 않을 수 있다.

제시할 수 있을 것이다. 워즈워스는 이러한 동화할 수 없는 사물의 존재를 표현하는 데 많은 관심을 가진다. 이러한 사물의 존재와 그것에 관한 인식은 상상력의 일부이면서, 사물을 만들고, 변형시키고, 통합하는 능력과는 구분되는 측면이다.

알리슨 힉키(Alison Hickey)는 "제국적 상상력"(131)이라는 표현으로 워즈워스의 시적 특성을 설명한다. 워즈워스의 상상력은 "독점하는 능력"이며, 이것은 "불평등과 불균등으로 현재 자극의 최대치를" 구한다는 해즐리트(William Hazlitt)의 비판(214)과도 상통한다. 「석필로 적은」에서도 "고독한," "홀로"라는 낱말이 쓰이며, 이것은 「틴턴 사원」("Tintern Abbey")에서 도로시(Dorothy Wordsworth)의 존재를 최대한 지연시켜 풍경을 독점하려는 기법과 유사하다. 워즈워스에게 이러한 자기중심적 숭고미를 추구하는 경향이 없는 것은 아니다. 그러나 이것만으로는 그의 상상력의 본질을 설명할 수 없다. 그는 대상을 지배하고 일반화시키는 상상력이 어느 한순간 드러내는 공백이나 파열지점을 기술한다. 이 지점에서 상상력은 자체의 한계를 드러내면서 작동 불가능을 반복하게 된다. 또한 이 지점은 「석필로 적은」에서처럼, 이데올로기 봉쇄의 허구성을 스스로 노출하는 지점이며, 워즈워스는 이러한 지점의 존재에 지속적으로 이끌리고 매혹되는 경향을 보인다. 공백과 마주침에서 워즈워스의 상상력은 창조와 와해를 동시에 수행하는 새로운 계기를 마련하게 되는 것이다.

"감지 않은 눈으로"(28)는 설명할 수 없는 것을 체계 내에 담아두고자 하는 의지의 표현이며, 워즈워스의 창작에 본질적 요소이다.[10] 이것

---

10) 데이비드 아람 카이저(David Aram Kaiser)가 설명하는 대로, 『정치가의 지침서』(*The Statesman's Manual*)에서 코울리지의 상징론이 본질에서 "보편적 아이디어와 특수한 사례 간의 변증법적 화해"(31)를 지향하는 것이라면, 워즈워스의 보편

은 칸트(Immanuel Kant)의 숭고와도 관련된다. 칸트의 숭고는 "무한으로 나아가려는" 상상력의 시도와 "현실적 아이디어로서 절대적 총체성"(66)을 요구하는 이성 간의 갈등을 일으키는 경험에서 비롯되며, 이러한 경험을 수용하려 한다. 다시 말해, "상상력이 자신을 상실하는 것을 두려워하는 심연"(72)을 표시하며, 상상력이 실패하는 난처한 지점에서 감각의 한계를 넘어서는 아이디어를 통해 우리의 경험을 구조화하게 한다. 구조화되지 않은 경험에 구조를 부여하며 초감각적 경험을 수용한다는 측면에서 칸트의 이성은 워즈워스가 자신의 시적 능력의 중요한 요소로 받아들이는 밀턴의 직관적 이성과 공유점을 가진다. 밀턴은 『실낙원』(*Paradise Lost*) 5권에서 인간의 능력인 "사변적 이성"과 천사의 능력이지만 인간이 열망하는 "직관적 이성"을 구분한다(487-90). 워즈워스는 『서시』 13권에서 "감각적 인상에 속박되지 않고" "비가시적 세계와 소통하는" 생명의 세계를 언급한다(103, 105).

그렇다면, 이러한 워즈워스의 창작 원리를 구현하는 인자인 "지리 노동자"라는 특이한 명칭에 관해 생각해볼 필요가 있다. 그는 분명 전문지식과 사물을 판독하는 시각과 목표를 추구하는 의지력을 갖춘 사람이다. 그러나 그는 18세기 풍경 관찰자인 신사 계층이 아니며, 산이 포함된 땅을 소유한 지주도 아니다. 산 위에서 국가사업인 지도 제작을 수행하는 노동자이며, 땅을 재현하는 능력으로 자신의 정체성을 구성한다. 그가 작성하는 지도는 풍경시와 마찬가지로 땅을 읽고 해

과 특수 간의 관계는 이러한 변증법적 화해를 이루는 것이 아니라 서로 미해결 상태를 그대로 유지하는 특성이 있다. 로맨티시즘 시기 이상주의와 경험주의, 보편과 특수 간의 관계 정립에 코울리지가, 특히 그의 상징론이, 헤겔(George Wilhelm Friedrich Hegel)을 어떻게 활용하는지는 설명하는 것은 아직도 커다란 과제로 남겨져 있다.

석하고 번역하여 다른 표현체계로 옮기는 작업이다. 이러한 점에서 시 쓰기를 육체적 노동과 종종 동일시하는 워즈워스의 풍경 시인과도 무관하지 않다. 블랙 콤브 시에서 풍경 시인과 지도 제작자 간에는 그리고 풍경시와 지도 간에는 일정한 관련이 있다. 지리 노동자는 관찰 대상을 자신의 시각적 소유물로 종속시키는 사람과 다르며, 따라서 "대담한 여행자"(1)와 구분된다. 특권적 지위를 지니지만, 산 아래의 "소란스러운 방문자들"(7)이 함의하는 현실적 정치와는 거리를 두면서, 자신의 재현 작업에 몰두한다. 물론, 이러한 초연한 행위가 결국은 정치적 의미가 있다는 점은 부인할 수 없다.

이러한 지리 노동자가 워즈워스가 의도하는 이상적 국가의 정체성에 기여하는 점은 블랙 콤브 시들이 출간된 이후의 사정을 고려해야 할 것이다. 나폴레옹 전쟁 후 영국에서는 국가주의에 관한 논쟁이 새롭게 등장한다. 이 과정에서 국가의 구성 주체에 관한, 대표자 선출에 관한 문제가 논의의 대상이 되면서 노동자 계층의 참정권이 쟁점으로 부상한다. 그러나 1832년 선거법 개정에서도 노동자 계층은 차별을 받아 중류계층과 구분되며, 선거권자는 당시 금액으로 10파운드 이상의 재산을 소유한 남자에 한정되었고, 절대 다수의 노동자는 여전히 선거권을 가질 수 없었다. 지리 노동자의 전문 지식과 재현 능력 그리고 현실의 직접적 이해관계에서 벗어난 객관적 자세마저도 당대의 현실 정치에서 분명 나름의 한계를 드러낸다.

결국, 지리 노동자의 경험을 통해 드러나는 것은 대상 자체보다 마음의 작용을 중시하는 워즈워스의 관점일 것이다. 그는 어둠이 내리자 아무런 기능을 하지 못하는 지도를 예시 삼아 물리적 눈의 한계와 과학적 수치화의 맹점을 제시한다. 워즈워스는 당대의 국가적 관심사였던 지도화 계획 자체의 한계를 체험하는 육지 측량부 소속 지리 작업자의 실례를 극화하면서, 이러한 "노련한"(*Prose Works* 2, 161) 측량인의 난처한 상황이 근본적으로 지도로 구조화되지 않는 실체의 가능성을 깨닫는 데서 비롯됨을 제시한다. 이러한 눈멈과 통찰의 교차는 산 정상에 설치한 "텐트"(canvass) (14)에서 발생하는 데, "canvass"는 어원상 "criticize"나 "discuss"의 의미가 있다.

풍경 속의 개인, 국가

워즈워스는 1805년『서시』에서 혁명기의 젊은 자신의 정신적 격동을 서술하면서 1793년 프랑스와 전쟁이 조국과의 관계에 끼친 영향을 생생한 메타포로 전달한다. "푸른 잎"에 비유된 자신이 "사랑스러운 내 나라의 / 축복받은 나무"에 붙어 있다가 "떨어져 / 회오리바람 속에서 이리저리 휘날렸다"는 구절이다(10, 254, 257-58). 혁명에 대한 열정은 조국에 대한 신뢰를 유보할 정도로 강렬했다. 그러나 나폴레옹 전쟁이 본격화되고 혁명이 원래의 가치를 저버리는 것을 목격하고 조국의 가치에 대한 신뢰를 회복하며, 1807년『두 권의 시』(*Poems, in Two Volumes*)에 실린 많은 시에서 볼 수 있듯이, 영국민 전체를 청자로 설정하면서 국가 전체의 독립과 번영을 옹호하는 국민 시인으로 자신을 내세우려 한다. 국민 시인으로서 자신을 설정하는 자세는 앞서 1801년『서정 민요집』을 휘그 당의 저명한 정치인 폭스(Charles James Fox)에게 증정하면서 부친 서신에서 자신을 웨스트무어랜드의 독립 소지주와 동일시하고 이들의 대변자 역할을 자임했던 태도에서 확장된 것이다.[11] 나폴레옹의 대륙 봉쇄는 영국민이 경제, 정치, 문화를 포함한

11) 리처드 그래빌(Richard Gravil)은 워털루 전쟁과 관련된 시들을 분석하면서 국민

모든 면에서 자립의 가치의 중요성을 인식하는 계기가 되었다. 워즈워스는 창작활동의 주된 배경으로 설정한 호수 지역이 이러한 가치를 오랫동안 보존하고 실행해왔다는 점을 부각하면서, 호수 지역의 사회적 그리고 자연적 생태에, 이를 다루는 자신의 시에, 도덕적 우월성을 부여한다. 침략의 위협이 상존하던 당대의 현실은 경제적 동기만이 아닌 국가 의식과 공동체의 정신적 가치의 중요성을 일깨웠다. 이러한 배경에서 워즈워스가 국가를 대변하고 국가의 가치를 옹호하려는 의도는 납득된다.

베네딕트 앤더슨은(Benedict Anderson)은 『상상의 공동체』(*Imagined Communities*)에서 "인쇄 자본주의"(38)의 성장이 근대 국가 형성에 수행한 중요한 역할을 설명한다. 특히, 신문은 "급속히 그 수가 증가하는 사람들이 자신에 관해 그리고 자신을 다른 사람들과 관련시키는 것에 관해 근본적으로 새로운 방식으로 생각하도록 만들었다"(38)고 지적한다. 새로운 서적 출간이 신문에 공지되고, 서평이 서적 판매에 직접적 영향을 주었던 당대의 출판 시장에서 시 쓰기를 수행한 워즈워스도 이러한 인쇄 문화의 영향에서 벗어날 수 없었다. 1798년 『서정민요집』(*Lyrical Ballads*) 출간 후 워즈워스의 시는 본격적으로 공적 담론의 장에 편입되며, 문학 시장에서 독자들의 수요와 반응에 따라 창작과 수정이 이루어진다.

워즈워스는 창작활동을 통해 그리고 이를 당대의 출판 시장에 유포시켜, 공동체의 이미지 구축에 기여한다. 「조망」에서 "인간이 상속한 / 당당한 전시"(33)는 풍경의 정치학을 요약하면서, 풍경은 박물관이나 기념관 구실을 하며 자체가 유산으로서 국가 권위와 그 역사의

시인으로서 워즈워스의 면모를 상세히 밝히고 있다(332-40).

정당성을 표현하는 담론이라는 의미를 표현한다. 사람들의 삶의 양태, 관습이 투영된 풍경의 온갖 특이함을 추상적 동일성으로 통합한 것이 국가이며, 풍경은 국가의 정치를 구현한다. 워즈워스의 풍경시는 영국이라는 국가의 비전을 제시하지만, 한편으로는 웨스트무어랜드의 향토성과 그 특이성이 억누를 수 없이 드러난다. 그러나 현실의 실제 국가보다는 자신이 소속되기를 원하는 이상적이며 미래의 특색을 함의하는 워즈워스의 국가는 앤더슨이 설명하는 대로 "문화적 가공품"(4)이며, "상상된 정치 공동체"(5)의 성격을 가진다고 할 수 있겠지만, 앤더슨과 달리, 이러한 공동체에 영속성을 부여한다는 점에서 특색이 있다.

워즈워스는 국가나 정부가 자신에게 부과한 규약이나 가치를 준수하려 애쓴다기보다는 당대의 국가나 정부가 따라야 한다고 생각하는 추상적 관념이나 이미지를, 그리고 질서나 규약을 상정하고 이를 기준으로 자신을 포함한 국가 구성요소에 의무나 책임을 지우려 한다. 그가 생각하는 이상적 국가는 시나 산문으로서만 구성되는 경향이 있으며, 이러한 문자 왕국의 번영과 위엄을 기원하는 국민의 한 사람인 그 또한 현실 상황과 무난하게 조화를 이루는 것은 아니었다. 나폴레옹 전쟁의 종전을 기념하기 위해 의회가 지정한 감사제 국경일을 기념하고 이와 관련된 시를 담고 있는 시집『감사제 오드, 1816년 1월 18일과 주로 최근의 공적 행사를 언급하는 다른 단시들』(*Thanksgiving Ode, January 18, 1816, With Other Short Pieces, Chiefly Referring to Recent Public Events*)의 공지문(Advertisment)에는 "국가의 미덕을 칭송하는"(*The Poems of William Wordsworth,* 781) 애국심 고취라는 출간 동기가 분명히 천명된다. 그러나 이상적 국가에 대한 그의 비전이 당대의 국가 모습과 일치하지는 않는다. 시집 출간에 앞서 보낸 서신에서 자신의 이러한 바람을 당대 독서 대중이 공감하지 않을 것임을 우려한다. 즉, "현재 대중의 마음가짐은 이러한 사례에 관해 내가 시를 통해 분출하는 것을 조금도 귀담아들으려 하지 않을 것이다" (*MY* 2:292).

워즈워스가 컴버랜드 최남단까지 여행하여 블랙 콤브 산에 오른 행위는 더 넓은 조망을 통해 더 넓은 지역을 지배하겠다는 욕망과 무관하지 않다. 「조망」에서 일인칭 화자는 국가에 대한 자신의 비전을 서술한다. 당시의 전시 상황을 고려할 때, 고지에서 아래의 풍경을 조망하는 것은 전략상 지배적 위치를 점유하여 대상을 통제하려는 군사적 전략과 무관하지 않다. 일인칭 화자는 군사 기지를 언급하면서 관찰 대상인 풍경을 시각적으로 통제한다.[12] 저 멀리 아일랜드, 웨일스, 대서양까지 조망하려는 것은 더 넓은 지대를 여행하려는 여행자의 바람이며, 공간을 시간과 접목해 과거와 현재 그리고 미래의 국가 이미지를 보려는 것은 영속적 국가의 미래에 대한 비전을 제시하려는 시인의 욕망이다. 그러나 본질에서 워즈워스가 추구하는 시각은 바다와 육지의 장엄한 광경뿐만 아니라, 물리적 시각의 한계를 초월하여 어둠 속에서도 볼 수 있으며, 보이지 않거나 볼 없는 것을 인식하며, 전승된 물리적 풍경에 미래의 국가의 모습을 투영시키고, 개별 지형을 상상적으로 연결하고 통합하는 것이다. 이러한 시각에서 개인과 국가의 비전은, 지역의 삶과 국가의 운명은, 포괄적 풍경 속에서 서로를 산출한다.

---

12) 존 배럴(John Barrell)은 18세기 풍경화에서 높은 지점에서 아래에 펼쳐진 풍경을 서술하는 것이 갖는 "도덕적 의미"와 군사적 배경에 관해서 언급한다(24-25).

인용문헌

Adorno, Theodor and Horkheimer, Marx. *Dialectic of Enlightenment*. Trans. John Cumming. London: Verso, 1997.

Althusser, *Louis. Lenin and Philosophy*. New York: Monthly Review Press, 1971.

Anderson, Benedict. *Imagined Communities: Reflections on the Origin and Spread of Nationalism*. Revised Ed. London: Verso, 1996.

Barrell, John. *The Idea of Landscape and the Sense of Place, 1730-1840: An Approach of John Clare*. Cambridge: Cambridge UP, 1972.

Berthoff, Ann E. *The Making of Meaning*. Montclair: Boynton/Cook, 1981.

Broglio, Ron. "Mapping British Earth and Sky." *The Wordsworth Circles* 33.2 (2002): 70-76.

Callari, Antonio, and Ruccio, David F. *Postmodern Materialism and the Future of Marxist Theory: Essays in the Althusserian Tradition*. London: Wesleyan UP, 1995.

Curtis, Jared, ed. *The Fenwick Notes of William Wordsworth*. Penrith: Humanities-Ebooks, 2007.

Garrett, James M. *Wordsworth and the Writing of the Nation*. Burlington: Ashgate, 2008.

Gravil, Richard. *Wordsworth's Bardic Vocation, 1787-1842*. London: Palgrave Macmillan, 2003.

Hazlitt, William. *The Complete Works of William Hazlitt*. Vol 4. Ed. P.P. Howe. London: J. M. Dent and Sons, 1930.

Hewitt, Rachel. *Map of a Nation: A Biography of the Ordnance Survey*. Kindle ed. London: Granta Books, 2011.

Hickey, Alison. *Impure Conceits: Rhetoric and Ideology in Wordsworth's Excursion*. Stanford: Stanford UP, 1996.

Hill, Alan G. "The Triumph of Memory: Petrarch, Augustine, and Wordsworth's Ascent of Snowdon." *The Review of English Studies, New Series* 57.229 (2006): 247-58.

Kaiser, David Aram. *Romanticism, Aesthetics, and Nationalism*. Cambridge: Cambridge UP, 1999.

Kant, Immanuel. *Critique of Judgment*. Trans. J. H. Bernard. New York: Dover Publications, 2005.

Lacan, Jacques. *Ecrits: The First Complete Edition in English*. Trans. Bruce Fink. New York: W. W. Norton, 2006.

Michelle, W. J. T. *Landscape and Power*. Chicago: U of Chicago P, 2002.

McConnell, Anita. *Jesse Ramsden: London's Scientific Instrument Maker*. Burlington: Ashgate, 2007.

Milton, John. *The Complete Poems*. Ed. John Leonard. New York: Penguin, 1999.

Monmonier, Mark S. *How to Lie with Map*. 2nd ed. Chicago: U of Chicago P, 1996.

Tacitus, Publius Cornelius. *The Agricola and Germany*. Trans. Anthony R. Birley. Oxford: Oxford UP, 1999.

______. *The Annals of Tacitus*. Vol. 5. Trans. Alfred John Church and William jackson Brodribb.
http://penelope.uchicago.edu/Thayer/e/roman/texts/tacitus/annals/14b*.html

Said, Edward W. "Culture and Imperialism." *Power, Politics, and Culture: Interview with Edward W. Said*. Ed. Gauri Viswanathan. New York: Pantheon, 2001.

Wordsworth, William. *Guide to the Lakes*. 5th ed. Ed. Ernest de Selincourt. Oxford: Oxford UP, 1977.

__________. *Shorter Poems, 1807-1820*. Ed. Carl H. Ketcham. Ithaca: Cornell UP, 1990.

__________. *The Letters of William and Dorothy Wordsworth*. Ed. Ernest de Selincourt. 2 Vols. Oxford: Oxford UP, 1979-70.

__________. *The Penwick Notes of William Wordsworth*. Ed. Jared Curtis. Penrith: Humanities-Ebooks, 2011.

__________. *The Poems of William Wordsworth: Collected Reading Texts from the Cornell Wordsworth*. Ed. Jared Curtis. 3 vols. Penrith: Humanities-Ebooks, 2009.

__________. *The Prelude 1799, 1805, 1850*. Eds. Jonathan Wordsworth, M. H. Abrams, and Stephen Gill. New York: W. W. Norton, 1979.

__________. *The Prose Works of William Wordsworth*. Eds. W. J. B. Owen and Jane Worthington. 3 vols. Oxford: Oxford UP, 1974. *Wordsworth's Bardic Vocation, 1787-1842*.

Wyatt, John. "Wordsworth's Black Combe Poems: The Pastoral and the Geographer's Eye." *Signatures* 3 (2001): 1-20.

8

타자성의 지형학 그려내기: 디킨슨의 시 쓰기

타자성의 지형학 그려내기: 디킨슨의 시 쓰기

엄연한 선재성

현상에 대한 "비스듬한" 시각은 디킨슨 시학의 중요한 특징이다. "모든 진리를 말하라. 그렇지만 비스듬하게 말하라"(F1263, 1)는 구절은 이러한 특이한 인식방법을 단적으로 표현한다.[1] 각을 두고서 경험을 기술해야 한다는 주장은 현상에 대한 의식의, 달리 말해 사물에 대한 언어의 작용방식을 표시한다. 넓게 보면 주체와 재현의 문제라고 할 수 있겠는데, 대상과 표상 행위와의 관계를 문제 삼으면서, 인식의 범위에 관한 질문을 제기한다. 이 글은 디킨슨의 시에서 자주 나타나는 한 형식, 즉 다각적 관찰을 통해 자연이나 사건을 상세하게 해석하고 기술하는 화자와 이러한 화자의 노력에도 끝내 타자성을 유지하는 대상이 함께 제시되는 형식을 주목하면서, 이를 통해 특정한 비유나 비유의 치환을 통해서 고정되거나 통합될 수 없는 존재성을 보여주는 디킨슨의 시 쓰기를 분석하려 한다. "자체의 모습으로 체현되지 않는"(F724, 5) 대상을 파악하기 위해 끊임없이 새로운 수사적 치환을 수행하지만, 이러한 수행으로 명명되거나 수사적 치환으로 포착할 수

---

1) 디킨슨의 시인용은 프랭클린(R. W. Franklin) 판을 따르면서, 이를 F로 표기하고 시 번호를 함께 적는다. 시 번호가 표기 되지 않은 것은 앞의 시를 지시함을 의미하며, 행을 제목으로 사용하는 경우 구체적 행을 표기하지 않는다. 디킨슨의 서간 인용은 존슨(Thomas H. Franklin)의 선집을 따르면서, 이를 L로 표기하고 서간의 번호를 표기한다.

없는 선재성 간의 긴장과 파열이 디킨슨 예술의 한 형식이라는 것이다. 디킨슨의 시에서 언어의 지시 과정은 지시 대상의 이미지를 눈앞에 불러내지만 동시에 이러한 이미지의 조건이 되는 선재성이 부재의 형식으로 자신의 존재를 드러낸다는 것이다. 디킨슨의 시 쓰기는 이러한 "부재에 대한 사랑"(L31)에 이끌려 "무지개의 옷을 / 만지듯, 닿기에 / 가망이 없는"(F724, 10-12) 존재의 가능성을 뛰어난 통찰력을 보이면서 독특한 방식으로 추구하고 있다.

벌들이 온다면 나는 감당할 수 없네,
그들이 가는 저 흐릿한 나라에
그들이 저만치 있어 주었으면
나에게, 그들은 무슨 낱말을 가졌는지? (F347, 17-20)

I could not bear the Bees should come,
I wished they'd stay away
In those dim countries where they go,
What word had they, for me?

'나라'에 함의된 정치성과 영토성은, 벌들이 가는 곳이 나와는 별도의 체계와 주권을 가지며 언어마저 다를 수 있음을 암시한다. '흐릿한'은 빛과 어둠, 드러냄과 가림, 혹은 현존과 부재가 공존하는 조건이며, 완전함이 아닌 결여의 상태를 표현한다. '낱말'은 그들과 나를 매개하는 언어적 재현에 대한 화자의 욕망을 표시하겠지만, 이러한 욕망에는 욕망 자체로 말미암은 대상의 상실과 왜곡에 대한 위험성이 내포된다. 화자는 재현에 대한 욕망을 포기하는 것이 아니라, 그들의 소리와 "의상은 / 나와는 너무나 낯설어"(11-12) 그 삶을 온전히 대할 수 없음을 토로한다. 대상의 세계를 특이하고 상세하게 기술하지만 결국에는 이들은 파악할 수 없는 대상으로 남겨지고야 만다. 달리 보면, '흐릿한 나라'는 구체적 대상이 아니며, 재현에로의 욕망으로 분열된 주체인 화자가 가지는 결핍을 일깨우는 상징일 수 있다. 라깡(Jacques Lacan)식으로 이를 설명하자면, 욕망이 영원히 충족시키고자 하는 부재의 상징으로서 작용하는 것이 된다(579-84). 벌의 세계는 화자 자신의 이해방식에 따라 감각되고 표상되겠지만, 이러한 표상화는 동시에 스스로를 허물게 된다.

> 풀이 서둘러 주었으면 —
> 그래서 볼 수 있는 시간이었으면 —
> 그가 너무 커서, 가장 큰 것이
> 쭉 뻗어도 나를 볼 수 없었으면 — (F347, 13-16)
>
> I wished the Grass would hurry —
> So when 'twas time to see —
> He'd be too tall, the tallest one
> Could stretch to look at me —

같은 시대에서 휘트먼(Walt Whitman)이 『풀잎의 노래』(*Leaves of Grass*)에서 자신감 있게 그려내는 풀잎과의 일체감과는 대조적인 시적 화자의 자세가 드러난다. 풀잎이 너무 자라서 나를 볼 수 없게 되기를 바라는 것인데, 나를 지켜보고 있는 세상은 대면하기에는 너무 벅차다는 것을 토로하고 있다. 디킨슨 화자는 결국 자신을 "칼버리의 여왕"(24)으로 재현한다. 한정된 자신의 세계에만 머물지 않고, 경계를 벗어나 자연 사물 자체를 대면하려 하지만 이들의 타자성을 의식하고 감내하면서 느끼는 화자 자신의 고통과 희열을 동시에 표출하는 것이다.

「내가 취할 수 없는 색채가 — 최상이다 —」(“The Tint I cannot take — is best —” F696)는 사물이나 현상과 단절되는 날말의 속성을 표현한다. 화자는 바라보고 있는 하늘의 색채를 표현하려 하지만, 그 색채는 ‘시장’의 언어, 통용되는 언어의 표현 범위를 벗어난다. 의미는 “내적 차이”(F320, 7)를 만들어내는 주체로부터 생성되겠지만, 사물은 내적 장소성에 편입되는 것에 저항한다.

내가 취할 수 없는 색채가 — 최상이다 —
한 번 보는데 일 기니로 —
내가 시장에서 보여주기에는
너무나 동떨어진 색깔 — (1-4)

The Tint I cannot take — is best —
The Color too remote
That I could not show it in Bazar —
A Guinea at a sight —

동화시킬 수 없고, “경외감을 불러일으키는 신비”(Thackeray 26)한 대상에 관한 인식과 재현이라는 논제에 착안하여 비평가 블룸(Harold Bloom)은 이 시를 디킨슨이 “자신의 예술의 한계”(286)를 표현하는 것으로 평가한다.

지배의 순간들이
영혼에 생겨나
만족 못하고 그것을 남겨두네
너무나 절묘하여 — 말하기엔 — (9-12)

The Moments of Dominion
That happen on the Soul
And leave it with a Discontent
Too exquisite — to tell —

불룸이 이 시를 휘트먼의 「현관 앞뜰에 라일락이 지난번 피었을 때」(“When lilacs last in dooryard bloom'd”)와 더불어 “진정한 미국적 숭고”(284)로 예시하는 것은 같은 논지일 것이다.

번역의 고통, 쾌락, 공포

대상을 정확하게 인식할 수 없다고 피력하는 것은 인식과 표현 간의 괴리를 의식하는 것과 무관하지 않으며, 표현의 도구인 언어의 불완전함을 말하는 것이기도 하다. 인식은 벤야민(Walter Benjamin)이 말하는 '번역'의 과정을 거쳐야 하며, 이 과정은 피할 수 없는 손실을 수반한다. 디킨슨의 시에서 이러한 손실은 본다는 행위가 지니는 본질적인 한계와도 관련된다. 화자는 사물을 끊임없이 관찰하여 애쓰지만, 그 사물을 제대로 담아내지 못하는 '눈'의 허구성을 제시한다. 이렇게 사물의 실체를 가리며, 사물의 진리를 오도하는 눈은 에머슨이 『자연』(*Nature*)의 서문에서 배격하고 있는 것이기도 하다.

> 이전 세대는 신과 자연을 직접 대면하였지만 우리는 그들의 눈을 통해서 본다. 무엇 때문에 우리도 마찬가지로 우주와의 독자적인 관계를 누리지 못하는가? 무엇 때문에 우리는 전통이 아니라 통찰의 시와 철학을, 그들의 역사가 아니라 우리에게 계시되는 종교를 가질 수 없는가? (1073)

디킨슨은 자신의 눈에 비치는 대상을 기술하면서, 이러한 눈을 통한 대상의 명명행위가 처한 난처한 상태를 시적으로 재현한다. 만(John S. Mann)의 지적대로, 디킨슨은 눈을 "보기-명명하기-소유하기"라는 메타포로 사용되지만(478), 이러한 눈은 맹목이며, 대상을 오도하고 잃게 한다는 것을 함께 강조한다. 눈은 대상에 대한 가능성의 조건인 동시에 불가능성의 조건이다.

> 그들의 파악 불가능한 행동은 — 우리를 조롱한다 —
> 마침내 기만된 눈이
> 거만하게 닫히고 — 무덤 속에서 —
> 다른 방식을 — 보려고 — (F696, 21-24)
>
> Their Graspless manners — mock us —
> Until the Cheated Eye
> Shuts arrogantly — in the Grave —
> Another way — to see —

경험의 양이나 강도는 우리의 내면이나 영혼이 수용할 수 있는 범위를 훨씬 초과하여 위압하고 '조롱'하기에 이른다. 상징을 벗어나, 끊임없이 상징의 한계를 일깨우지만, 이러한 한계는 동시에 상징을 통해서만 인식할 수 있다는 본질적 굴레에 대한 자의식적 실토일 수 있다. 라깡식의 상징계와 실재계의 관계에 관한 이러한 인식은 헤겔(G. W. F. Hegel)의 미학에 암시된 것과 상통한다. 해체비평가 드 만(Paul de Man)은 「헤겔 미학에서의 기호와 상징」("Sign and Symbol in Hegel's Aesthetics")을 설명하면서, "사고와 기억술과 분리될 수 없는 글쓰기의 기예는 상징의 비유적 방식에서만 보존될 수 있지만, 이러한 비유적 방식은 글쓰기의 기예가 발생하려면 제거해야만 하는 것"(*AI* 102)으로 강조하는 점은 이를 뒷받침한다. 통사적으로 다양한 조합이 가능한 인용된 구절에서, 'Graspless'는 어근을 활용하여 의미를 가늠할 수 있다. 마찬가지로 'arrogantly'의 의미도 어원을 따져 유추해야 할 것이다. 라틴 "arrogare"는 "~에게 묻다"라는 어원상 의미가 있다는 점을 고려하면, '거만하게'에는 습관적 방식을 거부하고 이와는 다른 방식을 묻고 추구하는 화자의 의지가 표출된다. 기만된 눈은, 보고 있지만, 제대로 보지 못한다. 사물은 이러한 눈에 대해 어쩌면 적대적이기까지 하며, 이러한 눈이 볼 수 없게 될 때에야 비로소 '다른 방식'을 보게 되어 사물과 동화할 수 있다는 것이다.

결국 '다른 방식'을 보는 것은 눈의 기능이 멈출 때 오히려 가능해진다는 역설이 성립되며, 본다는 행위는 드 만이 「이론에 대한 저항」("The Resistance to Theory")에서 말하듯 "자연적 실재와 언어적 실재를 혼동하는"(11) 이데올로기임을 말한다. 디킨슨의 시에는 사물에 대한 허구를 사물 자체로 오인하게 하는 이러한 본질적 제약을 인식하고 이를 벗어나는 새로운 보는 방식을 추구하는 것이 나타난다. 그러나 이러한 방식은 의식의 영역에서는 불가능한 것으로 표현된다. 이러한 한계 때문에, 그러나 이러한 한계를 무릅쓰고, 디킨슨은 본다는 행위를 일상적이고 친숙한 영역에서 떼어내어 그것이 불완전하며, 오인이며, 실패이라는 것을 집요하게 드러낸다. 「내가 죽었을 때 파리가 윙윙대는 것을 들었다」("I heard a Fly buzz — when I died —" F591)에서 계시나 비전의 허구성을 표현하는 "볼 것을 보지 못했네"(16)는 이것의 한 예가 된다.

「내 눈을 뽑았기 전에」("Before I got my eye put out —" F336)에서 눈은 사물을 제약하여 "다른 길을 알지 못하게"(4)하는 것으로 서술된다. 보는 행위는 필연적으로 사물의 상실을 초래한다는 것을 의식하기에, 디킨슨은 세상을 보기 위해 눈을 뽑아버리는 폭력을 말한다. 그렇다면, 눈을 뽑아버리면 어떻게 세상을 볼 것인가? 눈을 대신하여 "영혼을 / 창유리에 대고서"(19-20) 세상을 보는 것이 대안으로 제시되지만, 이것은 대상을 가시화시키는 조건인 "태양"(21)의 위험성을 의식하며 보는 행위이기도 하다.

> 그렇다면 — 추측 — 내 영혼을
> 다른 이들이 눈을
> 태양을 — 경시하면서 — 두는
> 창유리에 두는 것이 더 안전하지 — (18-21)
>
> So safer — guess — with just my soul
> Opon the window pane
> Where other creatures put their eyes —
> Incautious — of the Sun —

디킨슨의 시에서 자주 나타나는 창은 낱말의 기능이나 역할과 관련이 있으며 1864년 4월에 『아틀란틱 매거진』(*Atlantic Magazine*)에서 "한 개의 낱말은 지상의 모든 왕국을 인식하게 하는 창"일 수도 있음을 조언하는 히긴슨(Thomas Wentworth Higginson)의 시어에 대한 태도와 상통한다. 고전 시학에서 빛이나 가시성은 "eidos"를 보장해주는 조건이 되며, 이러한 eidos는 이데올로기의 원천이 된다. 즉, 빛은 오히려 사물에 대한 어둠을 만들어 낸다는 것이다. 그러나 이러한 영혼마저도 창유리에 투영된 사물 모습만을 볼 수 있을 따름이다. 결국 어떠한 시어도 사물의 세계를 그대로 소생시킬 수 없으며, 시인의 지식은 사물과의 합일점을 찾아낼 수 없다는 것이 암시된다.

앞에서 제시한 디킨슨의 눈은 『판단력 비판』*(Critique of the Power of Judgment)*에서 "외관이 보여주는 대로"(153) 대양을 바라보면서도 숭고함을 느끼는 칸트(Immanuel Kant)가 설명하는 시인과는 분명히 구분된다. 칸트의 시인은 판단이나 감정의 개입을 완전히 배제하고 무심의 상태에서 대상을 본다. 판단이나 의도성이 조금이라도 관여하면, 보는 행위는 오류에 빠지게 된다. 디킨슨이 태양 빛에 반사된 이미지에 대해 해석행위를 내린다면, 칸트의 숭고미 시인은 "지시 관계와 기호작용을 완전히 배제한 절대적, 급진적 형식주의"(*AI* 128) 입장에서 사물 자체를 대한다. 시인의 감각적 경험이나 판단행위를 토대로 비유화나 상징화를 통해 사물을 이해하려는 디킨슨은 칸트의 시인 입장에 볼 때 대상과 마음을, 존재와 언어를 결부시키고 있다. 이것은 언어적 수사를 통한 현상화나 니이체(Friedrich Nietzsche)가 말하는 인간화의 과정에 해당되는 것이며 미학적 이데올로기를 범하는 행위에 해당된다.

이러한 본질적 문제점이 있겠지만, 디킨슨은 보이는 대로가 사물이 아니며, 사물을 안다는 것은 역설적으로 통용되는 이름의 정당성을 심문하여 허구성을 파악하고, 이를 지우는 과정을 거쳐야 함을 제시한다. 블룸이 디킨슨의 시의 특성으로 지적하고 있는 "부정성"이나 "이름 지우기의 특이한 힘"(286, 288)은 이러한 과정과 관련될 것이다. 디킨슨의 많은 시는 부여된 이름을 모두 되돌리고, 사물을 새롭게 인식하기 위해 언어에 고착되어있는 관습을 떼어내는 행위를 극적으로 재현하며, 이 과정에서 언어의 인위성과 자의성을 드러낸다. 언어는, 이름은, 이름을 만드는 행위는 필요하지만, 궁극적으로는 환영만을 불러일으킨다는 것이다. 새삼스러운 게 뭐가 있겠느냐고도 하겠지만,

이것을 언어의 무대에 올려 공연시킬 때, 전혀 새로운 언어 극이 의식의 극한까지 추구될 때, 언어 예술가로서의 디킨슨의 위대성은 입증된다. 「내가 서 있었기에, 그것은 죽음이 아니었다」("It was not Death, for I stood up" F355)는 관습화된 시적 수사를 배격하면서, 부정의 방식(Via Negative)과 유사하게, 현상에 대해 자신의 시어를 집요하게 조율해가는 과정을 서술한다. 이러한 과정에서 사물에 부여된 명칭의 인위성은 더욱 두드러진다.

> 그것은 서리가 아니었다, 왜냐면 내 몸으로
> 열풍을 느꼈기에 — 기어 다니면서 —
> 불도 아니었다 — 왜냐면 바로 내 대리석 발로
> 성단소를, 서늘하게, 할 수 있었기에 — (5-8)
>
> It was not Frost, for on my Flesh
> I felt Siroccos — crawl —
> Nor Fire — for just my marble feet
> Could keep a Chancel, cool —

화자는 자신의 경험적 사실에 따라 현상을 새롭게 파악하려 한다. 이러한 심문과 척결의 과정은 자신의 체험에 합당한 언어를 부단히 탐색하고 발굴하는 과정이기도 하다. 학습된 개념에 한정되는 경험을 반복하는 것이 아니라, 새로운 언어의 발굴을 통해 경험을, 실체를 새롭게 조형한다는 것이다. 그러나 경험에 대한 새로운 기술은 이미 존재하는 낱말이나 개념에 의존할 수밖에 없으며, 이미 잘못되었다고 판단한 것을 통해서만 이루어질 수 있다는 한계를 직면한다.

매장하려, 단정히 놓여있는
내가 보아온 형상은,
나의 형상임을, 나에게 상기시켰다 — (10-12)

The Figures I have seen
Set orderly, for Burial,
Reminded me, of mine —

나는 이미 내가 지우려는 대상에 편입되어있다. 발굴한 비유나 새롭게 연마한 시어는 허물어뜨리려는 체제의 언어이며, 주장하려는 안은 밖의 또 다른 겹에 불과하다. 극복할 수 없는 이러한 인식의 한계 상황에서 "열쇠도 없이 숨 쉬지도 못하는"(15) 죽음과 같은 근심과 "낙담"(24)은 시인의 운명이 된다.

그러나, 대개는, 혼돈처럼 — 제지할 수 없는 — 냉담한
조그만 가능성이나 돛대도 없이 —
혹은 육지의 소문마저도 없이 —
변호하려 — 낙담을. (21-24)

But, most, like Chaos — Stopless — cool —
Without a Chance, or spar —
Or even a Report of Land —
To justify — Despair.

새로운 공간을 찾아 나서면서, 펼쳐지는 광대한 혼돈을 대하면서 느끼는 『실낙원』(*Paradise Lost*)의 사탄(Satan)의 심정을 상기시키면서, 망망대해에서 의지할 것도 없이, 조그만 가능성조차도 없이, 표류하

는 시인의 극단적 좌절이 표현된다. 인용구를 담고 있는 시의 첫 행에서 기술된 "죽음"(1)은 신체적 죽음보다는 드 만의 방식을 따라서 "곤경에 처한 언어를 지칭하는 치환된 이름"("Autobiography" 81)으로 이해할 수 있으며, 이것은 경험과 언어의 분리에서 비롯되는 사물의 인식 불가능을 암시한다.

디킨슨에게는 이러한 불가능의 상태는 특이하게도 강렬한 파열적 쾌락을 불러일으키기도 한다.

> 그러나 오늘 나에게
> 하늘을 내 것으로 가질 수도
> 있다 말해진다면, 내 가슴은
> 내 크기 탓에 쪼개져 버릴 것이라 말해야겠네 — (F336, 5-8)
>
> But were it told to me, Today,
> That I might have the Sky
> For mine, I tell you that my Heart
> Would split, for size of me —

사물은, 시와 사물의 합일에 관한 사유는, 도달할 수 없음에 대한 인식과 함께, 합일에 관한 상상이 주는 희열에서 유래하는 쾌락, 혹은 파열적 쾌락을 느끼게 해준다. 눈이 뽑힌다는 것은 고통의 형벌이 되겠지만, 이러한 상실은 보상이나 특권이 되기도 한다. "고통을 통해 황홀함을 배우기"(F178, 1)를 말하는 것은 이것과 무관하지 않다. 지식이나 의미는 상실과 고통을 통해 얻어지는 일종의 형벌과 같은 것이며, 이렇게 얻어진 지식은 역설적 쾌락을 주며, 이를 누린다는 것은 일종의 특권이 된다.

지식을 추구하고, 시를 쓰는 과정은 경험적 현실과의 소외와 단절로 점철되겠지만, 디킨슨 화자의 내면은 안정과 휴식을 주는 평온함의 정적상태를 유지하는 것이 아니라 시적 자의식이 끊임없이 요동치는 격랑 속에 놓여있다.

> 쓸모없어 — 바람은 —
> 정박해 있는 가슴에는 —
> 나침반으로 된 —
> 지도로 된! (F269, 5-8)
>
> Futile — the winds —
> To a heart in port —
> Done with the compass —
> Done with the chart!

안전한 항구를 떠나, 나침반도 없이 해도에도 나타나지 않은 곳에로의 욕망과 함께, 언어에 의해서든, 관습에 의해서든 알려진, 지도로 표시된, 보호막을 벗어나, 알려지지 않은, 명명되지 않은 곳을 새롭게 측량하려는 갈망이 표출되고 있다. 밴들러(Helen Vendler)는 이를 "여성 로맨스"(94)의 시어라고 설명한다. 다른 한편으로는, 이러한 욕망은 "고향 땅을 한시라도 잊지 못하며 / 낯선 해안에 / 향수병에 걸린 발" (F178, 5-7)을 내딛는 화자의 모습에서도 표현된다. 화자는 있고자 하는 곳에 있지 못하고, 추방되어, 난파된 존재로서 귀향의식에 사로잡혀, 낯선 곳에서 살아간다. 귀향은 친숙함의 영역에 머무는 것이며, 사물에 동화하려는 욕망을 암시한다. 이러한 가능성을 상실한 화자는 사물과의, 진리와의, 세상과의 겉돎을 반복하는 운명에 처해있다.

이러한 정신적으로 추방된 삶의 형태에 처해있는 디킨슨 화자의 내면은, 스스로 표현하듯이, 아무리 열쇠를 채워도 아랑곳하지 않고 찾아와, 다시는 떠나지 않는 "수없는 무리"(F303, 3)와 쉴 새 없이 교류하는 양상을 가진다. 이러한 내면의 세계, 의식의 세계는 「홀리려면 방에 있지 않아도 된다」("One need not be a Chamber — to be Haunted —" F407)에서처럼, "물질적 장소를 / 뛰어넘어" 다른 곳으로 연결하게 해주는 통로를 갖는(3-4) 복잡한 지형성을 가지며, 절대로 동화되지 않는 이질성으로 자아의 공포심까지 유발한다.

> 숨겨져 있는, 우리 자신 이면의 우리 자신이
> 가장 놀라게 할 것이다
> 우리의 방에 잠복해 있는 살인자는
> 하찮은 두려움에 지나지 않을 것이다.
>
> Ourself behind ourself, concealed —
> Should startle most —
> Assassin hid in our Apartment
> Be Horror's least — (F407, 13-16)

유령이 출몰하는 방, 잠복, 살인, 공포 등 고딕풍 소재와 어조를 활용하면서, 성층화된 자아의 지형학과 이질성을 파악하고, 이것이 초래하는 놀라움과 두려움을 기술하는 화자의 인식은 공간적 자아와 심리의 구성에 관한 프로이트적 통찰력을 보여준다.[1] 이러한 내면세계에

1) 크럼블리(Paul Crumbley)는 디킨슨 시에 나타나는 유령의 모티프를 "고정된 통일적 자아"를 추구하기보다는 "특정한 언어, 사회, 종교 혹은 물질적 거처에 속박되지 않는" "자아에 적합한 언어를 발견하려는 시인의 관심"(79)과 관련지어 설명한다. 이 점은 1876년 히긴슨에게 보낸 편지에서 디킨슨이 "예술은 유령 씌우기를 바

는 너무나 뜨거워, 붉은색마저 소진하고 하얗게 변해버린 욕망, "신성화를 무화시키는 불꽃을 내는 / 빛"(F401, 7-8)이 발하는 가능성이 존재하며, 디킨슨은 이러한 빛을 절대적 경지의 예술로 정화하려 한다. 그녀는 자신의 내면에 잠재한 이러한 강렬한 힘이나 기능을 호기심에 이끌려 관찰하지만 동시에 이것에 스스로 놀라 움츠러들기도 한다.

감히 "백열"의 영혼을 보고서
문안에서 움츠릴 수 있는지 — (F401, 1-2)

Dare you see a Soul at the "White Heat"?
Then crouch within the door —

의식의 끝단까지

디킨슨은 화자의 의식을 존재의 끝점까지 내모는 경향이 있다. 세속화된 화자의 의식이 도달할 수 있는 최종 지점에서, 인간에게는 허용되지 않는 무한성과의 경계선에서, 현세와 내세, 유한과 무한, 삶과 죽음의 의미를 성찰한다. 물론 이러한 끝점이 물리적 경험적으로 식별할 수 있는 영역은 아니다. 생활면에서는 평생 일상의 공간에 머물렀지만, 시의 영역에서는 의식의 끝단까지 도달하는 시적 화자를 내세워 존재의 의미를 묻고, 이와 함께 언어, 의식, 인식에 관한 새로운 지형도를 그려낸다. 워즈워스(William Wordsworth) 시학의 특징이기도 한 이러한 "경계선의 인물"(Sielke 95)은 현실에서는 교차할 수 없는

라는 집"(L459a)으로 정의하는 것과도 관련이 있다.

영역을 가로지르면서, 불가능한 세계에로의 여행과 그 경험을 특이한 상상력과 통찰력으로 기술한다.

「새보다도 여름 저 너머에」("Further in Summer than the Birds" F895)에서는 복잡하지만, 독창적으로 현상적 경험과 초월적 세계가 대비되면서 자연이 종교와 융합된다. '저 너머'는 직접 보고 들을 수 있는 것을 초월하는 존재양식과 함께 이러한 존재를 인식할 수 있는 화자의 특별한 능력을 암시한다.

새보다도 여름 저 너머에
풀숲에서 가슴을 울리며
한 작은 종족이
가만히 미사를 드린다. (1-4)

Further in Summer than the Birds
Pathetic from the Grass
A minor Nation celebrates
It's unobtrusive Mass.

통사적 위치에 따라 다층적 의미가 생성되는 'Further'와 'Pathetic'에 내포되는 정서적 움직임을 활용하는 이 구절에서 여름이라는 계절적 배경에서, 여름의 종말을 암시하면서 시상을 전개한다. 계절의 추이를 표시하는 풀벌레의 존재나 그것의 소리는 "휴식을 예표하는 / 유령 찬송가"(11-12)이며, 따라서 종교의식과 관련되고, 결국에는 존재의 고독과 지상에서의 유한성을 이끌어낸다. '예표하다'(typify)는 동사는 청교도의 예표론(typology)과 닿아있으며, 풀벌레를 통해 인간의 죽음의 이미지가 현시 된다는 것을 암시한다. 카피니(John Delli Carpini)가 설명하는 대로, "평범한 일상적 사건과 매일 관찰하는 창조된 세계에서 무한성과 조우"(85)하면서,[2] 디킨슨은 이러한 암시를 특정한 종교에만 한정시키는 것이 아니라, 이교도 전통에까지 적용하면서 보편화한다.

현상과 초월적 세계의 대비에서 주된 논제는 물질적, 현상적 세계를 벗어난 또 다른 차원의 존재나 존재양식을, 예를 들어 죽음, 영혼, 무한성을 어떻게 이해할 것인가에 관련된 질문으로 집약될 수 있다. 디킨슨 화자에게서 초월적 양상은 현상적 세계와 마찬가지로 타자성을 유지한다. 그것은 마주치는 일상적 세계에서 암시되기도 하지만, 자연과 마찬가지로 불가능한 지식의 대상이며, 관습적 논리나 이해방식으로는 그 정체가 규명될 수 없는 낯선 지형으로 남겨진다. 이 점은 디킨슨의 종교적 색채를 에머슨적 이상주의보다는 17세기의 종교적 서정시나 프로테스탄트 혹은 당대의 퓨리턴 전통과 연결하는 단서가 되기도 한다(New 162; Donoghue 115). 후자는 자신의 한계에 관한 인식을 드러내는 시적 화자를 중시한다. 시 창작 활동을 통해 디킨슨이 재현하는 신이나 천국, 초월성, 무한성은 통일성 있는 텍스트가 아니라, 하트만(Jeoffrey Hartman)이 성서의 담화를 불안정한 퇴적층에 비유하면서 "텍스트의 단층선"(11)을 말하는 것과 같이, 다양한 의미들이 "일부는 아주 모호하고, 많은 것들은 서로 들어맞지 않는"(Ostriker 18) 해석학적 미결정 상태를 유지하고 있다. 디킨슨에게는 초월적 세계 자체보다는 그것과 경험의 세계 간의 접경지대가 주된 관심의 대상이 되며, 전이 지점에 도달하기까지의 화자의 의식 활동이나 의식의

2) 호프만(Daniel Hoffman)에 따르면, 대다수 청교도는 "신이 자신들을 다루는 것을 엄정하게 기록하고자 했기 때문에 … 일기를 썼다"고 지적한다(210). 청교도들의 엄격한 종교적 교리는 디킨슨 시대에 이르러 이미 상당 부분 와해했지만, 일상을 기록하는 충동은 신과 직접적 관계를 유지하려는 심리적 압박감을 표현하며, 이러한 충동은 에머슨(Ralph Waldo Emerson)이나 도로우(Henry David Thoreau)에게도 계승되고 있다.

영역이 상세하며 집요하게, 저널리즘적 태도로 기록된다. 이 과정에서 시적 화자는 "인간의 영혼을 극화시키면서"(Donoghue 114) 동시에 자신의 의식의 기록자가 된다.

「맞은 편 집에서 죽음이 있었다」("There's been a death in the opposite house" F547)는 시는 일상에서 발견되어야 한다는 에머슨의 주장에 맞으면서 죽음에 대한 일상적 접근을 보여준다. 죽음은 사자가 거주하던 집의 "무감각한 표정"(3)과 함께, 이러한 일상적 공간에서 일어나는 갖가지 변화로 표상된다. 사후세계나 추상적, 종교적 관념보다는 일상적 사건으로 취급되는 죽음이 연속적 메타포로 치환되어 나타나며, 죽음과 동적인 삶의 교류가 표현의 중점이 된다. 화자는 시종일관 외부관찰자의 시각을 가지며, 장례에 필요한 소품이나 의사, 장의사, 모자 상인과 같이 장례에 관련된 사람들의 기계적 관습성을 다룬다. 죽음은 반복되는 일상적 사건에 불과하고, 그 대상을 가리지 않으며, 삶의 소품들로 구성되고, 스티븐스(Wallace Stevens)과 마찬가지로, 살아있는 사람들에게는 바삐 움직여야 하는 축제적 성격을 띤다.

「그녀가 살아있었던 지난밤」("The last Night that She live" F1100)은 한 여성의 임종 순간을 관찰하고, 사실대로 관찰을 기록한다.

> 그녀는 말했고, 그러다 기억을 못 했다 —
> 그러다 가볍게 갈대가
> 물에 기울어지듯, 별로 힘들어하지 않고 —
> 순응하고, 죽었다 — (21-24)
>
> She mentioned, and forgot —
> Then lightly as a Reed
> Bent to the Water, struggled scarce —
> Consented, and was dead —

죽은 자에 관한 관심은 관찰대상이 의식의 끈을 놓쳐버리는 그 순간까지이다. 무언가 말하려 하지만, 지력이 정지되고, 말을 끝맺지 못하고, 곧이어 아주 자연스럽게, 아무런 저항도 없이, 다른 사태로 전이되는 과정이 세밀하게 서술된다. 생명체가 자신의 움직임을 상실한다는 것은 주검의 분명한 징표가 된다. 그러나 죽음 이후에 남겨진 것은 사후 세계가 아니라,

그런 다음, 끔찍한 여가는
믿음의 규정 — (27-28)

And then an awful leisure was
Belief to regulate —

인용 구절에서 제시되듯이 살아 남겨진 사람들이 시작해야 하는 어떤 특이한 일이다. '규정하는 믿음' 혹은 '믿음을 규정'하는 것은 죽음 이후의 추상적 관념을, 예를 들어 영혼불멸, 구원, 종교, 천국과 같은 종교적, 문화적 관습을 사람들이 이해할 수 있는 것으로 치환시키거나 가공하는 것을 말한다. 그러나 이들 자체는 일상의 세계를 넘어서는 것을 지시하며, 현실의 세계에서는 본질에서 규명될 수 없기도 하다. 달리 말하면, 디킨슨 화자는 죽음을 종교적 관점에서가 아니라, 지극히 일상적 관점에서 서술함으로써, 죽음을 더욱 불가해한 영역으로 남겨둔다.

파(Judith Farr)가 지적하듯이, 디킨슨의 시에는 죽음에 관한 관심이 많이 드러나며 특히 살아있는 사람이 죽은 사람으로 되어가는 과정은 두드러진 특징이 된다(4). 「내가 죽었을 때 파리가 윙윙대는 것을 들었다」("I heard a fly buzz — when I died —" F591), 「내 머릿속에

서 장례식을 느꼈다」("I felt a Funeral, in my Brain" F340)에서 디킨슨 화자는 현세를 벗어나는 과정, 자기 죽음의 과정에 대한 개인 보고서를 기록한다. 이러한 저널리스트적 시각에서 죽음과 사후세계에 대한 낙관주의적 경향은 보이지 않는다. 첫 번째 시는 당대의 종교적 관습을 허물어뜨린다. 현실의 속박과 육체의 굴레를 벗어나 순수한 빛으로 이동해가는 한계 시점에서, 빛과 시적 화자 사이에 끼어드는 "불안정하게 더듬대는 윙윙대는 소리"(F591, 13)는 고대하던 궁극적 비전 대신에 소음만을 줄 뿐이다. 죽음의 순간은 당대의 믿음과는 달리 궁극적 진리의 현시를 경험하는 순간이 아니다. 그러나 이 시에서는 계시의 실패나 비전의 증발이라는 종교에 대한 패러디라는 입장만큼이나, 경험 끝 지점까지, 의식이 지탱하는 최종 순간까지, 관습적 믿음과 대비되는 경험적 사실을 전달하려는 화자의 자세와 경험에 대한 극적 재현이 인상적이다.

「내 머릿속에서 장례식을 느꼈다」는 죽음에로의 체험을 기술한다. 시적 화자는 관속에서 의식이 남아있는 상태에서, 묻히는 과정을 기술하며, 의식이 한계점까지 체험을 기록하다가, 이성이 와해함을 경험하며, 하강을 거듭하다가 또 다른 세계와 마주치게 된다.

그러다 이성의 널빤지가 부서졌고
그리고 나는 하강에 하강하였고 —
그리고 매번 하강에서 한 세계에 도달했고,
그리고 앎을 종식했다 — 그러자 — (17-20)

And then a Plank in Reason, broke,
And I dropped down, and down —
And hit a World, at every plunge,
And Finished knowing — then —

현상을 넘어서는 새로운 세계의 경험은 지금까지 존재를 규정하고 인식의 기초가 되어온 이성의 토대가 더는 지탱하지 못하고 부서지는 것을 수반한다. 이러한 새로운 세계는 버팀목으로 여겨졌던 이성의 틀이 무너지고 그 아래의 심연으로 추락을 감내할 때 도달할 수 있기에, 현재의 앎을 규정하는 체제나 이름으로는 포섭될 수 없는 곳이기도 하다. 그러나 디킨슨 화자는 이러한 세계의 접경으로 독자를 이끌면서 그의 의식이 도달할 수 있는 지점까지 인식의 지형도를 그려낸다. '그리고'(and)로 계속 이어지는 전이의 과정은 현재의 앎이 끝나는 순간까지 계속되지만, 호프만(Daniel Hoffman)이 설명하는 디킨슨 특유의 "줄표의 효과로 야기되는 미결정성"(214)은 끝점의 경계를 불확정성과 잉여성의 영역으로 남겨둔다. 그렇지만, 마지막 행은 규정된 앎의 범위를 넘어서, 앎의 영역으로는 그려낼 수 없는, 모방 불가능한 특이한 세계의 존재 가능성을 암시하고 있으며, 이러한 새로운 지형의 가능성을 재현함으로써 디킨슨은 자신이 추구하는 시적 진리의 실체를 드러낸다.

디킨슨의 시에서는 수사적 치환을 통해 소환되는 대상의 이미지와 이러한 이미지의 조건이면서 부재의 형식으로 자신을 드러내는 선재성간의 긴장과 파열이 극화된다. 디킨슨에게는 대상 자체의 타자성보다는 이러한 타자성의 지형학을 그려내는 시창작 행위가 문제시된다. 시 쓰기가 "단순히 삶의 여러 가지 활동 가운데 하나가 아니라, 존재의 방식이며, 삶 그 자체"(Budick 19)이라는 것을 구현하면서, 디킨슨의 시는 특이한 방식으로 인간의 언어가 그 한계를 노정하는 새로운 접경으로 독자를 내몰고 있다.

인용문헌

Bloom, Harold. *The Western Cannon*. London: Macmillan, 1994.

Budick, E. Miller. *Emily Dickinson and the Life of Language: A Study in symbolic Poetics*. Baton Rouge: Louisiana State UP, 1985.

Carpini, John Delli. *Poetry as Prayer: Emily Dickinson*. Boston: Pauline Books & Media, 2002.

Crumbley, Paul. "Art's Haunted House: Dickinson's Sense of Self." *The Emily Dickinson Journal* 5.2 (1996): 78-84.

De Man, Paul. *Aesthetic Ideology*. Minneapolis: The U of Minnesota P, 1996.

______. "Autobiography as De-Facement." *The Rhetoric of Romanticism*. New York: Columbia UP, 67-81.

______. *The Resistance to Theory*. 1986. Minneapolis: The U of Minnesota P, 1997.

Dickinson, Emily. *Selected Letters*. Ed. Thomas H. Johnson. 1958. Cambridge: Harvard UP, 1998.

________. *The Poems of Emily Dickinson*. Ed. R. W. Franklin. 1952. Cambridge: Harvard UP, 1999.

Donoghue, Dennis. *Connoisseurs of Chaos: Ideas of Order in Modern American Poetry*. New York: Columbia UP, 1984.

Emerson, Ralph Waldo. *Nature. The Norton Anthology of American Literature*. 5th Ed. Ed. Nina Baym. Vol 1. New York: W. W. Norton, 1998.

Farr, Judith. *The Passion of Emily Dickinson*. Cambridge: Harvard UP, 1992.

Hartman, Jeoffrey. "The Struggle for the Text." *Midrash and Literature*. Eds. Geoffrey Hartman and Sanford Budick. New Haven: Yale UP, 1986. 3-18.

Higginson, Thomas Wentworth. "Letter to a Young Contributor." *Atlantic Magazine April* 1862. <http://www.theatlantic.com/magazine/archive/1862/04/letter-to-a-young-contributor/305164/->.

Hoffman, Daniel. "Emily Dickinson: The Heft of Cathedral Tunes." *The Hudson Review* 50.2 (1997): 206-26.

Lacan, Jaques. *Écritis*. Trans. Bruce Fink. New York: W. W. Norton, 2006.

Mann, John S. "Emily Dickinson, Emerson, and the Poet as Namer." *The New England Quarterly* 51.4 (1978): 467-88.

New, Elisa. *The Regenerate Lyric: Theology and Innovation in American Poetry*. Cambridge: Cambridge UP, 1993.

Ostriker, Alicia. "A Word Made Flesh: The Bible and Revisionist Women's Poetry." *Religion & Literature* 23.3 (1991): 9-26.

Sielke, Sabine. "Dickinson's Threshold Glances, or, Putting the Subject on Edge." *The Emily Dickinson Journal* 5.2 (1996): 93-99.

Thackeray, Donald E. *Emily Dickinson's Approach to Poetry*. New York: Haskell House, 1976.

Vandler, Helen. *Dickinson: Selected Poems and Commentaries*. Cambridge: Harvard UP, 2010.

9

현상성과 물질성: 폴 드만의 문자

현상성과 물질성: 폴 드만의 문자

『미학 이데올로기』(*Aesthetic Ideology*)는 폴 드만(Paul de Man)이 문학 비평가로서 오랜 동안 관심을 보여 왔던 미학과 수사학 그리고 이데올로기에 관한 논의를 잘 보여준다. 드만 특유의 수사적 글 읽기는 사후에 출간된 이 책에서도 변함이 없지만, 읽기의 대상은 그가 오랫동안 씨름해왔던 칸트와 헤겔이 주축을 이룬다. 무엇보다도 이 책은 『읽기의 알레고리』(*Allegories of Readings*) 이후 드만 자신이 지속적으로 다듬어온 "또 다른 개념의 언어"(*AI* 131)에 관한, 언어의 본질로서의 그가 주장해온 비유에 선행하는 또 다른 언어의 속성에 관한 본격적 논의를 담고 있다.[1] 언어의 비유적 속성 자체에 대한 드만의 집요한 탐색은 이제 초점을 옮겨서 미메시스 논리를 벗어나며, 재현에 속박되지 않는 언어의 한 속성을 파헤치려 한다. 이러한 논의의 과정에서 도입되는 "물질성"(materiality) 또는 "물질주의"(materialism)는 후기의 드만의 언어관과 수사적 글 읽기에 관한 이론적 쟁점으로서 부각

1) 『읽기의 알레고리』에 실린 니체(Friedrich Nietzsche)의 수사학에 관한 세 편의 에세이들 가운데 특히 「설득의 수사학(니체)」은 니체의 텍스트에 나타나는 동사 "setzen" (to posit)에 중점을 두면서, 스스로를 위치시키는 언어의 힘을 설명한다. 이와 함께, "모든 존재는 … 언어적으로 자리가 부여된, 언어행위의 상관물일 수도 있는 급진적 가능성"(123)이 언급된다. 또한 지식이나 진리의 담지체로서의 언어와 행위로서의 언어가 대비된다(130). 이 글에서, 드만의 주요 텍스트는 다음의 약어로 표기된다. *AI*: *Aesthetic Ideology*. *AR*: *Allegories of Reading*. *RT*: *Resistance to Theory*. *BI*: *Blindness and Insight*.

된다. 드만의 물질성에서는 물질은 감각으로 인지되는 현상적 속성을 지닌다는 상식적 관점이 부정되며, 따라서 현상성과는 대립된다. 이러한 물질성에 관한 구체적 논의는 드만 특유의 역사관과 미학관 그리고 이데올로기론을 어떻게 이해할 것인가에 대한 선결 요건이 된다고 생각된다. 이에 따라, 이 글은 드만의 물질성이라는 용어가 내포하거나 지시하는 것을 토대로, 인지론적 언어체제에 근거를 둔 것들과는 구분되는, 또 다른 가능성 혹은 하나의 대안으로서의 그의 특유한 언어관과, 이것에 토대를 두고 있는 역사관, 미학관, 그리고 이데올로기론을 분석하려 한다. 이와 함께, 단어나 문장차원에서의 의미론과는 구분되는 드만의 문자론은, 언어의 비유적 속성에 근거한 인지적 의미체제를 급진적으로 와해시키며, 탈비유화나 탈은유화를 표방함으로써 어떠한 유형의 총체화 모델에도 저항하는 해체적 글 읽기의 수사가 되고 있음을 설명하려 한다.

물론 드만 자신은 "또 다른 개념의 언어"가 무엇인지는 단정하지 않는다. 사실상 이것은 정의가 불가능한 어떤 것으로 제시되며, "명"(inscription), "물질성"(materiality), "기억술"(the mnemonic), 역사적 "사건"(event)이라는 용어들과 동종성을 지니는 것으로 암시되고 있다. 이러한 용어들은 모두 비유적, 전위적, 이동적 속성에 토대를 두고서 대상에 대한 인식의 매체로서의 언어라는 관점에서는 접근할 수 없는 속성을 함의하고 있다. 드만은 이러한 용어들을 통해 언어의 급진적 속성, 달리 말해, 언어나 문자에 내포된 본질적 저항성을 부각시키려 한다. 구체적으로는, 언어, 특히 문학적 언어는 어떠한 전유도 거부하며, 궁극적으로는 모방적이지도 않고, 인지적이지도 않고, 어쩌면 수행적이지도 않고, 다만 명의 언어라는 주장이다. 이것은 지시성에 선재하는 언어이며, 주체의 욕망과는 무관한 언어이다. 이에 따라, 저자의 의식적 행위의 기록물로서의 텍스트와, 텍스트의 가능성을 완결시키는 행위로서의 글 읽기라는 개념이나 가정은 의심을 받으며, 어떤 경우에는 부정되어 버린다. 또한, 비유에 기반을 두면서, 의식의 주체로서의 인간에게 앎을 보장하는 매체로서의 언어, 주체의 의식적 활동에 총체성을 부여하는 안정된 매체로서의 언어관은 허물어지게 된다.

현상적, 인지적 언어관과는 단절되는 이러한 입장에서 볼 때, 언어는 인간의 의지를 벗어나며, 인간적이지 못하며, 더구나 인간의 용어로는 정의될 수 없음을 내포한다.[2] 이러한 언어관은 언어에 관한 몇 가지 근본적인 질문을 함의하고 있다. 언어 자체는 과연 확고한 개념인가? 언어는 개념화되거나 구체화될 수 있는 실체인가? 언어는 지칭하는 사물이 될 수는 없지 않은가? 인간은 언어를 사용함으로써 자신을 어떤 "종결의 원칙"(AI 151) 으로 설명해왔지 않은가? 언어 자체는 어떠한 형태의 고정성도 무위로 되돌려버리는 자신의 원칙을 가지고 있지는 않은가?

드만의 "명" 또는 "물질성"으로서의 언어는 인지 문법의 범주를 벗어난다. 이러한 언어의 속성을 인정하면서, 드만은 미학과는 구분되는 의미에서의 시학을 말하고 있다. 유사한 논지에서, 해체주의 비평

2) 아스렙(Hans Aarsleff)는 꽁디약(Étienne Bonnot de Condillac), 루소(Jean-Jacques Rousseau), 헤르드(Johann Herder)를 예시하면 언어사에서 언어와 사고를 하나로 묶는 것이 결코 당연시 되는 문제가 아니었음을 입증하고 있다. 또한, 언어의 기원은 인류의 진화의 역사와는 별개의 것일 수 있다는 것은 아직도 흥미로운 수수께끼로 남아있다(Berlin 313-14). 정신분석학과 언어학을 결합시키고 있는 크리스테바(Julia Kristeva)의 "코라"를 통한 거울단계 이전의, 언어가 개입되기 이전의 경험에 대한 논의와, 주체의 위치 부여되기 이전의 의미화에 있어서 기호학적 요소, 예를 들어 언어의 소리와 리듬에 대한 관심, 그리고 언어의 패턴과 논리가 이미 몸에서 찾아진다는 주장은 언어를 곧바로 의식과 연결시키는 것에 대해 복합적 문제점을 노정한다.

가들이나 수사학자들은 "매개되지 않는 시각"이나 "말의 해체" 등의 용어를 사용하면서, 낭만주의 시인들과 이들의 시적 정신을 계승하고 있는 현대 시인들에게서 "언어적 계기"로서 설명되는 언어의 물질성이 발현되는 순간을 포착하고 있다. 드만의 해석을 따르면, 시적 언어는 어느 한 순간, 모든 이데올로기를 무화시켜버리면서, 자신을 스스로 해체시키며, 읽기의 현상학이 진정한 의미의 읽기의 알레고리로 전이되는 지점을 만들어 낸다는 것이다.

드만의 수사학에서 인지적 능력의 범위를 벗어나는 문자의 움직임을 표시하는 몇 가지 용어들이 있다. 아이러니, 알레고리, 물질성, 수행성. 물론, 이러한 용어들은 드만 자신이 만들어 낸 것은 아니다. 드만은 문헌학적 연구를 통해 언어와 수사학에서 활용되고 있는 개념을 차용하여, 자신의 의미를 부여하고, 다시 기존의 의미와 병치시킨다. 고유명사 간의 게임을 펼친다는 것이다. 게임의 승자는 고유명사 자신이다. 그의 글쓰기는 동일한 단어들이 가지는 다른 의미를 서로 펼쳐 보임으로써, 기표의 불확정성을 상연하는 무대가 된다. 한 예로, 「아이러니의 개념」("The Concept of Irony")에서 드만은 아이러니의 수행적 기능을 주장한다. 수행적 언어의 기능인 약속하고, 위로하고, 변명하는 능력을 아이러니에 부여한다는 것이다: "아이러니는 또한 아주 명확하게 수행성의 기능을 가진다. 아이러니는 약속하고, 위로하며, 변명을 한다"(*AI* 165). 이렇게 함으로써, 문학적 수사로서의 아이러니는 수행적 기능을 통해, 이해를 목적으로 통제되어야 하는 것으로 간주되어온 전통적 관념을 전복시키면서, 이해를 통한 지식의 성취를 회의하게 하며, 결국에는 이해의 불가능과 의미의 비결정성, 읽기의 불가능성을 급진적으로 보여주게 된다.

이러한 "급진적 부정"(*AI* 183)의 수사로서의 드만의 아이러니는 그의 특이한 역사론에 그대로 수용된다. 「아이러니의 개념」은 "아이러니와 역사는 기묘한 방식으로 서로 연결되어"(*AI* 184) 있다는 주장과 이를 뒷받침하는 수행적 수사학에 대한 드만의 언급으로 결말을 맺고 있다. 드만에 따르면, 담론으로서의 역사 서술에는 "기표의 놀이"(*AI* 181)가 개입한다. 이러한 기표의 놀이는 "담화의 연속성" 과 "담화의 기반을 이루는 성찰적, 변증적 모델"(*AI* 181)을 와해시켜 버린다. 역사 담론은 결국 서술 매체의 내재적 속성으로 인해, 자신의 실효성을 잃게 되며, 의미를 급진적으로 유보시키는, 슐레겔(Friedrich Schlegel)이 정의한 "영속적인 패러버시스"(*AI* 179)로서의 아이러니를 대면하게 한다. 역사 서술의 비유나 인지 체제는 아이러니의 개입에 의해 철저히 단절되고 붕괴되는 순간을 가지게 된다는 것이다.

그렇다면, 아이러니는 드만 자신이 주장하는 인지적 모델과 수행적 모델간의 급진적 단절을 표시하는 한 예시가 될 수 있다. 그의 아이러니가 갖는 비인지적 속성은 수행성과 연결되면서, 지식과 인지를 유보시킨다. 아이러니가 수행적인 한에 있어서는, 역사 담화는 알 수 없다는 것이다. 드만에 따르면, 사건(event)으로서의 역사는 언어의 힘의 작용에 의해 생겨난다. 역사는 언어의 수행성으로 생겨난다는 것이다. 다시 말해, 아이러니의 "약속하고, 위로하며, 변명하는" 힘은, 언술행위를 통해, 역사를 만들어 낸다는 것이 된다. 그러나 여기에는 또 다른 아이러니가 개입한다. 드만의 사건으로서의 역사에는 의도성이 개입할 공간이 없다. 역사는 반인간주의적이며, 앎의 범위의 밖에 놓여진다.

알레고리는 드만의 수사학적 체제를 대변하는 용어로서 손색이 없다. 아직 실존주의적 색채가 진하게 배어나는 초기의 「시간성의 수사학」("The Rhetoric of Temporality")은 드만이 콜리지 이래로 낭만주의 시학의 지배적 수사로 간주되어온 상징의 지위를 박탈하여, 억압되어왔던 짝패인 알레고리로 대체시키는 과정을 보여준다. 그는 이러한 과정을 '탈신비화'와로 설명한다. 알레고리는 대상에 대한 동일시나 대상의 정체성 규명에 속박되지 않으며, "자신의 기원과의 관계에서 우선적으로 거리를 표시하고, 향수와 일치의 욕망을 포기하면서, 이러한 시간적 차이의 공백에 자신의 언어를 확립"(*BI* 207) 시킴으로써 자아와 비자아의 단절을 표시하는 것으로 설명된다. 어떤 의미에서 그가 주장하는 알레고리적 기호는 해체주의 시학의 언어관에 대한 알레고리가 된다.

> 알레고리적 기호는 선행하는 다른 기호를 지칭한다. 알레고리적 기호가 만드는 의미는 일치할 수 없는 선행 기호와의 반복으로만(키에르케고르가 사용한 의미로서 반복) 이루어진다. 선행 기호의 본질은 순수한 선재성이기 때문이다. (*BI* 207)

이러한 드만의 알레고리론에서 벤야민(Walter Benjamin)의 영향력은 부인할 수 없다. 벤야민은 『독일비극의 기원』(*The Origin of German Tragic Drama*)에서 알레고리를 "자신의 재현대상의 부재"(233) 로서 정의한다. 드만은 벤야민의 정의를 그대로 수용한다. 「시간성의 수사학」은 당대의 비평적 조류에 나타나고 있는 "비유의 의도성"(188)에 대한 의심을 언급하면서, 이러한 의심의 조류를 알레고리적 기호의 당위성에 대한 주장의 출발점으로 삼는다. 드만에 따르면, 벤야민은 분명히 이러한 조류에 편승해있다. 『눈멈과 통찰』(*Blindness and Insight*)에 실린 또 다른 에세이 「서정시와 현대성」("Lyric and Modernity")에서도 시 해석에 있어서 "의미와 대상간의 가정된 일치성을 의문시하는"(174) 벤야민의 알레고리적 사고가 인용된다. 『이론에 대한 저항』(*The Resistance to Theory*)에 실린 「읽기와 역사」(“Reading And History”)는 보다 직접적으로 알레고리의 물질성을 서술한다: “벤야민의 생각으로는, 알레고리는 물질이거나 물질적이다. 알레고리는 문자에, 문자의 자구성에 의존함으로써 상징적이며 미학적 종합과는 확실하게 구분되기 때문이다”(68). 벤야민이 알레고리를 시네마, 번역론, “물질주의적 역사서술”(materialistic historiography)에 적용하듯이, 드만 자신도 유사한 논지에서 번역론을 말하며, 언어의 힘에서 생겨나오는 특이한 역사론을 펼친다. 벤야민과 드만은 공통적으로 번역의 과정에서 소실되는 문자의 물질성을 강조한다. 드만이 불가피하고 되돌릴 수 없는 것으로 말하는 비유에서 수행성으로의 전이는 벤야민의 알레고리론과 드만의 역사론 간의 이론적 제휴를 암시한다.[3] 드만이 알레고리에서 강조하는 단절과 불일치의 특색은, 인지적 언어관을 부정하는 전략이다. 같은 의도에서, 그는 벤야민의 “순수 언어”(*reine Sprache*) 를 언급하면서, 이것은 “순수 기표이며”(*RT* 96), “영원한 분리로서가 아니면 존재하지 않는 순수 언어”(*RT* 92), “의미라는 몽상에서 완전히 벗어나는”(*RT* 84) 언어라고 말한다. 이러한 특이한 언어관은 반인간주의적 성향으로 연결된다. 드만은 “인간의 용어로서는 정의될 수 없는 언어”의 가능성과 “아주 급진적 의미에서는 어느 정도 인간적이지 않은”(*AI* 151-52) 언어의 존재가능성을 거론한다. 벤야민의 번역에 관한 글을, 「번역가의 과제」(“The Task of Translator”)라는 동일한 제목으로 논하면서, 드만은 이러한 언어 관점에 토대를 둔 역사론을 서술한다.

---

3) 코헨(Tom Cohen)은 벤야민이 자신의 알레고리에 부과된 중압감을 지탱시킬 수 없어 『독일비극의 기원』 이후 이 용어를 거의 사용하지 않는 경향을 보임을 지적한다 (146). 어떤 의미에서 벤야민의 알레고리는 용어라고도 할 수 없는 것이다.

> 역사는, 언어의 질서에 그대로 부속되기 때문에, 인간이 아니다. 같은 이유에서, 자연적이지도 않다. 현상적이지도 않는데, 인간에 관한 어떠한 인지도, 어떠한 지식도, 그 자체로는 순전히 언어의 난국인 역사로부터 이끌어 낼 수 없다는 의미에서이다. 역사는 또한, 역사에 숨을 불어넣는 구조가 시간적 구조가 아니기 때문에, 시간적이지도 않다. 언어에 내재한 분리는 시간적 메타포에 의해 표현되어야만 하지만, 표현된 분리는 메타포에 불과하다. (*RT* 92)

현상론이나 실용주의적 역사의 개념을 부정하는 드만의 역사관에서는 주체는 역사로부터 어떠한 유형의 직접적 경험도 얻을 수 없으며, 역사에서 실용이나 사실을 추구하는 것은 진리보다는 모방론에 근거한 이데올로기를 만들어 내는 것으로 간주된다. 드만의 이러한 논지는 알튀세르(Louis Althusser)와의 일정한 교감을 암시하고 있음을 짐작하는 것은 어렵지 않다. 이데올로기는 어원에 표시된 그대로 항상 형상(*eidos*)을 불러냄으로써, 역사 자체의 불확정성과 물질성을 감추게 되며, 알튀세르가 말한 대로, "존재의 실제적 조건"에 대해 "가상적 관계"(169)를 맺게 한다는 것이다. 드만 자신도 이데올로기는 미학적-정치적 지배 권력의 체제에 예속되어 있으며, 현상성에 의존하는 역사는 이미 프로그램화된 효과를 인식의 형태로 강요하면서, "다른 방향"(*AI* 142)으로 생각하는 것에 제재를 가한다고 언급한다. 드만은 현상적 역사관을 비판하면서 "명확한 사실주의, 이러한 명확한 실용성, 이러한 실용에 대한 관심은 실제와 완전한 단절을 초래"(*AI* 142) 하며, 이러한 사실주의는 "이상주의"(*AI* 142)에 불과하다고 말한다. 그의 관점에서는 역사는 주체의 선택 문제라기보다는 언어에 구축되어 있는 이데올로기의 문제이며, 역사는 언어적 불가피성을 당면해야만 한다.

드만의 알레고리론은 분명 경험의 직접성이나 감각에 의존하는 현상론과 대조된다. 알레고리에서의 감각과 시간성은 현상적 개념의 감각이나 시간성과는 일치하지 않는다. 알레고리는 "또 다른 개념의 언어"와 관련되면서 읽기의 불확정성을 함의한다. 여기에서 한 가지 확인해야하는 것은 드만의 알레고리론에서 벤야민 못지않은 중요한 영향력을 행사하고 있는 헤겔(G.W.F. Hegel)의 존재이다. 『이론에의 저항』, 『미학 이데올로기』 등의 후기 저작물에서, 드만은 본격적으로 헤겔의 기호이론과 알레고리론을 언급하기 시작한다. 헤겔의 빈번한 인용은 이전의 「시간성의 수사학」에서 논의되는 알레고리론에서 헤겔의 이론이 언급되지 않고 있음을 염두에 둔다면 주목할 만한 사실이다. 후기의 드만에게서 헤겔의 언어관은 당대의 철학적 논제와 현대성의 설명에 가장 핵심적 요소가 된다. 그는 현대의 "철학은 헤겔의 용어로서 헤겔을 넘어서는 문제이며," 현대성은 "언어적 차원에 보다 중점을 둔 헤겔주의"(*RT* 76) 로 정의될 수도 있음을 주장한다. 이 시기에 드만은 "비판적-언어적 분석"을 토대로 "이데올로기의 문제점들과 더 나아가 정치의 문제점들에 접근"(*RT* 121) 할 수 있음을 표명하면서, 이와 관련지어, 헤겔에 접근하는 주된 통로로서 막스와 키에르케고르를 병립시켜 읽을 계획을 밝히고 있다. 드만이 이데올로기를 "언어적 실제를 자연적 실제로, 지시관계를 현상주의로 혼동(*RT* 11) 하는 것이라 정의하고, 비현상론적 언어와 "기표의 물질성"(*RT* 11)을 주장하면서, 물질성을 현상주의와 대비시키는 이면에는 헤겔의 그림자가 짙게 드리워져 있다.

「헤겔의 미학에서의 기호와 상징」("Sign and Symbol in Hegel's Aesthetics")에서 드만은 헤겔의 분류에 따라, 예술은 미(the beautiful)의 속성을 띠고 있으며, "사상을 감각적으로 드러내는 것"(*AI* 103)이라 주장한다. 헤겔에게서는 미가 곧 상징임을 염두에 둔다면, 이러한 주장은 상징으로서의 예술을 의미한다. 드만은 이러한 현상주의적 예술관에는, 헤겔 자신의 상징과 기호의 구분이 전제되어 있음을 지적한다. 그는 상징은 "자신이 표현하고 있는 내용과 상응"하는 반면에, "기호는 기호로서 표시하는 내용과 아무런 관련도 없음"(*AI* 96, 재인용)을 말하는 헤겔을 직접 인용한다. 헤겔의 기호는 "말하고자 하는 것을 실제로 말하지 않으며"(*AI* 96), "기호에 관련된 술부는 항상 인용적이며"(*AI* 96), 기호는 "감각적 지각에 봉사하기를 거부하고 감각적 지각을 자신이 의도하는 목표를 위해 사용한다"(*AI* 97)는 것이다. 이러한 기호론에 토대를 두고서, 드만은 헤겔의 사고의 주체인 나는 "나를 말할 수 없다"(*AI* 98)는 결론을 이끌어 낸다. 헤겔에게서 기호는 상징과 변증법적 관계를 이루고 있는 만큼, 상징에 의존하는 예술관은 기호론을 반영하는 시각을 고려해야만 하며, 따라서 헤겔의 기호론에 입각한 드만의 예술관은 논리적 근거를 가지게 된다.

드만이 헤겔의 알레고리론을 수사적으로 분석하여, 전도시키는 과정은 드만식 글읽기의 또 다른 전형을 보여준다. 헤겔이 생존했던 당시에는 알레고리는 "열등한 장르"(*AI* 103)로서 간주되었고, 헤겔 자신도 알레고리에 대해 폄하하는 태도를 보이기도 한다. 알레고리는 "사물이나 의미를 자신의 적합한 실제에 의거하여 제시하기 보다는 이미지나 우화"(*AI* 103)로서 제시한다는 것이다. 그러나 헤겔이 그 중요성을 깎아내린 알레고리가 드만에게 오히려 부각된 결정적 원인은 헤겔의 알레고리의 주어인 "나"의 구성적 특이성 때문이다. 드만은 의인화가 우선시 되는 알레고리는 주어인 "나"를 항상 포함하지만, 이러한 "나"는 개인성이나 인간적 구체성이 결여된 알레고리의 특성으로 인해 최대한 일반적이어야만 하며, 따라서 "문법적 주어"(*AI* 104)로 불릴 수 있음을 주장한다. 이를 근거로, 드만은 "알레고리는 현상적인 것과는 대조되는 가장 뚜렷한 언어적 범주이며"(*AI* 104), 알레고리가 진술하는 것은 "주어의 술어로부터의 분리"(*AI* 104)임을 이끌어 낸다. 달리 말해, 헤겔의 알레고리에서 드만은 자신이 말하고자하는 언어의 속성을 찾아낸 것이다.

헤겔과 더불어, 드만의 후기 저작에서 칸트(Immanuel Kant)는 주요 관심사가 된다. 『미학적 이데올로기』에 실린 세 편의 논문 「칸트의 현상성과 물질성」("Phenomenality and Materiality in Kant"), 「칸트의 물질주의」("Kant's Materialism"), 「칸트와 쉴러」("Kant and Schiller")는 드만 특유의 수사학적 혹은 해체적 글읽기의 진수를 보여준다. 그는 물질성이라는 용어를 내세우면서 이것과 대립되는 인지적, 비유적, 현상적, 형이상학적, 이데올로기적 개념이나 언어관의 한계를 들추어내려 한다. 드만의 물질성은 복잡하면서, 서로 관련되며, 결국에는 거의 유사하게 받아들여지는 세 가지 의미를 지닌다. 『판단력 비판』(*Critique of the Power of Judgment*)의 숭고미의 설명 과정에서 칸트가 예시하고 있는 "시인이 보듯이"(5:271) 보는 것을 표현하는 물질적 비전. 문자의 물질성. 역사의 물질성. 이러한 용어들을 통해 드만은 언어의 서술적 측면과 수행적 측면간의 상관관계에 대한 자신의 주장을 제시한다. 힐리스 밀러(J. Hillis Miller)는 드만의 물질성에 관한 그의 글에서 "드만의"라는 소유격에 내포된 의미를 새삼 부연 설명하고 있다(185-86). 그가 논하고 있는 물질성이라는 개념은 드만의 이론이라는 것이며, 동시에 물질성을 논하고 있는 드만의 글쓰기 자체가 물질성의 작용 방식을 예시하고 있다는 것이다. 물질성이라는 개념, 보다 엄밀하게는 개념화 될 수 없는 이 특이한 개념만큼이나 그것을 논하고 있는 글 자체도 마찬가지로 저항을 불러일으킨다는 뜻이 된다.

드만의 물질성에 대한 논의는 일반적 사실에 대한 친숙함과 안정감을 한 순간 송두리째 뒤흔들어 놓는다. 물질성과 물질주의는 현상과 연관을 맺어온 개념이다. 그러나 드만의 물질성은 현상적이지 않으며, 사실 정반대되는 뜻으로 사용된다. 드만의 관점에서는, 철학의 범주에서 일반적으로 이상주의에 포함되는 헤겔이나 칸트는 물질주의자이다. 드만의 물질성은 일반적 물체에 관계된 현상적 특질이 아니라, 본질적으로 언어의 속성과 밀접한 관련이 있다. 그렇다면, 또 다른 질문이 제시될 수 있다. 도대체 언어가 어떤 의미에서 물질성을 띄고 있다는 말인가? 우리 것이라고 생각해온, 이 언어에 우리가 몰랐던 어떤 비밀이 내재하고 있다는 말인가?

드만이 사용하는 물질, 혹은 물질성이라는 용어는 물체의 개념과는 다르다. 심지어 물체를 부정한다. 데리다(Jacqeus Derrida)는 드만의 물질성을 "물체 없는 물질성"이라고 설명하면서, 이것은:

> 사물이 아니며, (감각이나 지식으로 알 수 있는) 어떤 것도 아니다. 심지어 신체라는 물체도 아니다. 어떤 것이 아니기 때문에, 아무것도 아니지만 작동을 하기에 … 이 아무것도 아닌 것은 따라서 기능을 하고, 힘을, 그러나 저항으로서의 힘을, 행사한다. 이것은 실질적이며 유기적인 총체성으로서의 미의 형태와 물체를 거부한다. (350)

드만의 물질성은 가장 보편적인 형이상학적 개념인 물질을 검토하여 재정의하려는 의도에서 비롯된다. 그는 물질성을 언어적 지시 관계로는 규명될 수 없는 것으로 제시하면서, 유사한 용어를 통해 그것의 개념을 형성시키려 한다. 「하이포그램과 명」("Hypogram And Inscription")은 헤겔의 『정신 현상학』(*Phenomenology of Spirit*)에 나타난 의식과 언어의 관계에 대한 문제점을 담고 있다.

> (실제나 외적 사물의 존재가 의식에 대한 절대적 진리를 소유하고 있다는) 주장은 자신이 진술하는 것을 모르고 있으며, 자신이 말하고자 하는 것의 반대되는 것을 말하고 있다는 것을 모르고 있다… . 모든 의식은 (그러한 진리의) 반대되는 것을 진술한다. (*RT* 42, 재인용)

"우리가 의미하는 감각적 존재를 말하거나 낱말로 표현하기가 불가능"(section 97)을 말하는 헤겔의 논지는, 드만의 관점에서는, 의식과 언어는 패러버시스(parabasis)를 이루며, "말하기를 원하는 유일한 것을 말하기가 불가능함"(*AI* 42)을 제시하는 것으로 표현된다. 비유의 속성에 토대를 두면서 인지적 지식을 목표하는 서술의 언어와 사물과의 관계는 돈호법(apostrophe)이나 의인법(prosopopeia)으로 예시될 수 있다. 이들은 사물을 호칭하는 것이며, 드만에 의하면, "독자나 독서의 비유"(*RT* 45)이다. 언어는 사물의 얼굴이나 마스크를 의미 한다. 이들은 모두 본래의, 원형적인 얼굴을 가정하고 있는 듯하지만, 어원을 따져보면 손상되지 않은 본 얼굴을 지칭하기 보다는 "얼굴을 부여" 하는 의미를 지니기 때문에, 원형적 얼굴이 이미 소실되었거나 존재하지 않음을 암시한다. "보이지 않는 것을 보이기 하는"(*RT* 50), 얼굴이 없는 것에 얼굴을 부여한다는 것, 여전히 명명되지 않은(혹은 명명될 수 없는) 실재에 어떤 이름을 만들어 내는 말의 수사는 말의 오용(catachresis)이다. 수사적 장치로서 돈호법이나 의인법은 대상의 정체성을 규명하기 보다는 존재하지도 않은 얼굴을 만들어내어 치장한 것에 지나지 않으며, 대상의 본질을 오도하는 것이다.

이러한 언어적 서술의 문제점을 지적하면서, 드만은 "명"(inscription)이라는 용어를 도입하며, "명을 감추는 기법"(*RT* 51) 으로 간주한 서술과 대조시킨다. "명"은 수사도 아니며, 기호도 아니며, 인지도 아니며, 욕망도 아니며, 하이포그램도 아니며, 어떠한 원형도 아니다”(*RT* 51). 개념화 될 수 없는 “명”에 접근하는 것은 부정의 수사학, 부정의 상상력을 통해서이다. “무엇인지를 말하는 것보다는 다른 것과 어떻게 다르며, 무엇을 배제시키고 있는지를 말하는 것이 한결 쉽다”(*AI* 81)는 점을 인정하는 것이다. 사실, 이름 지울 수 없는 물질성은 드만 자신의 수사적 체제에서도 지울 수 없는 타자였다. 지면으로 되돌아오는 타자성은 드만을 읽는 과정에서 당면해야만 하는 엄청난 저항성이다.

드만이 후기에 보인 막스와 벤야민에 대한 이론적 애착을 염두 둘 때, 그의 물질성에서 이들과의 제휴관계를 설명하려는 것은 흥미로운 주제이다. 아이러닉하게도, 드만의 물질성에 쉽게 다가서지 못하는 것은 바로 막스주의자들의 물질의 개념이다. 물질론에 관한한, 막스는 현대문학이론에서 부정될 수 없는 존재이다. 『자본론』(*Capital*)에서 상품의 물신성을 논하는 구절은 막스의 논지가 드만의 물질적 언어관과 관계가 없다는 것은 아님을 보여준다.

> 보는 행위에서, 당연히, 빛은 한 사물에서, 즉 외부의 사물에서, 또 다른 사물, 즉 눈으로 전해진다. 이것은 사물들 간의 물리적 관계이다. 이것과는 반대로, 상품의 형태와 상품이 표시되는 노동 생산품의 가치관계는 상품의 물리적 본성과 이것에서 생겨나는 물질적(*dinglich*) 관계와 절대적으로 관련이 없다. 여기에서, 인간들에게, 사물들 간의 환상적인 형태의 관계를 띠는 것은 바로 인간 자신들 간의 구체적 사회관계이다. (165)

빛에 의해서 전달되는 사물과 사물은, 전달 과정에서 소실되거나 덧붙여지는 것은 아무것도 없다. 이곳에서 눈의 행위는 무목적성이며, 칸트가 말하는 시인들의 눈과 같으며, 전달의 과정에서 드만의 번역론이 안고 있는 문제에서 완전히 자유롭다. 눈의 행위는 사물과 사물의 관계만을 보면서, 자신의 가치를 중재하지 않는다. 상품의 문제는, 다시 말해 상품으로 제시되는 과정에서 상품이 감추고 있는 교환가치는, 의식에 대해 자신을 미학적으로 제시하는 상품은, 물질적("dinglich") 관계를 감추고 있으며, 이로 인해 본질뿐만 아니라, 현상에 대한 오도된 인식을 갖게 한다. 적어도 물신론에서의 막스는 물질이 의식과의 관계에서 함의하는 급진적 탈변증법적 논리를 펴고 있다. 사물 자체의 물질성은 현상에 의해 오도 될 수밖에 없는 무엇이며, 현상이 자신의 존재를 교환시키기 위해 단절시키면서 나온, 그러나 되돌아갈 수 없는 무엇이다. 막스의 물신론은 막스의 상품과 드만의 물질성간의 유사함(동일성과는 대비)을 직접적으로 제시하는 것은 아니지만, 막스의 논지에서, 드만의 물질적 언어관에 대한 통찰을 얻을 수 있다는 것이다. 마찬가지로, 미메시스와 대조되는 개념으로 벤야민이 사용하는 알레고리는 분명 드만의 물질성에 가깝다. 그의 알레고리는 문자에 의존하며, 미학적 조합을 거부한다. 그러나 드만의 입장에서 보다 중요한 것은, 개념들 간의 유사함에 기반을 둔 이론화가 아니라, 물질성에 내재한 정치적-언어적 지시 체제를 분산시키려는 수행적 시도이다.

칸트의『판단력 비판』에서 27절과 28절 사이의 전이, 그리고 29절에서의 자연의 동적 숭고미에 관한 시인의 비전을 서술하는 부분은 드만의 물질성의 설명에 핵심적 텍스트로 사용된다. 27절과 28절 사이에서의 전이는 단절, 공백, 와해의 의미를 동시에 가진다. 두 절 간의 공백은 칸트의 체제에서는 산술적 숭고미에 대한 설명과 동적 숭고미에 대한 설명간의 공백을 의미한다. 드만은 28절의 첫 단어가 "힘"(power)으로 시작되는 것에 주목하면서, 이러한 힘은 철학적(초월적 혹은 심지어 형이상학적) 원칙이 아니라, "언어적 구조," 즉 "인지적 체제로서 뿐만 아니라 수행적 체제로서의 언어"(*AI* 79) 로서 이해되어야 함을 주장한다. 이에 따르면, 힘은 사태를 촉발시키는 언어의 힘을 의미하게 되며, 두 절 간의 전이는 비유에 기반을 둔 인지적 언어 모델에서 수행적 언어 모델로의 전이를 의미하게 된다. 드만은 산술적 숭고미가 만족스럽게 끝나지 못하고, 갑작스럽게 언어적 힘으로 나아가게 되는 것은, 비유체계로서의 산술적 숭고미의 언어적 원칙이 끝날 수 없기 때문이라고 설명한다. 비유가 자신을 정지시키지 못하고 포화상태에 도달하면, "자신의 개념이 설명할 수 없는 어떤 언어적 요소가 남게 될 것이며, 이것은, 다른 가능성도 있겠지만, 예를 들어, 수행성이 될 수 있다"(*AI* 133) 는 것이다. 산술적 숭고미에서 동적 숭고미로의 전이는 "언어가 자신의 규제에서 스스로 벗어나면서, 자체 내에서 인지의 제약에 더 이상 의존하지 않는 힘을 발견하게 됨에 따라 비유의 장이 포화되었음을 표시한다"(*AI* 79)는 것이다.

드만이 칸트의 제 3 비판서의 중심에 작동하고 있는 "깊고도, 아마도 치명적인, 단절 혹은 불연속"(*AI* 79)으로 정의한 전이/단절은 초월적 철학의 힘으로는 그 자체에 접근될 수 없는 언어 구조내부의 단절에 기인한다. 즉 숭고미는 초월적 원칙이 아니라, 언어적 원칙으로 읽혀져야만 한다. 비유체제는, 드만에 따르면, 모든 것을 설명할 수 있지만, 자신의 산출만은 설명할 수 없다. 따라서 텍스트의 비유체제는 스스로를 종식시킬 수 없다. 달리 말해, 독서에서 고정된 최종적 의미를 산출할 수 없다. 비유체제에서 수행성으로의 이동은, 일종의 건너뛰기이며, 스스로를 취소시키는 발화의 움직임이며, 이러한 움직임에서 독자들이 인식하게 되는 것은 비유에서 어떤 다른 양태의 언어로의 이동, 즉 또 다른 텍스트와 언어모델로서의 수행성의 모델에로의 이동이다. 수행성은 언어의 인지적 모델을 넘어서는 힘의 언어를 말한다.

이러한 수행성은 비유의 언어는 결코 부정하는 것은 아니다. 다만, 수행성은 비유와의 불연속성에 토대를 두기 때문에 이들 간에는 어떠한 형태의 시간성이나 중재가 개입될 없다. 이에 따라, 텍스트의 수행성 모델은 비유에 기반을 둔 인지적 모델에서 빠져나오지만, 이와 동시에 인지적 모델은 붕괴된다. 독자들이 이러한 이동을 인식하는 순간은 텍스트가 산출하는 숭고미를 경험하는 순간이기도 하다. 드만은 산술적 숭고미에서 동적 숭고미로의, 인지에서 행위로의, 비유에서 수행성에로의 전이 혹은 이행은 뒤집을 수가 없다고 말한다. 또한 이러한 이행은 시간적 진행이 아니라, 일어남(occurrence)이며, 사건(event)이며, 동시에 어떤 반복이다. 발생으로서의 반복은 텍스트의 서사전개를 따라서 산포되며, 이에 따라 텍스트는 드만이 인용한 슐레겔의 아이러니, 즉 "이해를 체계적으로 취소시켜버리는"(*AR* 301) 영원한 패러버시스로 변모된다. 텍스트 자체를 자신의 산출을 설명할 수 없는 알레고리로, 읽기 불가능성의 알레고리로 만든다는 것이다.

이렇게 두고 보면, 『판단력 비판』에서 27절과 28절 사이의 전이(단절)는 서로 이질적인 두 언어 체제인 인지 모델과 수행성 모델간의 해체적 교차점을 의미한다. 이 교차점에서 지식과 이해 체제로서의 텍스트는 철저하게 와해된다. 해체주의 수사학에서 '언어적 계기'(linguistic moment)로 달리 지칭한 이 순간은 사건으로서의 역사, 발생으로서의 역사, 일어남으로서의 역사를 만드는 순간이기도 하다.

> 수행성은 비유의 부정이 아니다. 비유와 수행성 사이에는 어떠한 매개됨도 허용하지 않는 분리됨이 있다. 그러나 비유에서 수행성으로의 일방통행의 이동이 있으며, 이러한 이동을 시간적 과정으로 서술할 수는 없다. 이것이 역사적이며, 이것은 역사를 어떠한 유형의 인지로 다시 적어 넣는 것을 허용하지 않는다. (*AI* 133-34)

> 역사는 진보나 퇴행으로 생각되는 것이 아니라, 사건, 일어난 일로 생각된다. '힘' 그리고 '전투'와 같은 날말들이 전면에 등장하는 바로 그 순간에 역사가 존재한다. 바로 그 순간에 사물이 생기고, 일어남이 있고, 사건이 있다. 따라서 역사는 시간적 개념이 아니며, 시간성과는 아무런 관련이 없으며, 역사는 인지의 언어에서부터 힘의 언어가 생겨나오는 것이다. (*AI* 133)

역사는 텍스트와 마찬가지의 방식으로 진행된다. 결국에는 언어체제의 내부적 문제와 결부되기 때문이다. 공통적인 문제는 자신을 성립시킨 최초의 행위를(아마도 최초의 캐터크레시스를) 알지 못한다는 것이며, 따라서 자신의 산출을 설명할 수 없다는 것이다. 수행성은 의도나 계획을 따르는 것이 아니라, 스스로를 앉히는, "스스로를 위치시키는"(*AI* 176) 언어의 힘에 따르는 임의성에 좌지우지되기 때문이다. 사건, 발생으로서의 역사는, 데리다가 말하듯, "변증법적 과정이나 헤겔의 변증법과 같이 지식의 진행과정에 접근할 수 있는 어떤 연속성과 구분"(320) 된다.

『판단력 비판』에 관한 설명에서, 드만의 주안점은 수행성 그 자체보다는 비유에서 수행성으로의 이동/단절 이다. 그는 이러한 이동이 "항상 일어나며, 비유를 인지론적으로 비판하는 길을 거쳐야만 일어날 수 있다"(*AI* 133)고 말한다. 칸트는 이러한 비판을 통해, 미학을 철저히 검증함으로써 자신의 지식체계에 건축학적 통일성을 이루려 했던 애초에 자신이 설정했던 목표를 스스로 취소시켜버리는 순간에 도달하게 된다. 드만은 인지론적 사유 체제를 한 순간에 와해시켜 버리는 이러한 극적인 순간은, 앎에의 의지가 언어의 움직임에 의해 고전적 의미에서의 걷돎(error)을 만들어 내는 사건은, 오로지 엄정한 비판적 사고의 과정에서만 대면할 수 있음을 말하면서, 이를 진정한 의미에서의 글쓰기와 연관시킨다. 비유적, 인지적 언어 모델은 앎을 목적으로 하는 비판적 담론을 허용한다. 인지론적으로 비유를 비판하지 않고서는 드만이 말하는 비유에서 수행성에로의 이동은 일어나지 않는다. 즉 비유에 대한 비판적 성찰이 없다면, 역사도 없고, 사건도 없고, 일어남도 없다는 것이다. 역사와 텍스트는 비유체제로서의 텍스트에 대한 비판적 힘에 의한 것이다.

드만은 칸트의 제 29절에서의 자연의 동적 숭고미에 관한 서술에서 물질적 비전과 문자의 물질성에 대한 단서를 읽어낸다. 즉, 칸트의 "시인들이 보듯이, 대양의 외관이 보여주는 것에 따라 대양을 보는" (5: 271) 시각을 드만은 칸트의 물질주의의 한 예로서 설정한다. 칸트가 말하는 시인들의 보는 방식은 비유에 의존하지 않으며, 의미론적인 혹은 지적인 개입이 전혀 없는 순수한 형식주의를 취한다. 즉, 의식의 작용을 전제로 하는 '무엇을 본다'가 아니라, 어떠한 사고나 의도성과도 무관하며, 눈이 마주치는 것을 그저 보는 것이다. 드만은 이러한 관점에는 "어떠한 마음도 개입되지 않음을"(*AI* 82) 지적한다.

> 이러한 방식의 보기에서, 눈은 자신의 대행자이며 태양을 반사하여 복제하는 것은 아니다. 바다는 거울이라 불리는 데, 어떤 것의 영상을 되비친다고 추측되기 때문이 아니라, 깊이에 대한 어떤 암시도 결여된 평탄함을 강조하기 위해서이다… . 이러한 비전은 어떠한 명상이나 지적인 복잡함이 결여된 채 완전히 물질적인 만큼, 또한 어떠한 의미론적 깊이도 결여되고 순수한 시각의 형식적인 수리화나 기하화로 축소되는 순수하게 형식적이기도 하다. 칸트에게 있어서 미학에 대한 비판은 미학적 경험과 연관된 모든 가치와 특질에 어긋나는 형식적 물질주의로 귀착되었다. (*AI* 83)

칸트의 물질주의는 순수한 형식주의로서, 현상을 언어나 기호적 지시 관계로 전환시키는 것을 배제한다. 스프린커(Michael Sprinker)는 이점을 강조하면서, 칸트의 물질성이 함의하는 반미학적 성질을 지적한다. 아무런 현상적 내용 없이 "지각 표상이나 직관 없는 개념"(39)만으로는 예술작품을 성립시킬 수 없기 때문이다. 드만은 이러한 시각 활동을 표현하기 위해 칸트가 사용하고 있는 "*Augenschein*"을 강조하면서, 사상을 감각적으로 표현하는 것을 중시한, 헤겔의 "*Ideenschein*"과 대조시킨다. 칸트의 단어는 사고와 지각간의 연결을 배제하면서, 눈을 두 번 반복적으로 사용하고 있다. "눈 자체와 눈에 나타나는 것 모두를 지칭"(*AI* 82) 함을 부각시키기 위해서이다. 칸트의 시인들의 시각의 물질성은 사실주의나 경험의 현상주의를 벗어나며, "언어적 지시관계나 기호현상 이라는 개념을 받아들이지 않는 절대적, 급진적 형식주의이다"(*AI* 128).

드만의 물질주의가 사상을 감각적으로 드러내는 것을 거부한다면, 그리고 언어의 개입을 거부한다면, 물질성을 어떠한 방식으로 이해될 것인가의 문제가 제기된다. 하늘과 대양이 구성하고 있는 칸트의 건축학적 세계는, 드만의 관점에서는, 비유도 아니며 상징도 아니다. 또한 심지어 "자구적"이지도 않다. 드만에게서 자구적이라는 말은 "판단력에 의한 비유화나 상징화의 가능성을 내포"(*AI* 82)하기 때문이다. 마침내 그는 "생각나는 유일한 낱말은 물질적 비전이지만, 이러한 물질성이 어떻게 언어로 이해될 수 있는지는, 아직은 명확하게 이해되지 않음"(*AI* 82)을 토로한다. 명명행위에 개입하는 대조적 두 속성인 우연성과 결정성 동시에 성립함을 보여주는 대목이다.

산술적 숭고미에서 동적 숭고미로의 전이/단절이 텍스트 상에서 아포리아(Aporia)를 만들어 낸다면, 칸트의 건축학적 자연 세계에도 동일한 문제를 가지고 있다. 와민스키(Andrzej Warminski)는 칸트의 대양과 하늘의 비전에 관한 기존의 비평적 해석을 설명하면서, 별이 반짝이는 경계를 정할 수 없는 하늘의 무한성을 산술적 숭고미로, 노호하는 대양의 위압적인 힘과 이를 제어하는 마음의 힘을 동적 숭고미로 제시한다(18-19). 사실 칸트의 제 3 비판은 제 1, 2 비판과 연결성을 염두에 두고서, 미학을 철저히 논의함으로써 칸트 자신의 체계에 건축학적 통일성을 이루려는 의도가 있었다. 이 점에서 아치형을 이루는 하늘의 형태는 이러한 비평적 과제를 표시하는 알레고리로 해석될 수 있다. 그러나 이러한 목적성이나 의도성을 표시하는 비유는 대양이 맑은 물의 거울로서 제시되는 것을 설명할 수 없다. 드만 역시도 이러한 고요한 대양의 표면을 부각시킨다. "바다는 거울이라 지칭된다⋯ . 아무것도 반사하지 않는다고 생각되기 때문이 아니라 깊이에 대한 어떠한 암시도 결여된 평편함을 강조하기 때문이다"(*AI* 83). 제 1, 2 비판과 건축학적 통일성을 깨뜨리고 있는 대양의 표면의 평온함과 평탄함은, 드만의 용어로는 "공존할 수 없는 것들의 병립"(*AI* 79)을 보여 주는 요소이다. 그렇다면 이러한 이질적 요소를 어떻게 해석할 것인가? 와민스키가 지적하는 대로, 만약에 이것을 물질적 숭고미로 표현한다면, 애초의 목적성에 포섭된 것이 되며, 따라서 "시인들이 보듯이 보는" 물질적 시각을 부정하는 것이 된다(18-19). 물질성은 "공존할 수 없는 것들의 병립"(*AI* 79)까지도 그대로 볼 수 있어야 한다. 인식의 주체의 목적론에 부합하는 의인화나 은유화의 의지는 중지되어야함을 의미한다.

이러한 관점은 바로 칸트가 제 3 비판에서 보여주고 있는 것이기도 하다. 칸트는 대양과 바다가 하나의 건물로서 건축학적 세계를 구성하고 있음을 서술하고 있는 바로 그 대목에 이어서 신체의 분리를 표시하는 구절을 넣고 있다.

> 동일한 것이 인간의 몸의 숭고미와 미에 관해서 말해질 수 있다. 우리는 사지가 봉사하는 목적의 개념을 우리 판단의 결정적 근거로 간주해서는 안 되며, 우리는 이러한 목적의 통일성이 우리의 미학 판단에 영향을 미치도록 허용해서도 안 된다. (*AI* 88; Kant 5: 271)

몸과 자연은 전통적으로 미나 숭고함을 나타내는 예시로 사용되었다. 미학의 분석의 절정에서, 숭고미에 관한 거의 결론 부분에서 이러한 대표적 미학적 통일체로서의 몸과 자연은 극적인 물질적 해체를 직면하게 되며, 이에 따라 체제로서의 미학은 스스로를 허물어버리는 텍스트적 사건이 발생한다. 그렇다면, 신체가 분리된, 사지가 절단된 몸은 미학적 목적을 달성하기 위해 신체의 유기성, 목적성, 혹은 통일성을 다시 의식해야만 하는가? 칸트의 논지는 우리의 사지를 목적이나 용도와는 아무런 상관도 없이 고려해야 한다는 것이다. 즉, 사지나 손, 발가락 등은 신체의 유기적 통일성과, 목적론과 단절되어야 된다는 것이다. 초월적, 형이상학적 체제의 토대가 붕괴되면서, 인지적 텍스트 그 자체의 가능성과 불가능성이 문제시되는 이 시점에서 비평적 담론을 다시 위치시키는 것은 문자의 물질성이다. 드만은 칸트의 신체의 분리를 언어의 해체와 대응시킨다.

> 언어가 토막 나는 것은, 의미를 만들어내는 비유가 문장과 명제의 개별적 단어로 파편화됨에 의해, 아니면 단어가 음절로, 마침내는 문자로 파편화됨에 대체됨에 따라서 몸이 사지절단 되는 것과 일치한다. (*AI* 89)

물질성은 신체의 절단이며, 언어가 문자로 파편화 되는 것으로 연결된다. 의미론적 개입을 차단해버리고, 비유에서 벗어나는 칸트의 물질적 시각은 경험과 가치의 속박을 벗어나는 순수한 언어적 형식으로 전환된다. 문자의 물질성은, 확장하여 언어의 물질성은, 비유화의 조건이면서 동시에 한계이다. 칸트의 동적 숭고미에 대한 설명에서 시인들의 물질적 시각이 대양을 경계지우며 모든 것을 포괄하는 것으로 제시되는 하늘과, 모든 것을 삼켜버리려 위협하는 심연을 안고 있는 대양에서 어떠한 비유의 가능성을 제거해버리듯, 문자의 물질성은 숙명적으로 비유를 해체시켜 버린다. 드만이 주장하는 문자의 물질성은 칸트의 "*Augenschein*"이 보여주는 하늘과 대양의 심연 사이에서 "공존할 수 없는 것들의 병립"을 이루면서 "깊이에 대한 어떠한 암시도 결여된 평편함을 강조"하는 완전한 표면을 가진 물의 거울에 대한 언어적 등가물이 된다.

데리다는 문자의 물질성을 설명하면서, 문자가 갖은 분리시키는 속성을 제시한다: "문자의 분리시키며, 비유기적이고, 정돈을 파괴하고 취소시켜버리는 힘은 자연 뿐만 아니라, 신체에게도, 즉 유기적이며 조직화된 총체성으로서의 신체에게도, 영향을 미친다"(355). 본질적으로 드만이 문자에 부여하는 것은 다름 아닌 저항의 힘이다. 데리다는 계속하여, "이러한 물질적 실체가 없는 저항의 힘은 드만이 문자의 속성으로 부여하고 있는 분리시키며, 신체를 분리시키고, 분쇄시키고, 취소시키며, 심지어 산포시키는 힘"(351) 임을 일깨운다. 파편화된 개별문자들은 "말해지는 것과 대립되는 말하는 방식"이나 "문자나 음절의 놀이"가 글쓰기에서 수행하는 역할과 무관하지 않다. 이를 입증하기 위해 드만은 "*Fall*"(fall) 과 "*Falle*"(trap)에서 "침묵하는 하나의 문자"의 역할을 제시한다. 나아가 이러한 문자의 물질성의 존재와 역할은 번역에서 확인 될 수 있음을 암시한다(*AI* 89).

여기에서 다시 한 번 강조되어야 할 것은, 드만의 언어관의 본질적 토대를 이루고 있는 비판성, 혹은 저항성이다. 1983년 스테파노 로소

(Stefano Rosso)와의 잘 알려진 대담에서 그는 자신의 수사학적 분석에 토대를 둔 비평을 "비판적-언어적 분석"(*RT* 121)으로 지칭한다. 그의 이러한 분석 모델은 미학적 가치와 "미학적 가치를 구성하면서 그것의 원천이 되는 언어구조"(*RT* 25) 간의 관계를 검토의 대상으로 설정한다. 드만이 의도하는 것은 미학적 가치와 언어 구조는 상호 독립적이라는 것이 아니라, 이들 간의 제휴가 만들어내는 미학적 가치라는 현상을 너무나 당연시한 나머지, 서로를 혼동하거나, 제휴라는 근본적 사실에 대한 비판적 고찰을 간과할 수 있음을 지적하는 것이다. 같은 논점에서 "언어구조가 산출하는 의미에 선행하여 언어구조를 고찰하는"(*RT* 24) 것으로 그가 정의한 문헌학을 당대의 비평이론의 지향점으로 설정할 것과 또한 문학이 "일종의 해석학이나 역사로서 배워지기에 앞서 수사학과 시학으로서" 배워져야함을 주장한다(*RT* 24, 25-26). 문학이론은 무엇보다도 언어의 학문이라는 기본적 입장을 견지하면서, 언어의 본질적 측면에 관하여, 세계에 대한 비판 이전의 경험적 지식으로서의 형이상학과는 구분되는 칸트적 의미에서의 비판적 사고를 수행해야 한다는 것이다.

언어의 비유적 속성에 토대를 두면서, 감각에 열려있으며, 대상에 대한 지식이나 인지를 부각시키는 현상론적 언어관과는 급진적 단절을 이루는 물질주의 언어관은, 고전적 형이상학적 개념인 물질에 대한 재검토에서 비롯된다. 막스(Karl Marx)의 물신론은 물질에 내재하고 있는, 물질이라는 체제를 지탱해주면서 동시에 제한하고 있는 이질적 요소로서의 비물질성을 예시하고 있다. 드만의 물질성은 엄밀하게 말하면 개념화될 수 없는 어떤 무엇이다. 그만큼 저항적 속성을 담고 있으며, 마찬가지로 그의 논지 자체도 저항을 불러일으킨다. 물질성의 개념은, 데리다 지적하듯이, "탈은유화 과정," "기계와 같은 탈비유화"(355)를 본질로 삼고 있는 해체주의 시학을 표방하고 있으며, 언어학의 관점에서는 분리적인 환유 구조로서 총체성을 지향하는 은유적 모델을 전복시키는 것으로 비유될 수 있다. 다시 말해, 언어의 물질성을 주장하는 것은, 비유에서 "또 다른 개념의 언어로의 전이"(*AI* 132)를 인정하고 수행하는 것은, 해체의 작업이자 의미의 산포화 작업이 된다. 언어에 내재한 이러한 이질적 급진적 저항적 속성은 기억술, 감각, 과학 기술성, 정치, 역사에 관한 비판적 성찰을 제공하며, 텍스트의 숭고미를 산출한다.

인용문헌

Aarsleff, Hans. *From Locke to Saussure: Essays on the Study of Language and Intellectual History*. Minneapolis: U of Minnesota P, 1982.

Benjamin, Walter. *The Origin of German Tragic Drama*. Intro. George Steiner. London: Verso, 1998.

Berline, Isaiah. *Three Critics of the Enlightenment: Vico, Hamann, Herder*. ed. Henry Hardy. Princeton: Princeton UP, 2000.

Cohen, Tom, et al., eds. *Material Events*. Minneapolis: U of Minnesota P, 2001.

______. "Political Thrillers: Hitchcoke, de Man, and Secret Agency in the 'Aesthetic State.'" *Material Events*. 114-152.

de Man, Paul. *Aesthetic Ideology*. ed. Andrzej Warminski. Minneapolis: U of Minnesota P, 1996.

______. *Allegories of Reading. Figural Language in Rousseau, Nietzsche, Rilke, and Proust*. New Haven: Yale UP, 1979.

______. *Blindness and Insight. Essays in the Rhetoric of Contemporary Criticism*. 2nd ed. Minneapolis: U of Minnesota P, 1983.

______. *The Resistance to Theory*. Minneapolis: U of Minnesota P, 1997.

Derrida, Jacques. "Typewriter Ribbon." *Material Events*. 277-360.

Hegel, G.W.F. *Phenomenology of Spirit*. trans. Miller, A.V. Oxford: Oxford UP, 1979.

Kant, Immanuel. *The Critique of Judgment*. ed. Paul Guyer. trans. Paul Guyer & Eric Matthews. Cambridge: Cambridge UP, 2000.

Marx, Karl. *Capital*. trans. Ben Fowkes. vol 1. London: Penguin, 1976.

Miller, J. Hilllis. "Paul de Man as Allergen." *Material Events*. eds. Tom Cohen, et al. Minneapolis: University of Minnesota P, 2001. 183-204.

Warminski, Andrzej. "'As the Poets Do It': On the Material Sublime." *Material Events*. 3-31.

10

하이데거의 사물과
사물의 재현에 관한 문제점

하이데거의 사물과 사물의 재현에 관한 문제점

우리는 변화하는 세계에 살고 있다. 마틴 하이데거(Martin Heidegger)는 칼 마르크스(Karl Marx)의 「포이어바흐에 대한 테제」("Theses on Feuerbach")를 설명하면서 "세계의 변혁은 세계 개념의 변혁을 전제로 하며, 세계 개념은 세계에 관한 적합한 해석에 의해서만 얻어질 수 있다"고 강조한다(*Martin Heidegger in Conversation* 39-40). 전지구적 생태-환경 위기와 인공 지능을 비롯한 과학 기술의 급격한 발전으로 인한 여러 문제점들은 이를 초래한 인간이라는 사건 혹은 개념을 비롯하며, 인간 중심적 관점에서 구성하고 배열한 지식과 해석체계가 과연 우리 시대에 합당한지를 되묻게 한다. 이러한 추세에 부응하여 이 글은 인간 중심의 적합성과 지시체계를 벗어나는 사태와 지식 배열의 가능성을 다루고 있는 포스트 휴먼을 비롯한 여러 형태의 비평에서 그 토대를 이루는 '사물'(things)의 능력과 기능에 관한 가정과 해석을 검토하려 한다. 이러한 검토 작업은 우리시대에 걸맞은 지식체계 구성과 배열에 동참하는 의미도 가진다. 다루는 범위는 주로 하이데거의 사물론과 그의 영향 아래에서 구성된 우리 시대 사물론의 대략적 계보, 그리고 영국 로맨티시즘 작가인 윌리엄 워즈워스(William Wordsworth)의 작품 몇 개이다. 이들을 함께 다루는 과정에서 하이데거의 사물론의 문제점이 드러나게 될 것이다.

주체와 대상의 이분적 구분을 현상학적으로 와해

“왜 새삼스럽게 주체와 대상관계가 재론되어야 하는가?”라는 의문이 들겠지만, 적어도 하이데거에게 주체/대상의 이분법적 구분은 서구 근대사에서 끈질기게 존속하면서 계속 또 다른 이분법적 개념과 제휴하는 개념적 기제가 되어왔다. 「예술 작품의 근원」(“The Origin of the Work of Art”)에서 주체/대상관계는 재현과 결탁하여 “대적할 것이 없는 개념적 기제”(*PLT* 27)가 된다고 언급된다.[1] 주체와 대상관계 그리고 재현의 문제는 사물의 사물성 해석과 인식에 깊게 관여하며, 하이데거의 근대 미학 비판에서도 주요 논점이다. 또한, 테크놀로지에 관한 설명에서, 그는 마르크스의 철학이 주체와 대상 간의 관계를 유지함으로써 테크놀로지의 본질을 파악하지 못하고 있다고 비판한다(*Martin Heidegger in Conversation* 44). 근대 예술의 미학화 분석에도 이러한 주체/대상 간의 이분법적 구분은 분석의 중심 도구가 된다. 하이데거는 근대의 특징을 모든 것을 경험으로, 특히 사적이며 주관적 미학 경험으로 만드는 현상에서 찾으면서, 예술 분야에서 본질적 근대 현상을 예술이 미학의 범위 내로 이동한 것으로 설명한다. 예술이 이처럼 사적 체험의 표현으로 전락한 현상은, 「예술 작품의 근원」에서 예술 작품을 존재자의 진리 개시로 파악하는 하이데거의 관점과 대조된다.

주체와 대상의 이분법적 구분을 극복하려는 노력은 「세계상의 시대」 (“The Age of the World Pictures”)에서 예술을 미학의 영역으로, 주

1) 자주 인용되는 하이데거의 저술은 다음의 약어로 표기한다. *BT*: *Being and Time*. *PLT*; *Poetry, Language, Thought*. *QCT*: *Questions Concerning Technology and Other Essays*.

관적 경험의 대상으로 축소하는 것을 비판하는 데서 잘 드러난다. 이 글에서 하이데거가 제시하는 근대의 본질적인 다섯 가지 현상 중에서 세 번째는 예술의 주관화에 관한 것이다.

> 마찬가지로 본질적인 세 번째 근대의 현상은 예술이 미학의 시계 내로 이동하는 사건에 있다. 이것은 예술 작품이 단순히 주관적 경험의 대상이 되며, 이로 인해 예술이 인간 삶의 표현으로 간주됨을 의미한다. (*QCT* 116)

> A third equally essential phenomenon of the modern period lies in the event of art's moving into the purview of aesthetics. That means that the art work becomes the object of mere subjective experience, and that consequently art is considered to be an expression of human life.

로우빗(Lovitt)의 영어 번역문 "the object of mere subjective experience"에 해당하는 독일어 원문은 "Gegenstand des Erlebens"이다. Gegenstand에서 "gegen-"은 영어의 "against"나 "contrary to"에 해당됨을 고려한다면, 독일 철학 전통에서 대상(Gegenstand, Object)은 애초부터 주체와의 관계를, 특히 주체와의 구분이나 대조를 통해 설정된다. 이처럼 주체와의 이분법적 구도에서 대상이 경험되는 것을 근대에서 예술이 미학의 영역으로 복속되면서 발생하는 예술의 주관화라고 하이데거는 설명한다. 그는 이러한 경험을 "Erlebnis"로 표기하면서 "Erfahrung"으로 전달하는 경험과 구분한다. 이들에 내포된 의미는 사뭇 다르다. 로우빗은 Erlebnis는 "모험과 사건"이, Erfahrung에는 "발견과 학습, 그리고 고통과 감내"의 의미가 함의된다고 설명한다(*QCT* 116). 그렇다면 Erlebnis에 내포된 모험과 사건의 의미가 문제시되겠는데, 앞에서 설명한 Gegenstand의 어휘구조를 고려하면, 이러한 모험과 사건은 주체와 대상관계의 영역에서 발생하는, 다시 말해 주체가 자신의 외부에 있는, 자신과 긴장 관계를 이루는 대상을 경험하는 모험과 사건에 가깝다. 주체는 대상을 외부에 둔 채 이러한 모험과 사건의 경험을 독점하지만 대상은 오히려 자신이 참여한 사건에서 배제된다. 따라서, 이러한 모험은 주체 중심의, 주체를 강화하는 모험이며 대상을 이를 충족시키는 수단이나 재료에 불과하다. 그렇지만, 주체 역시도 소외와 단절을 피할 수 없게 된다. 로우빗이 Erlebnis를 "subjective experience"로 번역하고 굳이 "mere"를 첨가한 까닭은 이러한 주체/대상관계에 제한된 경험의 부정적 성격과 무관하지 않을 것이다. 결국 하이데거가 지적하는 점은 근대 예술론에서 주체의 모험은 그 생생함과 실험적 의도에도 불구하고, 대상을 전유하여 자아의 확장과 심화를 위한 수단으로 만든다는 것이다.

이러한 내용은 「세계상의 시대」에서 근대의 "표상"(vor-stellen)에 관한 설명에서 다시 표현된다. 하이데거의 근대 과학에 대한 비판은 근대 과학의 특성에 관한 분석만큼이나, 모든 것에 총체적 질서를 부여하려하는 근대성에 대한 통찰에서 출발한다. 근대의 표상화는 과학에만 국한되지 않고, 세계를 상으로 만든다.

> 여기에서 표상화란 자신의 눈앞에 있는 것을 마주보고 대항하고 있는 어떤 것으로, 그것을 자기와, 표상하는 사람과, 관계 맺게 하는, 그리고 그것을 척도의 기준 영역인 자기 자신에 대한 이러한 관계 속으로 강제로 다시 밀어 넣는 것을 의미한다. 이것이 일어나는 경우에는 어디든, 인간은 무엇이든 존재하는 것에 우선하여 "자신이 상 내부에 들어간다." (*QCT* 131)

> Here to represent [*vor-stellen*] means to bring what is present at hand [*das Vor-handene*] before oneself as something standing

> over against, to relate it to oneself, to the one representing it, and to force it back into this relationship to oneself as the normative realm. Wherever this happens, man "gets into the picture" in precedence over whatever is.

하이데거는 근대의 특성은 가치 측도의 기준인 주체가 해석할 수 있고 이해할 수 있는 한, 모든 것이 실제적이 된다는 점에서 찾을 수 있다고 설명한다. 여기에서 "실제적"은 표상화에 해당하는 독일어 "vorstellen"에서 표시되듯이, 주체로서의 인간이 앞에서 마주보고 대항하는 대상(Gegenstand)과 맺는 관계의 실제적 성격과도 관련된다. 이러한 성격은 외부 사물이 일종의 심리적 복사물로서 인간의 마음에 제시된다는 관점과는 구분된다. 하이데거의 표상화에 관한 분석은 독일어의 고유한 특성과 밀접한 관련을 맺고 있다. 근대의 표상화 기제 속에서 세계는 스스로를 드러내는 것이 아니라 표상화를 통해 인간이 가한 해석에 포획된 대상이 된다. 인간은 자신의 해석이 투영된 세계를 시각적 이미지로 설정한다. 대상은 자기 완결적 의미를 갖지 못하고 인간과의 관계에서 의미를 부여받는다. 이미지, 즉 상으로서의 세계는 상을 바라보는 인간과의 거리를, 상에서 분리된 인식 주체를 가정하지만, 상에는 언제나 인간이 이미 존재한다. 나아가, 자신이 배경을 이루는 상으로서의 세계를 다시 전유하고 통합하는 과정에서 인간은 자신을 자율적 주체로 확신한다.

사물의 대상화에 기반한 근대 미학의 문제는 『진리의 본질』(*The Essence of Truth*)에서도 비판된다. 하이데거가 의미하는 본질은 일반적 의미에서 약간 벗어나 사물이 개시하는 방식과 관련된다.[2] 『철학의

2) 『테크놀로지에 관한 질문』(*The Question Concerning Technology*)에서 하이데거는

기본 질문』(*Basic Questions of Philosophy*)에서는 "존재의 열림의 발생은 … 진리 자체가 본질화"(172)하는 것으로 언급한다. 하이데거는 예술의 본질은 주관적 경험의 표현이 아니며, "리얼리티에 보다 더 가깝고 정확하게 기술하는 것도 아니며," 예술 작품이 무엇인지를 이해하기 위해서는 "예술의 문제를 미학 용어로 생각하지 않아야"함을 주장한다(47). 또한,「예술 작품의 근원」에서도 자신의 현상학적 존재 개념을 설명하면서, 인간 존재는 "어떤 '내부'에서 어떤 '외부'로 이동해 가는" 것이 아니며, 실존의 본질은 존재의 개현이 일어나는 대지와 세계를 결합하는 본질적 투쟁 "안의 바깥에-서있는 서있음"으로 설명한다(*PLT* 67).

근대 미학의 대상화라는 기제는 니이체(Friedrich Nietzsche)나 프로이트(Sigmund Freud)도 피해가지 못했고, 이러한 이유에서 하이데거는 이들이 주관주의적 편견에 사로잡혀있다고 비판한다. 같은 논지가 로맨티시즘 시인 사무엘 테일러 코울리지(Samuel Taylor Coleridge)의「낙담의 송가」("Dejection: An Ode")에서 나타난다.

나는 내면에서 샘솟은 열정과 생명을
외부의 형태에서 얻으려고 바라지 않아야겠다.

여인이여! 우리는 준 것만 받으며,
우리의 생명 속에서만 자연은 살아 있다오. (45-48)

I may not hope from outward forms to win
The passion and the life, whose fountains are within.

본질을 명사가 아닌 "is constantly in play" "comes to presence"와 같이 동사적 의미와 관련시켜 설명한다(30). 이러한 동사적 쓰임과 보다 상세한 해설에 관해서는 Thompson 52-54쪽 참조.

O Lady! we receive but what we give,
And in our life alone does Nature live:

사물은, 이 경우에는 자연마저도, 그 자체로는 자동력이 없으며 자체의 의미를 갖지 못한다. 따라서 인식의 주체인 인간이 부여한 만큼 외적인 활력과 감정이 정해진다.[3] 인간과의 관계에서 존재자적 성격이 정해진다는 이러한 관점은 윤리적 측면에서 인간의 사물에 대한 일방적 지배, 전유, 불평등과 같은 심각한 문제를 야기할 것이다. 물론, 하이데거가 이러한 사물관이나 자연관에 동의하는 것은 아니다. 인용구절은 자연을 존재로, 자연 사물을 존재자로 구분하는 하이데거 식의 존재론적 차이를 설정하지도 않으며, 사실상 자연이 독립적 실체를 갖는지도 불명확하다. 또한, 이러한 존재론적 차이를 약화시키면서, 모든 존재자와 자연 사물이 각기 고유한 방식으로 존재하고 빛나면서 함께 조화를 이루는 퓌시스(Physis) 관점으로 자연을 파악하는 후기 하이데거의 경향과도 뚜렷이 구분된다. 퓌시스 관점에서 존재는 의미로 축소될 수 없으며, 각각의 사물은 주체와의 대상적 관계로 해

3) 한 가지 유의할 점은 「낙담의 송가」가 자연이나 사물에 대한 코울리지의 전체 생각을 대변하는 것은 아니라는 점이다. 사물론이 인간을 인식의 주체로 설정하면서 발생하는 세계와의 관계를 근본적으로 검토한다는 의의를 갖는다면, 이러한 관계의 복합성에 관한 사유를 코울리지는 다양한 작품 속에서 다양한 방식으로 드러낸다. 워즈워스와 문학적 공생 관계를 맺으며 『서정 민요집』(*Lyrical Ballads*) 프로젝트를 수행하는 시점과 이미 그 이전에 코울리지는 스피노자(Baruch Spinoza)의 사상에 심취했으며 스피노자의 단일 생명론은 그를 통해 워즈워스에게 전파되었다. 『서정 민요집』, 「도붓장수」("The Pedlar") 내러티브, 「쓰러진 오두막」("Ruined Cottage")을 비롯하여 이 시기에 창작된 단편들은 이러한 영향을 짙게 반영한다. 워즈워스와 마찬가지로 코울리지도 사물은 개시하는 방식이 각각 다르며, 개시하는 시기도 다르다는 점을 입증한다.

석되는 것이 아니라, 고유한 방식으로 개시한다. 이 경우 개시는 인과성과 무관하다. 존재자로서의 사물은 인간의 앎에 관한 것이 아니라, 자신을 개시하는 방식과 시점에 관한 것이 된다.

실존이라는 개념에서 표시되듯이, 하이데거는 인간을 다른 존재자나 사물과 동등하게 취급하지는 않는다. 그러나 횔덜린(Friedrich Hölderlin)의 시 「가을」(“Autumn”)에 관한 설명에서 암시되듯이, 후기로 갈수록 현존의 불안과 투쟁에서 다른 존재자와의 관계를 구성하려는 관점도 약해진다(Capobianco 32). 본질에서 존재자는 서로 관여하고 협상하며, 우리가 설정한 문제와 그것에 관한 근본적 인식에 세계가 적극적으로 관련을 맺는다는 관점은 시종일관 유지된다. 실존, 살아있는 자연적 존재자, 그리고 인간이 만든 사물은 모두 함께 서로를 보충하며 총체적 효과 속에 서로를 현시하게 한다. 이러한 관점에서 주체/대상의 이분법적 구분은 효력을 상실하며, 실제로 하이데거의 존재론이나 현상학은 이러한 구분을 부정하면서 출발한다.

하이데거의 본원적 현상학, 손안의 존재자, 그리고 사물

하이데거의 철학은 이미 초기부터 시적 특성을 보여준다. 서양 철학 흐름 전체에 대한 그의 문제의식이 사상사에서 평가받는 것은 당연지사이겠지만, 사유를 담아내는 독특한 개념과 문제의식을 표현하는 메타포, 조어법, 문체, 논지 전개 방식에서 시인의 기질이 농후하다.[4] 『존재와 시간』의 논지 전개 과정에서 그가 활용하는 망치, 문손잡

4) 하이데거는 단순한 반대는 그것이 반대하는 논리의 덫에 걸리게 됨을 말한다(*QCT* 61). 이러한 논지에서는 하이데거가 예술을 미학으로 접근하는 관점에 반대한다고

이, 바늘, 신발, 시계, 가죽 등의 일상적 소재와 일상어를 조합하여 만들어 내는 새로운 개념은 그의 철학을 일상성의 시학으로 만든다. 그러나 새로운 사유의 실마리를 자신이 접하는 구체적, 일상적 현실에서 찾으려하고, 핵심적 논점을 일상적 메타포로 전달하려는 만큼, 문화적 배경이 다른 독자에게는 오히려 번역의 부담을 지운다. 이러한 특성은 일상어가 갖는 메타포적 기능을 새롭게 발굴하여 무시되거나 지나쳐버린 의미의 또 다른 겹을 드러내어 존재와 그 존재 방식에 관한 새로운 울림을 전달하는 로맨티시즘 시인 워즈워스의 시적 특성과 특이한 접합점을 가진다. 『존재와 시간』에서 존재자의 존재양식을 설명하면서 사용하는 세 가지 표현, 즉 "손안의" (readiness-to-hand), "눈앞의"(presence-at-hand), 그리고 "실존"(existence)은 이를 예시한다. 손안의 존재자는 다른 도구 존재자들과 총체적 상호지시 체계에 몰입해 있다.[5] 반면에, 눈앞의 존재자는 친숙하고 일상적인 도구가 구성하는 전체적 지시 체계로부터 따로 떨어져 나와 대상화된 존재 성격을 지칭한다. 손안의 존재자 성격은 개념화나 이론화에 선행하여(혹은 이것에 관해 분석적으로 의식함이 없이) 일상에서 친숙한 세계에 대처해가는 방식을 표시한다. 개별 존재자의 의미는 그 존재자가 참여하는 상호지시 관계의 한 부분으로 작용하며, 굳이 그 의미를 묻지 않더라도 별다른 문제없이 작동한다. 눈앞의 존재자 성격은 실제로 일상에서

해서 반미학적이라고 단정하기 어려워진다. 요체는 서구의 형이상학을 전복하려는 그의 의도를 실행할 수 있는 새로운 개념과 메타포, 그리고 문체를 개발하려는 노력이라 할 수 있는데, 이로 인해 그의 텍스트에서 생소함을 느끼는 독자들이 생긴다는 단점이 있다.

5) 도구의 의미는 "우리가 고려하면서 관계하는 존재자"로 설명된다(박찬국 120). 하이데거가 사용하는 도구의 범위는 넓으며, "유용한 것은 무엇이나" 다 포함한다 (Dreyfus, *Being-in-the-World,* Ch. 4)

동참하면서 맺어온 도구적 관계가 와해되면서 이제 인식의 주체로서 우리의 시계에 포섭된 대상을 마주하고 있음을 표현한다.

눈앞의 존재자 성격은 계몽주의 이래로 근대 세계의 인식을 지배해 온 현존의 형이상학에 맞닿아 있다. 마주하는 대상을 전유하는 주체의 인식적 특권이 중시된다. 손안의 존재자는 해석에 선행하여 총체적으로 구조화된 배경적 의미의 한 부분으로 의미를 가지지만, 눈앞의 존재자는 배경을 이루는 "'주체화하는 파악이 아닌 둘러봄에 의해서 전체의 도구적 성격을 구성하는 지시"(박찬국 131)에서 떨어져 나와 따로 존재하면서 주체-대상관계로 편입하며, 주체를 위한 대상으로서의 대상으로 전락한다. 존재자에 대한 이러한 인식은 개별자를 실체로서 이해하면서, 이러한 개별자의 특성에 일정한 한계를 정하는 아리스토텔레스의 전통으로 거슬러 올라가며 서양 철학의 본류에 편승하는 인식이다. 또한, 이러한 존재자 성격은 존재자는 의미를 초과하여 넘쳐흐르며, 해석에 의해 분절될 수 없는 충만함을 가진다는 손안의 성격과 대조된다.

하이데거는 존재자의 두 가지 성격 간의 이동을 "변화"로서 설명한다(*BT* 409). 그는 눈앞의 성격은 손안의 성격을 전제로, 이것에서 파생된 이차적 지위를 가진다고 규정한다(*BT* 182). 다시 말해, 대상화에 선행하는 보다 근본적인 차원의 경험이 이미 존재하며, 인식 주체의 의식적 활동 이전에 도구 존재자들이 동참하는 실제적, 통합적, 암묵적 지시 관계가 작동한다는 것이다. 하이데거는『존재와 시간』에서 주체가 눈앞의 존재 양식을 "반드시 그리고 실제로 항상 무의식적으로 가정"하며 "소외된 주체를 구성"하지만, 이것은 실제로 세계-내-존재로서 일상에서 경험하는 것과는 다르다는 점을 지적한다(249). 그의 방법론은 주체와 대상관계를 전면적으로 부정하는 것이 아니라,

주체/대상의 이분법적 관계는 우리가 세계와 소통하는 근본적 차원을 간과하고 있다는 점을 일깨우면서, 이러한 관계에 기반을 둔 형이상학적 가정의 허구성을 들추어낸다. 하이데거의 본원적 현상학은 서구의 전통 형이상학이 존재자의 성격을 근본적 차원이 아니라 이것에서 파생된 눈앞의 존재자 양식에서 찾았고, 이로 인해 현존재는 "너무 늦게"(249) 도래함을 지적한다.

이러한 하이데거의 현상학적 존재 양식 분석 방식은 앞에서 살펴본 근대 미학의 주관화 비판과 관련된다. 주체/대상 기반의 근대 미학은 예술의 근본적 차원을 간과하고 눈앞의 존재자에 대한 가정을 그대로 수용함으로써 근본적 차원이 아닌 파생적 차원에 토대를 두게 되었고 미학은 항상 '너무 늦게' 실제에 도달한다는 것이다. 눈앞의 존재자 성격을 사물론에 적용하면, 결국 일상에서 우리는 대개의 경우 의식적 사고 과정을 거치지 않고 다른 사물들 그리고 다른 존재자들과 함께 구성하는 네트워크 속에서 생활하며, 이들과 함께 세계에 참여한다는 의미가 된다. 『존재와 시간』은 이러한 의식적 사고에 선행하는 근본적 차원에서의 경험에 많은 비중을 둔다는 점에서 근본적 현상학이라 말해진다. 그러나 『존재와 시간』에서 눈앞의 존재자와 실존의 관계가 부정되는 것은 결코 아니다. 다만, 손안의 존재자 성격을 부각하여 세계와 우리가 맺는 근본적이며 실천적 관계를 눈앞의 측면으로 고정하거나 축소해서는 안 된다는 점을 강조한다. 실존, 눈앞의 존재자, 손안의 존재자는 모두 통합적으로 함께 세계를 엮어나가는 것이다.

이를 토대로, 이제 이러한 존재자의 성격이 사물론과 연관되는 방식을 보다 구체적으로 규명하는 작업이 필요할 것이다. 특히 손안의 존재자 성격에 내포된 도구 존재자들 간의 본격적 논리 이전의 통합적 상호 지시 관계와 비가시적 상태의 사물의 존재 성격은 현대 사물론에서 중시하는 사물의 특성이다. 우선, 눈앞의 존재자 성격은 존재자들의 존재 방식이 일차적으로 도구적 관계로 서로 관련되어있음을 전제로 한다. 하이데거는 이러한 도구적 관계가 존재의 근원적 개시 방식을 보여주며 이를 토대로 존재론의 이론적 고찰이 이루어져야함을 주장한다. 도구적 관계는 존재자의 한 유형인 사물을 새롭게 이해하는 토대가 되는 셈이다. 그렇다면, 손안의 존재자 성격에서 도출할 수 있는 사물의 특성은 무엇인가? 도구적 관계는 현상을 사변적으로 접근하기 이전에 이미 일상에서 작동하고 있는 현상이다. 이러한 관계 속에서 존재자들은 상호지시성의 총체적 관계를 이루면서 자신의 존재를 드러내지만, 드러남은 "주제화하지 않은"(*BT* 104) 방식을 통해서이다.

하이데거의 손안의 존재자는 칸트(Immanuel Kant)의 사물 자체와는 구분된다. 하이데거는『존재와 시간』에서 존재자의 존재 그 자체의 "현상적 구조가 구성된다"(106)고 말하면서 손안의 존재자 성격을 세계의 바깥에 존재하는 본체(noumena)가 아니라, 세계 속에서 우리와 관계를 맺는 사물과 관련시킨다. 실제로 그는 손안의 성격 자체는, 주제화하는 방법을 거치지는 않지만, "이해되며"(*BT* 104), "눈앞의 존재 양식이 드러나는 변화 속에서 손 안의 존재 양식은 대면된다"(*BT* 104)고 설명한다. 우리의 의도적 개입이 없더라도, 그리고 의식적 분석 이전에 이미, 도구적 사물은 비주제화 방식으로 상호지시 관계를 맺는다는 것이다.

하이데거가 예시하는 망치를 활용하여 여기에 개입하는 논제를 좀 더 상세하게 살펴볼 수 있다. 즉, 일상에서 아무런 문제없이 잘 사용하던 망치가 갑자기 손잡이가 부수어져 못쓰게 되는 경우, 망치는 한 순간에 낯선 사물이 된다. 이러한 낯선 기분은 못쓰게 된 손잡이의 치수를 재고, 손잡이와 망치의 연결 방식을 살펴보고, 손잡이를 고치거나 교체하여 망치와 연결하는 것과 같은 분석적 사고가 이루어지기 이전에 발생한다. 부서진 망치가 왜 낯섦을 초래하는가가 문제의 핵심이 되겠는데, 낯선 순간에 그 이전에 일상에서 망치가 다른 도구들과 그리고 우리와 함께 맺어왔던 상호관련과 지시성의 총체적 체계가 갑자기 와해되면서 망치는 이전의 친숙한 세계에서 벗어나 저쪽에서 우리를 마주대하고 있는 어떤 것이 된다. 이러한 낯선 망치는 우리가 그냥 알고 지나쳐버리고 아무런 문제없이 사용하던 것이 아닌, 우리가 알 수 없는 어떤 존재이다. 부서진 손잡이를 통해 망치의 상태를 파악하는 것과 같은 분석 행위는 차후의 일이다. 낯선 망치는 망치가 감추고 있던, 망치에 내재한, 스스로 물러나있는 망치의 존재 양식을, 망치의 비매개성의 가능성을 드러내며, 망치가 망치로 되는 사건이다.[6]

하이데거의 손안의 존재자 성격에서 도출할 수 있는 사물의 성격은 인식의 주체와 대상 간의 이분법적 구분이 아니라, 이것에 선행하여 작동하는 우리와 사물 간의, 그리고 사물들 간의 총체적 지시 관계이다. 이러한 지시 관계는 분석적 지시체계가 아니며, 존재자들이 서로 친숙하게 몰입해있는 총체적 체계이다. 하이데거가 설정한 이러한 사물성은 사물론 형성에 많은 시사점을 주지만, 사물 간의 네트워크나 사물의 역사와 같은 급진적 현대 사물론에 비해 일정한 한계를 갖는 것도 사실이다. 무엇보다도, 하이데거는 존재가 자신을 개시하며, 존재를 이해하는 장으로서 현존재를 설정하며, 이로 인해 인간의 적합

6) 망치의 미매개성의 가능성에 관한 필자의 언급은 하이데거의 의도를 조금 벗어날 소지가 있다. 그러나 하이데거 이후 현대 사물론의 관점에서 이러한 비매개성은 사물의 사물성을 설명하는 특징이 된다.

성과 지시체계를 벗어나는 사물 간의 네트워크를 설명하지 못한다.

하이데거는 사물이 개념화를 탈피하는, 따라서 인간의 의도나 목적을 벗어나는, 내재된 본성이 있다는 점을 인정하지만, 그의 사물론은 존재자적(ontic)이 아니라 존재론적(ontology) 영역 내부에서 진행된다.

> 티 내지 않는 사물은 아주 고집스럽게 사고를 벗어난다. 아니면 이와 같은 단순한 사물의 자기 부정은, 간섭받지 않으려는 독립성은, 정확히 사물의 본성에 속하지 않을까? (*PLT* 31-32)

> The unpretentious thing evades thought most stubbornly. Or can it be that this self-refusal of the mere thing, this self-contained independence, belongs precisely to the nature of the things?

완강하게 사고에서 스스로 물러서며, 외적 영향을 거부하고 자체의 고요함과 독립을 유지하는 것이 사물의 본성으로 설정된다. 사물의 사물성은 인간의 재현 의지에도 불구하고 자체의 충만함과 소진할 수 없는 잉여성을 가진다. 인간의 지배와 대상화에 "고집스럽게" 저항하는 것이 사물의 존재 양식이다. 「예술 작품의 본질」에서 하이데거가 "세계"와의 관계에서 설정하는 "대지"라는 메타포는 사물의 사물성에도 적용될 수 있다.[7] 대지는 사물의 존재를 알려주지만 그것의 개념화에는 저항한다. 사물의 사물성이나 진리는 내재적인 저항과 통합적 투쟁(strife)을 거쳐서 드러나지만, 그 자체의 "아직 드러나지 않았고,

---

7) 「예술 작품의 근원」에서 전통 형이상학의 사물에 관한 세 가지 가정(해석)을 해체한 후 하이데거가 새롭게 제시하는 사물에 관한 해석은 이 후에 그가 상술하는 "대지" 메타포와 상통한다. 하이데거의 대지는 진리뿐만 아니라 사물의 사물성 해석과 이해에도 핵심적 역할을 한다.

드러남이 드러나지 않은, 저수지"(*PLT* 60)는 언제나 그리고 이미 유지된다.

사물의 부정성, 즉 사고에서 물러나 간섭받지 않고 자신의 독립성을 유지하려는 사물의 고집은 하이데거가 전통 형이상학의 문제점을 체계적으로 분석한 다음, 사물을 새롭게 해석하려할 때 참조점 역할을 한다. 그는 서구 사상사에서 지배적인 사물에 관한 해석을 "특성들의 담지자," "다양한 감각의 통일체," "형태를 갖춘 재료"(*PLT* 30)로 요약하면서 각각의 해석의 문제점을 계보학적 방식으로 검토하면서 설명한다. 하이데거는 이러한 세 가지 사물의 특색은 서구 사상사에서 당연시되어왔지만, 결국에는 어느 것도 사물의 사물성을 완전히 담아내지 못한다고 비판한다. "자명하게"(*PLT* 31) 받아들여진 가정이 오히려 일상에서 접하는 사물의 진면목을 보지 못하게 방해한다는 것이다.

> 사물의 사물성에 관한 첫 번째 해석은, 즉 특성들의 담지자인 사물은, 통용되고는 있지만, 보이는 만큼은 자연스럽지 않다. 우리에게 자연스럽게 보이는 것은 원래의 낯선 근원이 오랜 전통 속에서 망각되어버린 그저 친숙한 어떤 것일 것이다. 그렇지만 이 낯선 근원은 한때는 사람들에게 기이한 생각을 들게 했으며 사고와 경이를 야기했다. (*PLT* 24)

> [T]his first interpretation of the thingness of the thing, the thing as bearer of its characteristic traits, despite its currency, is not as natural as it appears to be. What seems natural to us is probably just something familiar in a long tradition that has forgotten the unfamiliar source from which it arose. And yet this unfamiliar source once struck man as strange and caused him to think and to wonder.

"가치의 재가치화"(34)를 주장하는 니이체의 진리에 관한 비유를 연상시키는 이 구절은 당연시 되는 가정을 극복하고 새로운 해석을 통해 사물의 새로운 지평을 드러내려하는 하이데거의 해체주의적 인식과정을 기술한다. 그렇다면 당연시되는 가정을 어떻게 극복하느냐가 관건이 되는데, 하이데거는 "모든 가정과 잘못된 사고방식의 간섭에 거리를 유지하고"(*PLT* 31) 사물 자체로 되돌아가 다시 시작하는 후설(Edmund Husserl)에게서 전승받은 현상학적 방법론을 제시한다. 이러한 하이데거의 사물의 사물성에 대한 인식은 이미 주어진 형상을 외부 사물에 부여하려하는 시도를 거부하면서, 사물을 꿰뚫어 그 의미를 고정하려는 의도에 저항하는 물질성의 작동 방식에 내재한 가능성을 강조하여 역사와 미학의 작동 방식을 새롭게 드러내려고 하는 해체주의 비평가 폴 드만(Paul de Man)의 사유방식에 계승되는 측면이 있다.[8]

사물성은 가시적으로 주어지는 것이라기보다는 우리가 볼 수 있도록 사물이 자신을 드러내는 것에 가깝다. 사물이 자신을 드러내는 방식은 우리가 의도하는 방식이나 우리의 재현 능력으로는 충분히 담아낼 수 없으며, 따라서 사물성 인식은 사물이 드러내거나 암시하는 방식을 공감하고 수용하면서, 그것에 창의적으로 응답하는 하는 것이 요체이다. 또한, 사물성이라는 완전하게는 드러나지 않는 요소가 시각적으로 주어지는 물리적 사물 이해에 필요조건을 이루며, 물리적 사물의 완벽한 이해는 그것의 사물성에 의존한다는 논지를 내포

8) 드만의 『미학 이데올로기』(*Aesthetic Ideology*)는 전반적으로 이러한 문제를 다루고 있다. 특히 「칸트에 있어서 현상성과 물질성」("Phenomenality and Materiality in Kant") 「헤겔의 미학에서의 기호와 상징」("Sign and Symbol in Hegel's *Aesthetics*"), 「헤겔의 숭고」("Hegel on the Sublime")는 드만 특유의 정치한 사물론을 펼친다.

한다.[9]

"대지"는 경험의 필요조건이면서 동시에 경험으로부터 물러나 있음을 역설적으로 담아내며, 사물성에 가장 근접하는 하이데거의 메타포이다. 사물의 사물성이 드러남은 결국 진리와 상통한다. 진리와 마찬가지로 사물성은 "사물이 대지에 속해있음"에서 출발하여 "대지의 본성은 세계 속으로 솟구쳐 들어와 세계와 맞서는 상태에서만 스스로를 드러낸다"(*PLT* 69)는 특성을 가진다.

> 이러한 투쟁은 작품의 문채 속에서 자리 잡아 고정되며 이러한 문채를 통해 분명해진다. 도구에 관해 사실인 것은, 즉 작업 자체를 통해서만 도구성을 구체적으로 알게 되는 것은, 사물의 사물적 특성에도 적용된다. 우리가 사물성을 직접적으로 알 수 없다는 사실은, 그리고 안다고 하면 단지 모호하게만 알고 따라서 작품이 필요하다는 사실은, 작품의 작품-존재 속에서 진리의 발생이, 존재의 개시가 작동하고 있음을 간접적으로 입증한다. (*PLT* 70)

> This conflict is fixed in place in the figure of the work and becomes manifest by it. What holds true of equipment--namely that we come to know its equipmental character specifically only through the work itself--also holds of the thingly character of the thing. The fact that we never know thingness directly, and if we know it at all, then only vaguely and thus require the work--this fact proves indirectly that in the work's work-being the happening of truth, the opening up or disclosure of what is, is at work.

---

9) 여기에 함의된 내용은 현대 사물론의 범위 설정에 시사점을 준다. 사물의 사물성에는 해석학과 함께, 윤리론(공감, 응답), 미학(상상력, 재현), 존재론이 모두 개입한다. 하이데거의 관점에서 사물의 존재론은 세계와의 관계에서 설정되는 "대지"의 성격을 기반으로 설명할 수 있다.

도구적 관계와 사물성은 접합점을 가지며, 작업이나 예술 작품을 매개로 비록 간접적이지만 존재의 개시를 확인할 수 있다. 그렇다면, 사물의 사물성은 진리와 마찬가지로 우리의 경험의 한계를 완전히 벗어나는 초월적 영역을 고수하지는 않는다는 점이 분명해진다. "자리잡아 고정되며"라는 구절에는 예술 작품의 역사성이 표시된다. 역사의 특정한 지점은 영속적 흐름상의 일시적 한 지점에 불과하며, 감춤과 드러냄의 상호적 투쟁 과정에서 진리가 개시되는 한 순간을 지시한다. 이러한 진리의 구조성은 사물의 사물성과 별 차이 없다. 진리와 마찬가지로 사물의 사물성도 이를 이해하고 해석하는 문제가 관여하는 만큼, 드러남과 숨겨짐을 동시에 대립시키고 통합하면서 작동하는 이해의 구조를 가시화하는 것이 관건이다. 드러남과 감춤의 통합적 대립이 이해구조의 본질을 구성한다는 것이다. 『존재와 시간』에서 사용되는 "동근원적으로"(equiprimordially) (265)라는 낱말은 진리와 비진리, 드러남과 감춤, 세계와 대지, 자리 잡음과 추진, 출현과 물러남, 본래성과 비본래성와 같은 개념이 대립만이 아니라 서로 통합적으로 상충하며, 서로에게 필요조건인 상태(역사성의 특정한 한 시점)나 과정을 표현하는 개념으로 확장될 수 있다.[10]

사물성은 하이데거의 "기투하는 말하기," 즉 "말할 수 있는 것을 준비하면서 동시에 그 자체로서는 말할 수 없는 것을 세계에 가져오는 말하기"(*PLT* 74)를 통해 특정한 역사의 조건과 문화에 의해 배열되고 결정된 존재와 사물을 새롭게 존재하게 하는 방식에 의존한다. 새로운 개현은 아직 사물이 되지 못한 사물의 윤곽을 사물 자체로부터

10) 빌 브라운(Bill Brown) 이후 현대의 사물은, 특히 로맨티시즘 사물론은, 동근원성의 관점에서 사물과 대상의 관계를 파악하면서, 이를 이론적으로 정교하게 구성하는 작업을 큰 과제로 남기고 있다.

"비틀어 끄집어내는"(*BT* 265) 일에서 비롯된다.

> 인간에게 부여된 모든 것은, 기투 과정에서, 닫혀진 지면으로부터 가져와야만 하며 이러한 지면 위에 명확하게 정립되어야만 한다. 이러한 방식으로, 지면은 우선 감내하는 지면으로서 터를 잡는다. (*PLT* 75-76)

> [E]verything with man is endowed must, in the projection, be drawn up from the closed ground and expressly set upon this ground. In this way the ground is first grounded as the bearing ground.

지면은 대지와 관련되며, 역사 속에서 여전히 드러나지 않은 채 "아직 드러나지 않은 저수지"(*PLT* 60) 역할을 한다. 지면은 실현되지 않은 가능성을 보존하면서, 사물이 새롭게 이해되는 토대이자 사물을 새롭게 이해하게 만드는 존재 개시의 장소이다. 그러나 이러한 지면은 주어진 것이면서 동시에 새롭게 존재하도록 만들어야할 것이기도 하다.

하이데거는 인간과 사물 간의 체계적 윤리론을 제시하지 않는다. 그러나 사물을 현존과의 관계에서 설명하면서, 인간과 사물 간의 공존의 윤리에 관한 암시를 준다. 사물은 스스로 사물로서 드러나는 능력, 즉 하이데거가 말하는 "사물의 사물화" 능력을 가지지만, 이러한 사물의 능력을 "허용하고 보존하는" 인간의 보살핌이 있을 때, 사물은 개시한다.

> 언제 그리고 어떠한 방식으로 사물이 사물로서 모습을 드러내는가? 사물은 인간이 만든 이유로 드러나지는 않는다. 그러나 인간의 보살핌 없이 드러나지도 않는다. 이러한 보살핌을 향해 내딛는 첫 걸음은 단순히 재현한다는, 즉 설명한다는 생각에서 벗어나 응답하고 기억하는 생각으로 향하는

> 것이다. (*PLT* 181)
>
> When and in what way do things appear as thing? They do not appear by means of human making. But neither they appear without the vigilance of mortals. The first step toward such vigilance is the step back from the thinking that merely represents—that is, explains--to the thinking that responds and recalls.

사물은 의식의 주체인 인간이 그 의미를 채워야한 하는 무의미한 대상이 아니다. 이것은 하이데거가 비판한 근대 미학의 주관성에서 이미 드러난 논지이기도 하다. 사물을 인간이 대변해야 하는 대상으로만 파악한다면, 자신의 존재를 드러내는 사물의 능력을 허용하고 인정할 수 없게 된다. 응답은 사물에 대한 윤리의 키워드이지만, 응답에 앞서 사물의 부름이나 호소를 알아차려야 하며, 응답 방식도 드러난 것뿐만 아니라 아직 드러나지 않은 것까지 고려해야하고, 불러내어야 한다. 드러난 것이 아직 드러나지 않은 것을 소진하는 경우 사물은 더는 사물이 아니다. 하이데거는 「사물」(“The Thing”)에서 인간의 보살핌, “보호,” “보존,” “허용” (*PLT* 181)을 강조한다. 즉, 하이데거는 사물과의 관계에서 요청되는 윤리의 중요성을 말해주면서 응답에 함의된 책임성을 제시한다. 사물에 응답하는 능력은 책임과 다르지 않다.

하이데거는 긴장이나 투쟁이 사물이 이해되는 본질적 조건을 구성한다는 관점을 가지며 이러한 관점을 계속 유지한다. 그러나 「사물」에서는 사물의 어원적 의미인 “모임”(gathering)을 강조하면서 “자체로 통합된 사역의 단순한 한역”(*PLT* 178)이라는 표현을 사용하여 이들 간의 관계를 “약혼”(*PLT* 180)으로 강조한다. 이제 투쟁의 요소는 이면으로 잠복해버리고 통일적 조화가 부각된다.

> 사물은 머무르고—모으고 통합한다—사역을. 사물은 세계를 사물로 만든다. 각각의 사물은 사역을 머무르게 하여 단순한 하나의 상태의 세계의 일어남이 되게 한다. (*PLT* 181)

> The thing stays--gathers and unites--the fourfold. The thing things world. Each thing stays the fourfolds into a happening of the simple onehood of world.

사물은 스스로 사물이 드러나게 하고, 세계는 스스로 세계를 드러나게 한다. 즉, "사물은 사물이 드러나게 한다. 사물이 드러나면서, 사물은 사역인 대지와 하늘, 신성과 인간(사멸자)을 머무르게 한다"(*PLT* 177). 또한 사물은 세계를, 세계는 사물을 서로 드러나게 한다. 머무름과 거주 그리고 보존은 모두 동시에 일어난다. 어느 한 존재자가 드러나는 것은 관계하고 있는 다른 모든 존재자들이 자신의 존재를 드러내는 것이 된다. 이러한 과정에서 세계는 사역을 모두 연결하고 포괄한다. 하이데거는 사물의 어원에 생각하다, 감사하다, 모으다가 함의되어 있음을 말한다. 이러한 어원적 의미는 이 구절에 모두 적용할 수 있다. 또한 그는 "bedingt"(*PLT* 181)를 사용하면서, 사물의 호소와 부름에 공조하는 기분에 젖어있는 상태를 표현한다. 이러한 기분 속에서 우리는 "모든 조건화된 상태의 가정"을 벗어나(*PLT* 181), 탈존의 열림 속에서 사물과 동조한다. 사물의 부름에 우리를 개방하고 이것에 창의적으로 응답하는 것은 새로운 방식으로 사물이 드러나게 한다. 이러한 사물의 응답과 사물의 존재에 대한 관심을 일깨우지 않으면 사물과 함께 상호 구성하는 세계의 진정한 의미를 소실하게 된다. 「사물」에서 그는 "세계에 나와 자신을 합동하게 하는 것만이 사물이 된다"(*PLT* 182)고 언급한다. 사물이 사물로 드러나고, 사물이 되는 것에는 제약이 따른다. 사물이 언제나 사물로 드러나는 것은 아니라는 것이다. 하이데거는 사물로 드러나는 경우에도 각자의 방식을 따르며, 각자의 방식으로 머무른다는 점을 분명히 한다(*PLT* 182).

현대 사물론과 그 논제

하이데거가 묻는 사물과 그 본성에게 관한 질문은 빌 브라운(Bill Brown)의 사물론으로 이어진다. 이 과정에는 브라운은 물질성(materiality)에 관한 당대의 이론적 성과를 활용한다. 미첼(W. J. T. Mitchell)과 긴밀하게 제휴하면서『비평 탐구』(*Critical Inquiry*) 특별호를 기반으로 편집하여 2004년 출간한『사물들』(*Things*)은 사물을 당대의 비평 키워드로 설정하려는 브라운의 노력이 담겨있으며, 현대 사물론의 참조점이 된다. 그는 사물이 "식별할 수 없는 실체화" 성질을 가지며, "인식할 수 있지만 표현할 수 없는 잔존물"을 남긴다고 설명한다(5). 이와 함께,

> 사물성은 잠재성(아직 형상을 갖지 않았거나 형상화할 수 없음)과 초과성(물리적 혹은 형이상학적으로 대상으로 축소될 수 없는 상태를 유지하는 것)과 다름없다. 그러나 이러한 시간성은 대상/사물의 변증의 공존성, 동시성을 불명확하게 한다. (5)

> [T]hingness amounts to a latency (the not yet formed or the not yet formable) and to an excess (what remains physically or metaphysically irreducible to objects). But this temporality obscures the all-at-onceness, the simultaneity, of object/thing dialect.

하이데거가 "자신에 머무는"(*PLT* 31) 사물 자체의 존재성을 언급했다면, 브라운은 물러나있는 사물의 성격을 잠재성과 초과성으로 세분화하면서, 동시에 대상과 사물의 공존성을 설명한다. 대상과의 관계에서 사물은 대상화 이전이나 이후와 같은 시간성에만 한정되지 않으며, 대상과 사물의 변증은 일종의 인과관계의 제약을 벗어나는 동시 공존성을 가진다.

브라운은 "대상/사물의 변증" 그리고 "대상의 사물성"과 같은 개념을 제시하면서 사물을 복잡하게 이론화하지만, 이로 인해 원래 대상과의 구분에서 정의된 사물의 개념이 초점을 잃으면서 사물과 대상의 구분이 모호해진다. 그의 글의 후반부는 실제로 대상과 그 대상이 가지는 잉여성으로 논점이 돌려진다. 브라운이 의도하든 의도치 않든, 이후의 비평가들은 대상과 사물의 구분에 관심을 돌리면서 때로는 이들 간의 구분의 불명확함에 대해 난처함을 토로하기도 한다. 현대의 사물론 갈래는 브라운과는 별개로, 브루노 라투어(Bruno Latour)의 영향을 받으면서 전개되는 그레이엄 하만(Graham Harman)의 대상 지향 존재론(object-oriented ontology), 퀭텡 메이야수(Quentin Meillassoux)의 사변적 물질주의(speculative materialism), 이안 해밀턴 그랜트(Iain Hamilton Grant)의 초월적 물질주의(transcendental materialism)로 대략적으로 나누어질 수 있다. 이러한 명칭은 중점 분야에 따라 통용되는 것이며, 서로 간에 이념적 경계가 뚜렷한 것은 아니다. 이들은 공통적으로 인간 중심주의적 관점에서 대상과의 관계 정립이나 상관주의(correlationism) 관점을 받아들이기를 거부하면서 논의의 초점을 인간과 독립적으로 존재하는 대상이나 물질에 둔다.

사물론은 모더니즘의 예술 현상을 논의하면서 자주 적용되지만 로맨티시즘 연구 분야에도 적용된다. 로맨티시즘 비평의 한 줄기는 칸트(Immanuel Kant)의 지적 유산을 계승하면서 시적 소재로 다루는 자연이나 자연 사물에 내재한 사물성을 물질성, 현상성, 재현불가능성, 숭고미와 같은 주제로 논의한다. 그러나 이러한 경우에도 사물을 자연 사물과 인공 사물로 구분하는 경향이 뚜렷하다. 또한 워즈워스의 사례에서 알 수 있듯이 로맨티시즘 작가들은 이전 시기인 18세기 대상론을 일정 부분 수용하고 있기 때문에 사물과 대상의 일관적 개념 구분이 어려우며, 현대 사물론을 그대로 적용하기에는 무리가 있다. 하이데거는 사물이 자체를 드러내는 방식에 많은 관심을 가진다. 그는 인간의 인식에서 물러나 자체의 독립을 고수하는 사물의 존재 방식을 보여준다. 로맨티시즘 시인 윌리엄 워즈워스(William Wordsworth)도 마찬가지로 자기 충족성과 독립성을 지닌 사물을 대면하는 인식의 주체의 문제를 다루고 있다.

> 우리의 참견하는 지성은
> 사물의 아름다운 형상을 훼손한다
> --우리는 분석을 위해 살해한다. ("The Tables Turned" 26-28)
>
> Our meddling intellect
> Mis-shapes the beauteous forms of things;
> --We murder to dissect

자연에 존재하는 요소들의 형상은 인간의 사변적 능력에 포섭되고 언어와 문화 속으로 동화된 대상(object)이라는 지위와 함께 이것과 대조되는 그 자체로서 존재하며, 담론에 선행하는 사물성을 지닌다. 우리가 인식한 자연의 형상은 항상 그리고 이미 원래의 사물성이 어느 정도 결여되거나 유보된 대상의 성격을 가진다. 인식은 사물성의 희

생을 대가로 치루면서 이루어진다. "언어로부터 뒷걸음치는 사물" (Things that recoil from language) ("The Pillar of Trajan" 39)은 하이데거가 말하는 사물의 물러남과 다르지 않다. 워즈워스가 표명하는 이러한 내용은 하이데거의 테크놀로지에 대한 비판에서도 다루어진다. 테크놀로지는 우리에게 세계에 관해 많은 것을 보여주지만, 그자체로서의 사물에게 우리를 인도하지 못한다는 내용이다.

워즈워스의 사물은 하이데거가 대지의 메타포를 통해 전달하려는 자체의 물러남이나 숨김의 성격을 갖지만, 이와 함께 자신의 의사를 스스로 표현하는 능력도 가진다.

> 배회하거나, 평화와 명상적 쾌활함에 잠겨
> 고마운 그늘 아래에서 휴식하면서;
> 이 곳에는 살아있는 사물들, 그리고 생기 없는 사물들이
> 하늘의 뜻에 따라, 눈과 귀에 말을 하며,
> 낱말을 사용하지 않는 언어로
> 사회적 이성의 내적 분별력에 말을 건넨다. (*The Excursion*, 4, 1196-201)

> Roaming, or resting under grateful shade
> In peace and meditative cheerfulness;
> Where living Things, and Things inanimate,
> Do speak, at Heaven's command, to eye and ear,
> And speak to social Reason's inner sense,
> With inarticulate language.

대문자로 처리한 이성은 별도의 실체를 부여받는다. 사물은 분류되지만, 그들 간에 위계가 설정되는 것은 아니다. 사물과의 공감과 소통에서 느끼는 기쁨과 평화가 제시되며, 하이데거와 마찬가지로 신성이

깃든다. 사물은 인간에 의해 대변되어야하는 존재가 아니라, 비록 인간의 언어를 사용하지는 않지만, 이로 인해 명확하지는 않지만, 적극적으로 자신의 의사를 전달한다.

사물의 사물성에는 드러나지 않는 것이 드러난 것을 결정한다는, 또는 드러난 것은 드러나지 않은 것에 의존한다는 논리를 내포한다. 이것은 하이데거의 "손안의" 그리고 "대지"와 같은 메타포에도, 예술작품의 본질과 진리관에도 적용된다. 가장 순수한 형태의 사물의 사물성은 주제화하지 않고 이해하는 것이겠지만, 분석적 언어로 설명되지 못한다는 아이러니가 있다. 따라서, 에밀리 디킨슨(Emily Dickinson)이 표현하듯이, 가시적 사물은 간접적으로, 각도를 가지고 "비스듬하게" 접근할 수밖에 없다("Tell All the Truth but it Slant," 1). 하이데거의 경우에는 비유(대지나 무)나 비유체계(대지, 하늘, 신성, 인간의 상호작용), 그리고 분위기, 공조, 정황성을 비롯한 비개념적으로 실재에 접근하는 방식이 활용된다. 이러한 맥락에서 하이데거가 예술작품이, 특히 시가 진리를 보존하고, 여기에서 진리가 이루어지고 있으며, 진리가 일어난다(*PLT* 71)고 언급하는 것은 충분히 납득이 간다.

그런데 특이한 반전이 있다. 『존재와 시간』에서 하이데거의 논리는 드러난 것과의 관계에서 드러나지 않은 것은 선존재이며, 드러난 것은 모두 배경으로 후퇴한다는 점을 따른다. 그렇다면 사물을 포함하는 일상적 존재자는, 특히 비본래적 삶의 양식을 갖는 경우, 이러한 배경에 의해 주제화되지 않은 방식으로 조종당하는 일종의 좀비가 될 가능성이 있다. 워즈워스의 「여행하는 노인」("Old Man Travelling")은 이를 설명하는 예시가 된다. 프랑스 대혁명 이후 프랑스와의 전투에서 부상을 당하고 병원에서 죽음을 기다리는 아들을 만나기 위해 걸어서 이동하는 이 노인을 마주치고 워즈워스-화자는 그를 서술하지만 그는 불가해한 서술 대상이다. 노인은 "굳어진 무기력에 / 무감각하게 굴복 당했다"(He is insensibly subdued / To settled quiet)고 기술된다. 계속하여,

> 그는
> 모든 노력을 잊은 듯 했고,
> 오랜 인내는 그에게 지극한 평정을
> 갖도록 하여, 인내는 이제 그에게
> 필요도 없는 사물처럼 보인다. (8-12)

> he is one by whom
> All effort seems forgotten, one to whom
> Long patience has such mild composure given,
> That patience now doth seem a thing, of which
> He hath no need.

부제에서 "동물의 평정과 쇠락"이 암시하듯이, 특히 시의 초반부에서 노인은 무감각하게, 주위세계에 동작을 가하지도, 주위세계로부터 동작을 받지도 않는 것으로 기술된다. 산울타리 새들도 노인의 존재에 대해 전혀 아랑곳하지 않고 그가 지나가는 도로에서 먹이를 쪼아 먹는다. 폴 프라이(Paul Fry)는 이를 두고 "삶과 죽음이 교차하는 신체적 영도(zero degree)"(22)로 설명한다. 노인은 전시에 국가의 정치 이데올로기, 만성적인 개인적 고난, 생활의 일부가 된 극단적 슬픔으로 인해 인간적 특성이 거의 소멸되고, 사물화된 인내마저도 필요하지 않는, 부제에 표시된 글자대로 동물적 평정상태로 전이한 것이다. 노인이라는 존재자는 새나 풍경과 같은 자연 사물과 인간 간의 구분을 모호하게 하면서, 인간에 내재한 비인간 사물, 혹은 인간의 사물적 속성을

표현한다. 시 전체는 모두 노인에 관한 서술이지만 서술의 결과는 노인의 인간적 특성의 결여에, 현존의 텅빈 공백의 드러남에 있다. 노인의 모습에 관한 장황한 서술은 결국 무의미로, 혹은 의미의 탈구로 귀결된다. 해석이 아니라, 해석이 성립할 수 없는 곤궁이 요체이다.

바로 이러한 면이 워즈워스와 하이데거를 극단적으로 가른다. 이러한 난처함에서 『존재와 시간』과 같은 초기의 하이데거 사유체계가 배경을 이루는 패러다임, 담론, 문화적 관행으로 되돌아 가버린다면, 워즈워스에게 이러한 공백과 탈구는, 존재자의 최소한의 특성만 남기고 실존의 껍질을 거의 벗겨낸 노인의 사례에서 볼 수 있듯이, 자연 사물과 접점이 된다. 즉, 산울타리 새들에게 노인은 더 이상 낯선 침입자가 아니며, 노인의 존재는 그들에게 어떠한 염려도 야기하지 않는다. 노인에게 실존의 특권적 영역으로 간주되는 인내는 사물이 되며, 이러한 사물적 특성은 인간적 속성이 탈색된 부분을 대체하거나 보충한다. 이제 인간-사물 존재자는 자연 사물과 특이한 방식으로 연결된다. 염려 혹은 고려에 의해, 실존의 특권에 의해 사물과 분리되는 실존이 아니라, 존재자의 물러남을 극단까지 몰아내어 인간-사물 존재자를, 인간-사물의 접점 소통 가능성에 관한 한 가지 사례를 제시하는 것이다.

사물의 존재와 윤리의 문제, 즉 사물의 윤리 문제는 사물론의 난제이다. 이에 관해, 하이데거가 체계적 윤리론을 세우지 않았다는 점은 많이 아쉬운 부분이다. 그러나 그의 작품을 통해 유추할 있는 부분도 적지 않다는 것도 또한 사실이다. 사물의 존재는 인간과 더불어 작용하는 환경과 상호소통하면서 의미가 결정된다. 특정한 사물의 의미는 해당되는 사물 자체뿐만 아니라, 특정 시점에서 인간의 지배적 관심사가 투영된다는 점에서, 인간의 가치체계가 개입하며, 결정된 사물은 의미는 다시 그것을 바라보는 인간의 가치체계를 강화한다. 그러나 사물의 의미는 이러한 상호작용에도 완전히 소진될 수 없으며, 계속되는 인간의 해석은 새로운 문화 역사를 구성한다. 예를 들어, 하이데거의 그리스 사원은 거시적 차원에서, 사원 자체에만 한정되지 않고, 예술의 의미와 함께, 예술 차원을 벗어나, 특정한 사물을 어떻게 이해할지를 제시한다[11].

하이데거의 경우, 사물성(대상의 사물성 포함)은 인간의 재현 능력에 의존하는 것이 아니라, 재현에 선행하는 사물이 자체를 개시하는 방식과 관련된다. 이를 통해, 인간 주체의 재현 능력과 지식으로 옮겨진 진리를 사물 자체로 되돌리는 길을 터놓았다. 하이데거의 손안의 존재자는 인식과 의도에 선재하는 존재 양식과 존재자들 간의 통합적 상호관련성을 설명함으로써 현대 사물론에 중요한 단서를 제공한다. 이와 함께,『존재와 시간』에서 "모든 인식이나 의지에 선행하여"(175) 사물이 우리에게 드러나는 방식을 결정한다는 의미를 담고 있는 "기분"(mood)는 "이미 열려진 세계"(176)에서 서로 공조하는 사물들의 네트워크를 설명하는 데 유용하다. 개별적 사물의 의미는 통합적으로 구조화된 배경적 의미의 한 부분임을 표현하는 "비은폐성"(Aletheia), 사물들이 상호지시를 통해 서로에게 영향을 주면서 존재성을 얻게 됨을 내포하는 "사건"(Ereignis)은 사물의 존재와 존재 방식을 설명하는 키워드이다.

사물은 고정할 수 없으며, 인간과의 관계를 맺으면서 함께 세계를 구성하지만, 인간의 지시 관계와 목적에 구애받지 않는 독립성을 지

---

11) 드레이퍼스(Hubert L. Dreyfus)는 그리스 사원이 배경적 패러다임의 기능을 하지만 물질적 사물로서의 사원은 이성적 합리화에 저항하면서 계속 상치되는 해석을 낳게 하며 이를 통해 한 문화의 역사가 존속하게 된다는 점을 설명한다("Heidegger's Ontology of Art" 412).

니며, 각자 사물로서 개시하는 방식이 다르며, 개시의 시점과 시기도 다르며 항상 개시하는 것은 아니다. 사물의 사물성을 입증하는 과정에서 하이데거가 펼치는 논지는 주체와 대상 간의 이분법을 넘어서는 본원적 현상학에 근거하지만, 이것은 전통적 형이상학의 가정을 전복하는 해체주의적 방법론의 선례를 보여준다. 이러한 주장은 손안의 존재자 성격은 우리가 일상에서 상호지시성의 도구적 관계 속에서 생활한다는 본원적 경험을 지칭하면서 눈앞의 존재자 성격이 성립하기 위한 필요조건이 되지만, 우리의 사고는 오히려 눈앞의 존재자 성격에 관한 가정을 당연시하면서, 존재자의 실제 모습과 존재 양식을 오도한다는 점에 근거한다.

현대 사물론의 주요 논점을 대략적으로 종합하자면 첫째, 인식의 주체로서 우리가 맺고 있는 세계와의 관계의 문제점을 전제로, 둘째, 인간 중심의 합목적성이나 지시 체계를 초월하는 리얼리티를 서술에 많은 노력을 기울이며, 셋째, 인간과 동등한 에이전시를 사물에 부여하려 한다는 점이다. 첫 번째 논점에 관해 하이데거는 본원적 현상학을 통해 서구의 전통 형이상학을 전복시킨다는 의의가 있다. 그러나 그가 설정한 현존재는 두 번째 논제와 합일점을 찾기 어렵게 만든다. 세 번째 논제는 그가 분석하고 있는 횔덜린의 시에서, 특히 그리스인의 자연관인 퓌시스를 적용하는 부분에서는 암시되고 있다.

하이데거 이후 현대 사물론은 공통적으로 사물의 의미는 확정할 수 없으며, 하이데거와 같이 특정 시대의 존재자에 대한 이해의 "토대"가 되는 존재신론(onthotheolgies의 역할을 인정하는 경우에도(*QCT* 115), 그 의미를 단일화하여 고정할 수 없음을 말해준다. 사물의 본래적이며 소진할 수 없는 다의성은 비록 역사적 조건에 따라 서로 상치되는 의미를 산출할 수 있겠지만 사물의 새로운 개시의 가능성을 항상 저장하고 있다. 이 점은 사물의 존재가 미학적 재현의 단순한 대상이 아니라, 존재론과 윤리론적 차원에서 논의되어야함을 제시한다. 특히 사물의 윤리는 세계를 함께 구성하는 존재자로서의 사물의 부름과 호소에 상상적으로 공감할 수 있고, 자신을 표명할 수 있는 사물의 능력을 허용하고 인정하면서, 부름과 호소에 대답하고 책임지는 자세를 견지함으로써 우리와 세계와의 본질적 관계를 이해하고 실천할 것을 요구한다. 대상과의 관계에서, 혹은 이러한 대상관계를 벗어나는 독립적 사물의 존재론에 관한 논의는 현재의 환경 문제를 염두에 두면서 장소의 존재론으로 발전한다. 장소의 존재론에서는 사물의 관점에서 환경 위기의 근본을 성찰하며, 존재론과 윤리학이 밀접하게 결합된다. 사물론은 사물이 새로운 사물로 존재하게 됨은 우리가 새로운 우리로 존재하게 됨과 동시에 일어나며 동일한 의미를 가진다는 점을 전달한다.

인용문헌

박찬국. 『하이데거의 「존재와 시간」 강독』. 서울: 그린비, 2014.

Brown, Bil, ed. *Things*. Chicago: U of Chicago P, 2004.

Capobianco, Richard. *Heidegger's Way of Being*. Toronto: U of Toronto P, 2014.

De Man, Paul. *Aesthetic Ideology*. Minneapolis: U of Minnesota, 1996.

Dickinson, Emily. *The Poems of Emily Dickinson: Reading Edition*. Cambridge: Harvard UP, 1999.

Dreyfus, Hubert L. *Being-in-the-World: A Commentary on Heidegger's Being in Time*. Cambridge: MIT UP, 1991. Kindle.

______. "Heidegger's Ontology of Art." *A Companion to Heidegger*. Eds. H. L. Dreyfus and M. A. Wrathall. Oxford: Blackwell, 2005. 407-19.

Fry, Paul H. *Wordsworth and the Poetry of What We Are*. New Haven: Yale UP, 2008.

Heidegger, Martin. *Basic Questions of Philosophy; Selected "Problems" of "Logic."* Trans. Richard Rojcewicz and Andr   Schuwer. Bloomington: Indiana UP, 1994.

________. *Being and Time*. Trans. John Macquarrie & Edward Robinson. NY: Harpers & Row, 1962.

________. *Martin Heidegger in Conversation*. Ed. Richard Wisser. Trans. Srinirasa Murthy. New Delhi: Arnold-Heinemann Publisher, 1977.

________. *Poetry, Language, Thought*. Trans. Albert Hofstadter. NY: Harper Colophon Books, 1971.

________. *Question Concerning Technology and Other Essays*. Trans. W. Lovitt. NY: Harper and Row, 1977.

________. *The Essence of Truth. On Plato's Cave Allegory and Theaetetus*. Trans. Ted Sadler. NY: Continuum, 2002.

Nietzsche, Friedrich. *On the Genealogy of Morals*. Trans. Walter Kaufmann. NY: Random House, 1967.

Thompson, Iain. *Heidegger on Ontology: Technology and the Politics of Education*. Cambridge: Cambridge UP, 2005.

Wordsworth, William. *The Poems of William Wordsworth*. Ed. Jared Curtis. Penrith: Humanities-Ebooks, 2014.

색인

ㄱ

ㄴ

ㄷ

ㄹ

ㅁ

ㅇ

ㅊ

ㅋ

ㅌ

ㅍ

ㅎ

저자 주혁규

경상국립대학교 영어영문학과 교수이다. 영국 로맨티시즘 전공자이며 워즈워스, 코울리지를 연구하면서, 밀턴, 세익스피어, 디킨슨, 도로우, 멜빌, 프로스트, 예이츠, 폴 드만, 마틴 하이데거에 관한 논문을 발표하였다. 최근에는 클레어, 도로우에 관한 글을 준비하고 있으며, 후기구조주의 문학 이론과 현상학, 윤리론, 사물론, 생태-환경론, 정동론과 관련된 논제를 다루고 있다. 한국영어영문학회 편집이사이며, 19세기 영어권문학회, 새한영어영문학회, 문학과 종교학회에서 주로 활동하고 있다. 동대학 기획부처장을 거쳐 현재 인문대학장으로 재임중이다.

사물의 생태:
워즈워스, 디킨슨, 드만, 하이데거

초판 1쇄 발행 _ 2020년 12월 31일

저　　자 • 주 혁 규
발 행 인 • 정 현 걸
발　　행 • 신 아 사
인　　쇄 • 대명프린팅
출판등록 • 1956년 1월 5일 (제9-52호)
주　　소 • 서울시 은평구 통일로 59길 4 (2F)
전　　화 • 02)382-6411 · 팩스 02)382-6401
홈페이지 • www.shinasa.co.kr
E-MAIL • shinasa@daum.net

ISBN 979-11-91158-03-8 (93840)

정가 17,000원